全面从严治党

职责与实践探索

—— 理 论 卷 ——

中央纪委国家监委新闻传播中心 ◎ 主编

人民出版社

目　录

第三部分　坚持自我革命

第四部分　总结历史经验

第一部分
不忘初心　牢记使命

一、从百年历史看党的初心和使命 *

"不忘初心、牢记使命"要回答的根本问题是："我是谁""为了谁"？我从哪里来，要到哪里去？我要干什么，应该干什么？

回望中国共产党走过的光辉历程，我们从中深刻感悟党的初心和使命的内涵，经受思想的洗礼。

党中央决定，以县处级以上领导干部为重点，在全党开展"不忘初心、牢记使命"主题教育。那么，什么是党的初心和使命？习近平总书记在党的十九大报告中强调指出："不忘初心，方得始终。中国共产党人的初心和使命，就是为中国人民谋幸福，为中华民族谋复兴。这个初心和使命是激励中国共产党人不断前进的根本动力。""不忘初心、牢记使命"要回答的根本问题是："我是谁""为了谁"？我从哪里来，要到哪里去？我要干什么，应该干什么？中国共产党建立近 100 年了，回望我们党走过的光辉历程，我们从中深刻感悟党的初心和使命的内涵，经受思想的洗礼。

习近平总书记在庆祝改革开放 40 周年大会上的讲话指出："建立中国共产党、成立中华人民共和国、推进改革开放和中国特色社会主义事业，是五四运动以来我国发生的三大历史性事件，是近代以来实现中华民族伟大复兴的三大里程碑。"让我们按照习近平总书记讲话所阐述的三大历史性事件和三大里程碑的脉络和线索，去寻找和了解党的初心和使命。

---

* 曲青山，中共中央党史和文献研究院院长。

第一大历史性事件和第一大里程碑：
建立中国共产党

中国为什么会建立共产党？又是怎样建立共产党的？1945年5月31日，毛泽东同志在党的七大结论讲话中说："资本主义有它的历史，很久以前，世界上没有这个东西。两三百年以前，世界上才有资本主义，产生了一个娃娃叫资产阶级，同时产生了另一个娃娃叫无产阶级。中国和外国的古书上没有资产阶级和无产阶级，更没有共产党，这都是近代的产物。"同年4月21日，他在党的七大预备会议上作大会工作方针报告时指出：

> 这（第一次世界大战）就是所谓的帝国主义时代。……跟着世界战争来了一个世界革命时期。……在第一次世界大战和十月革命胜利之后，世界的面目、历史的方向就变了。……十月革命后的新的历史方向，就是取消人剥削人的制度。俄国人民已经得到了胜利。许多国家都有了共产党。我们党一九二一年建立，到今年已经有了二十四年的历史。……中国从五四运动起，由旧民主主义革命转到了新民主主义革命。……那个时候，中国还没有共产党，但已经有少数人有初步的共产主义思想。十月革命一声炮响，给全世界无产阶级及其他先进分子上了共产主义的一课。在马克思主义学说始于一八四三年（鸦片战争后三年），但由一八四三年到一九一七年，七十四年之久，影响主要限于欧洲，全世界大多数人还不知道有所谓马克思主义。马克思主义产生于欧洲，开始在欧洲走路，走得比较慢。那时候我们中国除极少数留学生以外，一般人就不知道，我也不知道世界上有马克思其人，现在十四五岁的娃娃都晓得。……以前有人如梁启超、朱执信，也曾提过一下马克思主义。据说还有一个什么人，在一个杂志上译过恩格斯的《社会主义从空想到科学的发展》。总之，那时我没有看到过，即使看过，也是一刹那溜过去了，没有注意。朱执信是国民党员，这样看来，讲马克思主义倒还是国民党在先。不过以前在中国并没有人真正知道马克

思主义的共产主义。十月革命一声炮响，比飞机飞得还快。……十一月七日俄国发生革命，十一月八日中国就知道了。那个时候，把俄国的革命党叫做过激党。七十多年马克思主义走得那样慢，十月革命以后就走得这样快。因为它走得这样快，所以一九一九年中国人民的精神面貌就不同了，五四运动以后，很快就晓得了打倒帝国主义、打倒封建势力的口号。……这样的口号，这样明确的纲领，从中国无产阶级产生了自己的先锋队——共产党起，就提出来了。我们那时候就是自己搞的，知道的事也并不多，可谓年幼无知，不知世事。但是这以后二十四年就不得了，翻天覆地！整个世界也是翻天覆地的。中国是翻天覆地的二十四年，世界是翻天覆地的二十八年。

据考证，1899 年在中文报刊上第一次提到马克思和马克思学说的是上海基督教广学会主办的《万国公报》。一个名叫李提摩太的英国传教士翻译了一个名叫蔡尔康的人写的《大同学》的文章，里面讲到了马克思和马克思学说。他翻译的马克思中文译名，与我们今天所使用的这三个字是一模一样。中国人见到马克思形象的画像是在 8 年以后，也就是在 1907 年，世界社出版了一本人物画册《世界名人六十人》，那里边有马克思大胡子的画像。这就是中国人最初对马克思的了解。那么，为什么马克思主义产生 70 多年后，才被中国人所接受呢？这就是毛泽东同志所讲到的，20 世纪初的世界和中国发生了两件大事：一件是俄国十月革命，一件是中国的五四运动。这样就使马克思主义走路的速度加快了！1949 年 9 月 16 日，毛泽东同志在《唯心历史观的破产》一文中指出："一九一七年的俄国革命唤醒了中国人，中国人学得了一样新的东西，这就是马克思列宁主义。中国产生了共产党，这是开天辟地的大事变。孙中山也提倡'以俄为师'，主张'联俄联共'。总之是从此以后，中国改换了方向。""马克思列宁主义来到中国之所以发生这样大的作用，是因为中国的社会条件有了这种需要，是因为同中国人民革命的实践发生了联系，是因为被中国人民所掌握了。任何思想，如果不和客观的实际的事物相联系，如果没有客观存在的需要，如果不为人民群众所掌握，即使是最好的东西，即使是马克思列宁主义，也是不起作用的。"毛泽东同志把这个问题讲明白了，把这个道理讲透了！"理论在一个国家实现的程度，总是取决于理论满足这个国家的需要的程度。"为了民族独立、人民解放，为了建立没有人剥削人的美好社会，马克思主义被中国社会所需要，被中国人民所掌握了。在五四运动中，6月5日后，上海的工人进行罢工声援学生，这标志着中国工人阶级独立地登上了历史舞台。马克思列宁主义同中国工人运动相结合，就产生了中国共产党。那么，中国共产党是什么样的党，是什么性质的党？现行党章中有明确规范的表述。但是70多年前《解放日报》社论的一段话讲得很具体、很生动。1945年6月11日，党的七大闭幕后，6月14日，党中央主办的《解放日报》发表了题为《团结的大会胜利的大会》的社论，社论中有这样一段话："中国共产党是什么？是中国人民为了自己的解放进行政治斗争的工具。做一个共产党员，对于人民，只有特殊的义务，没有特殊的权利。共产党员，首先是人民的勤务员，然后才是人民的领导者，首先是人民的学生，然后才是人民的先生。人民是自己解放自己，共产党员如果依照教条或狭隘经验，站在人民头上，强迫人民依照自己的主观愿望去进行解放斗争，那怕这种主观愿望、这种动机是为人民的，结果是办不通的，人民是不要这种自称为共产党员的人的。但是，如果共产党员做人民的学生与勤务员，虚心向人民学习，以马克思主义的立场、观点和方法，把人民的意见集中起来，然后站在人民之中，做人民的模范，与人民一起坚持下去，相信人民自己解放自己，那末，人民就非要这种真正的共产党员不可，因为如果没有具有高度政治觉悟的共产党作为领导者，人民的解放是完全不可能的。"关于党的第一次全国代表大会的召开，胡乔木同志曾写过这样一段话："一大开过了，似乎什么也没有发生，连报纸上也没有一点报道。但是，中国的伟大事变在实质上却开始了。"这就是毛泽东同志所说的："这是开天辟地的大事变！"之后，中国共产党带领中国人民，经过28年艰苦卓绝的奋斗，推翻了压在中国人民头上的帝国主义、封建主义、官僚资本主义三座大山，赢得了新民主主义革命的伟大胜利，建立了新中国，实现了民族独立、人民解放。在这28年里，正如毛泽东同志所说的那样："我们党尝尽了艰难困苦，轰轰烈烈，英勇奋斗。从古以来，中国没有一个集团，像共产党一样，不惜牺牲一切，牺牲多少人，干这样的大事。"据不完全统计，约有 2000 万烈士为了民族独立、人民解放和国家富强、人民幸福而牺牲。目前，全国有名可考并收入各级《烈士英名录》的仅有 196 万。

第二大历史性事件和第二大里程碑：成立中华人民共和国

中华人民共和国成立，标志着中华民族和中国人民站起来了！《中华人民共和国宪法》明确宣布："中华人民共和国的一切权力属于人民。"这在我们国家政权机构的一系列名称中可以得到充分体现。比如，中华人民共和国、全国人民代表大会、中国人民政治协商会议、最高人民法院、最高人民检察院、中国人民银行，在这些名称中都有"人民"二字。我们的军队叫中国人民解放军，货币叫人民币。

那么，中华人民共和国成立后，我们新生的人民共和国是如何站立住的呢？我们党带领人民开始为国家富强、人民幸福而奋斗，这是我们党所肩负的第二大历史任务。但是，我们遭到了以美国为首的一些西方国家的敌视。他们在经济上封锁我们，在政治上孤立我们，在军事上威胁我们。1950年6月25日，朝鲜战争爆发，6月27日，美国入侵朝鲜，并将第七舰队开进台湾海峡，侵占中国台湾，对我国国家安全构成严重威胁。是否出兵朝鲜，进行抗美援朝，关系到新中国能否立稳脚跟和根基。针对朝鲜党和国家领导人向中国政府提出出兵支援的请求。10月2日至4日，中共中央召开中央书记处会议和中央政治局扩大会议讨论这个问题。在出兵问题上大家意见不统一，这是毛泽东同志一生中最难作出的决策之一。参加会议的人，各抒己见。多数人不赞成出兵或者对出兵存有种种疑虑。理由主要是中国刚刚结束战争，经济十分困难，亟待恢复；新解放区的土地改革还没有进行，土匪、特务还没有肃清；我军的武器装备远远落后于美军，更没有制空权和制海权；在一些干部和战士中间存在着和平厌战思想；担心战争长期拖下去，我们负担不起；等等。听了大家的发言后，毛泽东同志说："你们说的都有理由，但是别人处于国家危急时刻，我们站在旁边看，不论怎样说，心里也难过。"在10月5日下午的政治局扩大会议上，仍然有两种不同意见。彭德怀同志到会后，提出了自己的观点："出兵援朝是必要的，打烂了，等于解放战争晚胜利几年。如美军摆在鸭绿江岸和台湾，它要发动侵略战争，随时都可以找到借口。"毛泽东同志针对林彪提出的美军高度现代化，还有原子弹等观点说："它有它的原子弹，我有我的手榴弹，我相信我的手榴弹会战胜它的原子弹，它无非是个纸老虎。"经过会上的充分讨论，大家统一了认识，会议最后作出"抗美援朝，保家卫国"的战略决策。会议决定由彭德怀同志率志愿军入朝作战。10月27日，毛泽东同志邀请正在北京的王季范和周世钊到中南海。在谈话中他谈到了朝鲜问题。他的这段谈话对我们理解党中央和毛泽东同志为什么作出抗美援朝的决策有极大的帮助。毛泽东同志说："这段时间我们为了讨论这个问题，有很多天是睡不着觉的。但是，今天我们可以高枕无忧了，因为我们的志愿军已经出国了。我们急切需要和平建设，如果要我写出和平建设的理由，可以写有百条千条，但这百条千条的理由不能抵住六个大字，就是'不能置之不理'。现在美国的侵略矛头直指我国的东北，假如它真的把朝鲜搞垮了，纵然不过鸭绿江，我们的东北也时常在它的威胁中过日子，要进行和平建设也有困难。所以，我们对朝鲜问题，如果置之不理，美帝必然得寸进尺，走日本侵略中国的老路，甚至比日本搞得更凶。它要把三把尖刀插在我们身上，从朝鲜一把刀插在我们的头上，以台湾一把刀插在我们的腰上，把越南一把刀插在我们的脚上。天下有变，它就从三方面向我们进攻，那我们就被动了。我们抗美援朝就是不许它的如意算盘得逞。'打得一拳开，免得百拳来。'我们抗美援朝，就是保家卫国。我是不打无把握之仗的。这次派志愿军出国，我们中央一些同志经过周详的考虑研究，制定了持久战的战略，胜利是有把握的。"当时，党中央和毛泽东同志下这个决心需要何等的气魄和胆略啊！同世界上最强的军事大国美国进行较量，对新生的中华人民共和国是一场血与火的考验。战争的基础是经济，当时的战争打的是钢铁。我们只要看看当时中美之间的经济总量、军事实力、钢铁产量的对比，就可以看到两国之间存在的巨大悬殊。1950年，美国工农业总产值2800亿美元，中国只有100亿美元；美国钢铁产量是8772万吨，中国只有60万吨；美国拥有包括原子弹在内的大量先进武器和现代化的后勤保障，还有最强的军工生产能力，而我军基本上还处于"小米加步枪"的水平。但是，中国人民志愿军不畏强暴，不怕牺牲，敢于斗争，敢于胜利，一仗定乾坤，打出了国威、军威，展示了中华民族的浩然正气。在朝鲜战场上，号称世界头号强国、拥有世界第一流军队的美国，动员了它的全部陆军的1/3、空军的1/5和海军的近半数，使用了除原子弹以外的所有现代化武器，但最终还是被推回到战争的起点——三八线。这个事实戳穿了美帝国主义不可战胜的神话，并给美国以严重教训。抗美援朝的胜利，极大地提高了中国共产党在全国人民心目中的威信，提高了中国人民的民族自信心和民族自豪感，也提高了中国的国际威望，维护了亚洲和世界的和平，维持了中国以后几十年的和平局面。

在社会主义革命和建设时期，我们全面确立了社会主义的基本制度。我国现行的国体、政体、国家结构形式和政党制度是在这个时期确立的。我们开始全面建设社会主义，并取得历史性的巨大进展。1954年6月，毛泽东同志曾说："现在我们能造什么？能造桌子椅子，能造茶碗茶壶，能种粮食，还能磨成面粉，还能造纸，但是，一辆汽车、一架飞机、一辆坦克、一辆拖拉机都不能造。"然而，就在这期间，在中国共产党的领导下，全党全国人民奋发努力，建立了独立的、比较完整的工业体系和国民经济体系。不仅能够自行设计和批量生产汽车、飞机、坦克、大炮、拖拉机等，还成功爆炸了原子弹、氢弹，发射了中远程导弹和人造地球卫星，建成第一艘核潜艇，成功培育强优势籼型杂交水稻，研制成功第三代电子计算机，在世界上第一个人工合成牛胰岛素，等等。当时所取得的50多项科技成果达到和接近世界先进水平。正如邓小平同志后来所说的："如果六十年代以来中国没有原子弹、氢弹，没有发射卫星，中国就不能叫有重要影响的大国，就没有现在这样的国际地位。这些东西反映一个民族的能力，也是一个民族、一个国家兴旺发达的标志。"在这期间我们还初步满足和解决了占世界1/4人口的中国几亿人的吃饭、穿衣等基本生活需要问题，当时被世界公认为是一个奇迹。这29年是新中国的"三十而立"，为后来的40年改革开放中国的"四十不惑"奠定了基础。

第三大历史性事件和第三大里程碑：
推进改革开放和中国特色社会主义事业

中国为什么要实行改革开放？是怎样进行改革开放的？改革开放是1978年党的十一届三中全会作出的历史性决策。我们党实行改革开放是基于对党和国家前途命运的深刻把握，是基于对我国社会主义革命和建设实践的深刻总结，是基于对时代潮流的深刻洞悉，是基于对人民群众要求和期待的深刻体悟，是对我国发展落后的反思，是对世界发展潮流的反思。邓小平同志是我们党的第二代中央领导集体的核心，是我国改革开放的总设计师。那么，我们看一看，邓小平同志1977年7月在党的十届三中全会上被恢复领导职务后，一直到党的十一届三中全会我们党作出改革开放的历史性决策前，他是怎样思考和谋划改革开放的？梳理清楚这个脉络和线索，对我们认识和研究这个问题会大受启迪、大有裨益。年表记载：1977年9月29日，邓小平同志在会见英籍华人作家韩素音时说："'四人帮'的干扰，耽误了我们好多时间。六十年代我国的科学水平同世界水平差距不大，一九六四年我国爆炸了原子弹，这是科学水平的集中表现。各个科学领域一日千里地发展，一年等于好几年，甚至可以说一天等于几年。一九七五年我曾讲过，同日本相比我国落后了五十年。那时我老想抓科研，结果不仅没有抓上去，反而我自己被抓下去了。抓科研不抓教育不行，要从小学教育抓起。中国人是聪明的，再加上不搞关门主义，不搞闭关自守，把世界上最先进的科研成果作为我们的起点，洋为中用，吸收外国好的东西，先学会它们，再在中国基础上创新，那末，我们就是有希望的。"10月7日，他在会见日本三冈访华团时说："我们要引进世界各国的先进技术，学习世界上的一切先进成果。现在科学技术的发展一日千里，我们所讲的赶超世界水平，就是在本世纪末达到当时的世界先进水平。"11月17日，他在广东视察听取省委负责人汇报时指出："说什么养几只鸭子就是社会主义，多养几只就是资本主义，这样的规定要批评，要指出这是错误的。生产生活搞好了，还可以解决逃港问题。逃港，主要是生活不好，差距太大。'四人帮'搞的'洋奴哲学'帽子满天飞，把我们国家赚钱的路子都堵死了。看来最大的问题是政策问题。政策对不对头，是个关键。这也是个全国性问题。"12月26日，他在会见澳大利亚共产党（马列）主席希尔和夫人时说："林彪和'四人帮'反对马克思主义，他们不讲生产，谁讲发展生产就说谁是修正主义，那马克思写《资本论》是干什么的？马克思讲，共产主义是按需分配，要有物质基础。怎样才能体现列宁讲的社会主义的优越性，什么叫优越性？不劳动、不读书叫优越性吗？人民生活水平不是改善而是后退叫优越性吗？如果这叫社会主义优越性，这样的社会主义我们也可以不要。"1978年3月10日，他在出席国务院第一次全体会议发言时指出："什么叫社会主义，社会主义总是要表现它的优越性嘛。它比资本主义好在哪里？每个人平均六百几十斤粮食，好多人饭都不够吃，二十八年只搞了二千三百万吨钢，能叫社会主义优越性吗？干社会主义，要有具体体现，生产要真正发展起来，相应的全国人民的生活水平能够逐步提高，这才能表现社会主义制度的优越性。"6月23日，他在会见即将离任的罗马尼亚驻华大使格夫里列斯库时说："我们的发展停滞了十一二年，这个事实否定不了，落后的面貌也否定不了。认清了这个落后是好事。我们派了许多代表团到欧洲和日本去考察，发现我们可以利用的东西很多，许多国家都愿意向我们提供资金和技术，条件也不苛刻，从政治、经济角度对我们有利，为什么不干呢？国际条件有利，国内条件也有利，只要下决心干，就可以加快建设速度。"9月12日，他在同金日成会谈时说："我们一定要以国际上先进的技术作为我们搞现代化的出发点。最近我们的同志出去看了一下，越看越感到我们落后。什么叫现代化？五十年代一个样，六十年代不一样了，七十年代就更不一样了。"9月16日至18日，他在东北三省视察时说："我们要想一想，我们给人民究竟做了多少事情呢？""我们太穷了，太落后了，老实说对不起人民。""社会主义要表现出它的优越性，搞了20多年还这么穷，那要社会主义干什么？"10月10日，他在会见德意志联邦共和国新闻代表团时指出："中国历史上对世界有过贡献，但是长期停滞，发展很慢。现在是我们向世界各国学习的时候了。我们过去有一段时间，向外国学习先进的科学技术被叫做'崇洋媚外'。现在大家明白了，这是一种蠢话。我们派了不少人出去看看，使更多的人知道世界是什么面貌。关起门来，固步自封，夜郎自大，是发达不起来的。由于受林彪、'四人帮'的干扰，同发达国家相比，经济上的差距可能是二十年、三十年，有的方面甚至是五十年。要实现四个现代化，就要善于学习，大量取得国际上的帮助。要引进国际上的先进技术、先进装备，作为我们发展的起点。我们好的传统必须保留，但要根据新的情况来确定新的政策。过去行之有效的东西，我们必须坚持，特别是根本制度，社会主义制度，社会主义公有制，那是不能动摇的。我们不能允许产生一个新的资产阶级。我们引进先进技术，是为了发展生产力，提高人民生活水平，是有利于我们的社会主义国家和社会主义制度。"12月13日，他在中央工作会议闭幕会上的讲话振聋发聩地强调指出："如果现在再不实行改革，我们的现代化事业和社会主义事业就会被葬送。"这个讲话实际上成为随后12月18日至22日召开的党的十一届三中全会的主题报告。这个讲话是在中国面临向何处去的重大历史关头，冲破"两个凡是"的禁锢，开辟新时期新道路、开创建设有中国特色社会主义新理论的宣言书，是改革开放新时期解放思想、实事求是的宣言书。改革开放就是这样在全党全社会逐渐形成共识，成为"大势所趋，人心所向"，在中国广袤的大地上逐渐展开的。

改革开放使中国大踏步赶上时代，极大地"活跃"了中国、发展了中国。从1978年至2012年，经过全国人民的努力奋斗，我国的社会主义现代化建设取得举世瞩目的巨大成就。经济实力、科技实力、国防实力、国际影响力都大为提升，人民生活水平不断提高。2010年，我国国内生产总值超过日本，成为世界第二大经济体。同时，出口超过德国，成为世界第一大出口国，成为18世纪工业革命以来继英国、美国、日本、德国之后的世界工厂。我国先后于1999年和2010年跨入下中等收入国家和上中等收入国家的行列。中华民族富起来了！

党的十八大以来，以习近平同志为核心的党中央以巨大的政治勇气和强烈的使命担当，提出一系列新理念新思想新战略，出台一系列重大方针政策，推出一系列重大举措，推进一系列重大工作，解决了许多长期想解决而没有解决的难题，办成了许多过去想办而没有办成的大事，推动党和国家事业取得全方位、开创性历史成就，发生深层次、根本性历史变革。中国日益走近世界舞台中央，对世界的影响力、感召力日益增强。2018年，我国国内生产总值超过90万亿元，占世界经济的比重达到16%以上。多年来我国对世界经济增长贡献率超过30%，是美国、欧元区和日本之和。我国的对外贸易、对外投资、外汇储备稳居世界前列，创新型国家建设取得丰硕成果，天宫、蛟龙、天眼、悟空、墨子号、大飞机等重大科技成果相继问世。中华民族迎来了从富起来到强起来的伟大飞跃，迎来了实现中华民族伟大复兴中国梦的光明前景！

中国共产党近百年历史的主题主线，就是肩负起了两大历史性任务，即实现民族独立、人民解放和国家富强、人民幸福。第一大历史性任务，随着新中国的成立已经完成。第二大历史性任务我们已经奋斗了70年，70年中有40年是改革开放。这个历史性任务还没有完成，我们现在还在继续努力奋斗。党的十八大以来，经过长期努力，中国特色社会主义进入了新时代。我们比历史上任何时期都更加接近实现中华民族伟大复兴的目标，比历史上任何时期都更有信心和能力实现这个目标。历史充分地表明，我们党干革命、搞建设、抓改革，都是为了让中国人民过上幸福美好的生活，都是为了中华民族的伟大复兴。最终是为了"天下大同"，实现共产主义。

1945年4月，在党的七大预备会上，毛泽东同志在讲到我们党的发展壮大时，用了《庄子》中的两句话："其作始也简，其将毕也必巨。"党的一大召开时，我们党只有13名代表、50多名党员。党当时是多么"简"啊！今天，我们党已经成为世界第一大党，拥有近9000万名党员，450多万个基层党组织，在拥有14亿人口的世界第一人口大国长期执政。新中国成立也已经70年了。中国已成为世界第二大经济体。今天，我们党又是多么"巨"啊！但是，正如习近平总书记指出的那样："一切向前走，都不能忘记走过的路；走得再远、走到再光辉的未来，也不能忘记走过的过去，不能忘记为什么出发。面向未来，面对挑战，全党同志一定要不忘初心、继续前进。""事业发展永无止境，共产党人的初心永远不能改变。唯有不忘初心，方可告慰历史、告慰先辈，方可赢得民心、赢得时代，方可善作善成、一往无前。"

二、伟大革命推动伟大飞跃
伟大觉醒孕育伟大创造*

——专访中央政策研究室原副主任施芝鸿

党史、新中国史是中国共产党人守初心、担使命的奋斗史

记者：中央"不忘初心、牢记使命"主题教育领导小组日前印发了《关于在"不忘初心、牢记使命"主题教育中认真学习党史、新中国史的通知》。对此，您怎么看？

施芝鸿：把认真学习领悟党史、新中国史作为牢记党的初心和使命的重要途径，引导党员、干部通过学习党史、新中国史，了解党史、新中国史上的重大事件、重要会议、重要文件、重要人物，了解我们党领导人民进行艰苦卓绝的斗争历程，了解我们党98年奋斗史、新中国70年发展史、改革开放历史新时期以来40多年的改革史，了解我们党的光荣传统、宝贵经验和伟大成就，有助于在深入学习和不断领悟中，弄清楚我们从哪里来、往哪里去，弄清楚艰苦卓绝是什么、是怎么来的，从而更加发自内心地做到知史爱党、知史爱国。

还要引导党员、干部把学习党史、新中国史同学习习近平新时代中国特色社会主义思想、学习《习近平关于"不忘初心、牢记使命"重要论述摘编》、学习习近平总书记重要讲话文章中有关党史、新中国史的重要论述结合起

---

* 专访记者：王霞、张树军。

来，不断深化对"不忘初心、牢记使命"的认识和理解。

记者：学习历史就要追根溯源，学习新中国史，就要明确新中国成立的重要意义，您对此有何看法？

施芝鸿：学习历史追根溯源的意义和目的就在于，历史是一面镜子，鉴古方能知今，学史方能明智。重视历史、研究历史、借鉴历史是中华民族5000多年文明史的一个优良传统。当代中国是历史中国的延续和发展。新时代坚持和发展中国特色社会主义，更加需要系统研究中国历史和文化，更加需要深刻把握人类发展历史规律，在对历史的深入思考中汲取智慧、走向未来。

同样，学习新中国史也要从源头上做起，新中国成立是五四运动以来我国发生的三大历史性事件之一，也是近代以来实现中华民族伟大复兴的三大里程碑之一。

1840年鸦片战争之后，中国一步步陷入半殖民地半封建社会的深渊。从那时起，中华民族的志士仁人不断探索救国救民的方案，但先后都失败了。自从有了中国共产党，中国革命的面貌就焕然一新。中国共产党团结带领人民经过28年的新民主主义革命，建立了新中国，实现了中国从几千年封建专制政治向人民民主的伟大飞跃。新中国成立时，毛泽东主席豪迈地向全世界宣布："占人类总数四分之一的中国人从此站立起来了。""我们的民族将再也不是一个被人侮辱的民族了，我们已经站起来了。"

新中国成立后，我们党团结带领人民完成社会主义革命，建立社会主义基本制度，完成了中华民族有史以来最为广泛而深刻的社会变革，为当代中国一切发展进步奠定了根本政治前提和制度基础。社会主义制度建立后，我们党领导人民开展大规模的社会主义建设，取得了巨大成绩，初步形成了一个比较完整的国民经济体系和工业体系，科学教育文化等各项事业也取得了重大进展，为后来的富起来强起来奠定了基础。

改革开放是从理论到实践的伟大觉醒

记者：与新中国成立并称为实现中华民族伟大复兴的三大里程碑之一的

改革开放，是我们党的一次伟大觉醒，您对此怎么看？

施芝鸿：这确实是一次从理论到实践的伟大觉醒，正是这一伟大觉醒推动了改革开放历史新时期的伟大飞跃。同时我们还应追溯其源，"伟大觉醒"这一重大理论概括是在十八大闭幕后不久，习近平总书记到广东视察工作时，首次在公众场合提出来的。在那次视察时，习近平总书记对广东的党员、干部和群众说："改革开放是我们党的历史上一次伟大觉醒，正是这个伟大觉醒孕育了新时期从理论到实践的伟大创造。实践证明，改革开放是当代中国发展进步的活力之源，是我们党和人民大踏步赶上时代前进步伐的重要法宝，是坚持和发展中国特色社会主义的必由之路。"

记者：您能概括一下"伟大觉醒"主要体现在哪些方面或者领域吗？

施芝鸿：我们党的十一届三中全会所实现的党的历史上的这次"伟大觉醒"，主要体现在以下三个方面。

一是这次"伟大觉醒"体现在我们党关于"如果现在再不实行改革，我们的现代化事业和社会主义事业就会被葬送"这样至关重要、非常及时并且带有大彻大悟意味的重要觉醒上。从我们党成立到十一届三中全会这57年间，我们党先后有三次"从危难中重新奋起"，而这次伟大觉醒引发的"党和国家从危难中重新奋起"，是其中最重要的一次。

二是"伟大觉醒"体现在我们党关于"贫穷不是社会主义"，"我们要赶上时代，这是改革要达到的目的"这一及时反思和深刻体悟上，同时也体现在果断结束"以阶级斗争为纲"，作出改革开放和社会主义现代化建设的果断决策，把党的工作重心转移到以经济建设为中心上来，并且始终扭住这个中心不放，随后又制定了党在社会主义初级阶段"一个中心、两个基本点"的基本路线。

我们党在危急存亡之时警醒和猛醒了。党在痛定思痛时才发现：解放和发展社会生产力，增强社会主义国家的综合国力，是社会主义的本质要求和根本任务。只有牢牢扭住经济建设这个中心，坚持四项基本原则、坚持改革开放，毫不动摇坚持发展是硬道理，推动经济社会持续健康发展，才能不断增强我国经济实力、科技实力、国防实力、综合国力，才能为坚持和发展中国特色社会主义、实现中华民族伟大复兴奠定坚实物质基础。从这个意义上说，十一届三中全会开启的这一伟大转折、伟大征程，本身就体现了一种"伟大觉醒"。

三是"伟大觉醒"体现在我们党敏锐把握历史发展大势、自觉抓住历史变革时机的"四个基于"上。这也是习近平总书记精辟概括的："我们党作出实行改革开放的历史性决策，是基于对党和国家前途命运的深刻把握，是基于对社会主义革命和建设实践的深刻总结，是基于对时代潮流的深刻洞察，是基于对人民群众期盼和需要的深刻体悟。"

这"四个基于"敏锐清醒地把握住了世情、国情、党情，敏锐清醒地把握住了国内大局和时代潮流，敏锐清醒地把握住了党心、民心；体现了改革开放伟大决策同党和国家前途命运的紧密结合，体现了党性与人民性的紧密结合，从而把我们党的这次"伟大觉醒"的政治站位、理论高度、认识深度充分揭示出来了。

记者：伟大觉醒孕育伟大创造，改革开放也是这样吗？

施芝鸿：不仅是这样，而且有过之而无不及。习近平总书记一再强调的是我们党在改革开放 40 多年中从理论到实践的双重伟大创造。由伟大觉醒所孕育的伟大创造，如果只停留在理论上或者仅仅止步于实践中，都不可能使我国在改革开放 40 多年发生如此巨大而深刻的变化，也不可能"用几十年时间走完了发达国家几百年走过的工业化历程"。中国共产党成立 98 年来，新中国成立 70 年来，在革命建设改革的各个阶段，都一贯既重视实践创造又重视理论创造。我们党从毛泽东到邓小平、江泽民、胡锦涛，再到十八大以来以习近平同志为核心的党中央，在改革开放和社会主义现代化建设中都注重理论创造和实践创造。我们应该系统地、全方位、全景式地认识和把握我们党由伟大觉醒孕育的一系列伟大理论创造和实践创造。

伟大觉醒孕育伟大创造、伟大飞跃

记者：这个双重伟大创造的逻辑是什么，主要体现在哪些方面？

施芝鸿：新时期 40 多年来，特别是党的十八大以来，由我们党在伟大觉醒引领下的改革开放这场伟大革命、伟大变革中形成的，来自实践又反过来指导实践，并在实践中不断丰富完善的伟大理论创造，无疑是相当广泛和足够丰富的。可以将其概括为"两个创立""三个形成""五个成功"。

"两个创立"，就是以毛泽东同志为主要代表的中国共产党人，把马克思列宁主义基本原理同中国革命具体实践结合起来，创立了毛泽东思想；以邓小平同志为主要代表的中国共产党人，在党的十一届三中全会以后，团结带领全党全国各族人民，深刻总结我国社会主义建设正反两方面经验，借鉴世界社会主义历史经验，创立了邓小平理论。

"三个形成"，就是党的十三届四中全会以后，以江泽民同志为主要代表的中国共产党人，团结带领全党全国各族人民，坚持党的基本理论、基本路线，加深了对什么是社会主义、怎样建设社会主义和建设什么样的党、怎样建设党的认识，积累了治党治国新的宝贵经验，形成了"三个代表"重要思想。

党的十六大以后，以胡锦涛同志为主要代表的中国共产党人，团结带领全党全国各族人民，坚持以邓小平理论和"三个代表"重要思想为指导，根据新的发展要求，深刻认识和回答了新形势下实现什么样的发展、怎样发展等重大问题，形成了科学发展观。

党的十八大以来，以习近平同志为主要代表的中国共产党人，团结带领全党全国各族人民，全面审视国际国内新的形势，通过总结实践、展望未来，深刻回答了新时代坚持和发展什么样的中国特色社会主义、怎样坚持和发展中国特色社会主义这个重大时代课题，形成了习近平新时代中国特色社会主义思想。

"五个成功"，就是毛泽东思想成功实现了中国历史上最深刻最伟大的社会变革，为当代中国一切发展进步奠定了根本政治前提和制度基础；邓小平理论成功开创了中国特色社会主义；"三个代表"重要思想成功把中国特色社会主义推向21世纪；科学发展观成功在新的历史起点上坚持和发展了中国特色社会主义；习近平新时代中国特色社会主义思想成功把中国特色社会主义推进到新时代。

记者：可以说改革开放既是伟大创造，又推动了中国特色社会主义事业的伟大飞跃吗?

施芝鸿:完全可以。"革命是历史前进的火车头",改革开放是我国社会主义现代化建设的加速器。改革开放40多年来,从开启新时期到跨入新世纪,从站上新起点到进入新时代,我们党引领人民绘就了一幅波澜壮阔、气势恢宏的历史画卷,谱写了一曲感天动地、气壮山河的奋斗赞歌。习近平总书记连用3个"40年实践充分证明"这样的排比句,深刻阐明了"改革开放是党和人民大踏步赶上时代的重要法宝,是坚持和发展中国特色社会主义的必由之路,是决定当代中国命运的关键一招,也是决定实现'两个一百年'奋斗目标、实现中华民族伟大复兴的关键一招"。习近平总书记还用4个"改变面貌"、3个"伟大飞跃",高度概括了我国改革开放40年的伟大历史性成就、历史性变革、历史性奇迹。4个"改变面貌",即改革开放极大改变了中国的面貌、中华民族的面貌、中国人民的面貌、中国共产党的面貌。3个"伟大飞跃",即中华民族迎来了从站起来、富起来到强起来的伟大飞跃! 中国特色社会主义迎来了从创立、发展到完善的伟大飞跃!中国人民迎来了从温饱不足到小康富裕的伟大飞跃!

记者:这个"伟大飞跃"主要体现在哪些方面,请您概括一下。

施芝鸿:这里说的从富起来到强起来的伟大飞跃,有五个方面。

一是从经济实力、科技实力、综合国力上强起来了。我国国内生产总值由40年前的3679亿元增长到2017年的82.7万亿元,年均实际增长9.5%,远高于同期世界经济2.9%左右的年均增速。我国国内生产总值占世界生产总值的比重由改革开放之初的1.8%上升到15.2%,多年来对世界经济增长的贡献率超过了30%。我国货物进出口总额从206亿美元增长到超过4万亿美元,累计使用外商直接投资超过2万亿美元,对外投资总额达到1.9万亿美元。我国主要农产品产量跃居世界前列,建立了全世界最完整的现代工业体系,科技创新和重大工程捷报频传。我国基础设施建设成就显著,信息畅通,公路成网,铁路密布,高坝矗立,西气东输,南水北调,高铁飞驰,巨轮远航,飞机翱翔,天堑变通途。

二是从精神文明上强起来了。我们党通过以科学理论引路指向,以正确舆论凝心聚力,以先进文化塑造灵魂,以优秀作品鼓舞斗志,爱国主义、集体主义、社会主义精神广为弘扬，时代楷模、英雄模范不断涌现，文化艺术日益繁荣，网信事业快速发展，全民族理想信念和文化自信不断增强，国家文化软实力和中华文化影响力大幅提升。改革开放铸就的伟大改革开放精神，极大地丰富了民族精神内涵，成为当代中国人民最鲜明的精神标识。

三是从维护国家和平统一大业和领土完整上强起来了。我们党和国家始终坚持推进祖国和平统一大业，实施"一国两制"基本方针，相继恢复对香港、澳门行使主权，洗雪了中华民族百年屈辱。我们党坚持一个中国原则和"九二共识"，加强两岸经济文化交流合作，推动两岸关系和平发展，坚决反对和遏制"台独"分裂势力，牢牢掌握两岸关系发展主导权和主动权。海内外全体中华儿女的民族认同感、文化认同感大大增强，同心共筑中国梦的意志更加坚强。

四是从国防和军队实力上强起来了。通过始终坚持党对军队的绝对领导，不断推进国防和军队现代化，推进人民军队实现革命性重塑，武器装备取得历史性突破，治军方式发生根本性转变，革命化现代化正规化水平显著提高，人民军队维护国家主权、安全、发展利益的能力显著增强，成为保卫人民幸福生活、保卫祖国和世界和平牢不可破的强大力量。

五是从全方位外交上强起来了。通过始终坚持独立自主的和平外交政策，始终不渝走和平发展道路、奉行互利共赢的开放战略，坚定维护国际关系基本准则，维护国际公平正义。我国实现了由封闭半封闭到全方位开放的伟大历史转折，积极参与经济全球化进程，为推动人类共同发展作出了应有贡献。我国积极推动建设开放型世界经济、构建人类命运共同体，促进全球治理体系变革，旗帜鲜明反对霸权主义和强权政治，为世界和平与发展不断贡献中国智慧、中国方案、中国力量。我国日益走近世界舞台中央，成为国际社会公认的世界和平的建设者、全球发展的贡献者、国际秩序的维护者。

立足新时代，展现新作为

记者：从改革开放到中国特色社会主义进入新时代，期间经历了怎样的探索？

施芝鸿：以习近平同志为核心的党中央全面审视国际国内新的形势，坚持承前启后、继往开来，坚持与时俱进、改革创新，通过总结实践、展望未来，深刻回答了新时代坚持和发展什么样的中国特色社会主义、怎样坚持和发展中国特色社会主义这个重大时代课题，形成了习近平新时代中国特色社会主义思想。党中央统筹推进"五位一体"总体布局、协调推进"四个全面"战略布局，坚持稳中求进的工作总基调，对党和国家各方面工作提出一系列新理念新思想新战略，推动党和国家事业发生历史性变革、取得历史性成就。特别是以巨大的政治勇气和智慧，提出全面深化改革的总目标是完善和发展中国特色社会主义制度、推进国家治理体系和治理能力现代化，着力增强改革系统性、整体性、协同性，着力抓好重大制度创新，着力提升人民群众获得感、幸福感、安全感，推出1600多项改革方案，啃下了不少硬骨头，闯过了不少急流险滩，改革呈现全面发力、多点突破、蹄疾步稳、纵深推进的局面，成功把中国特色社会主义推进到了新时代。

记者：面向新时代，我们该如何努力奋斗？

施芝鸿：我们党和国家仅用几十年时间就走完了发达国家几百年走过的工业化历程。在中国人民手中，不可能成为可能。习近平总书记强调，伟大梦想不是等得来、喊得来的，而是拼出来、干出来的。在船到中流浪更急、人到半山路更陡的时候，在这个千帆竞发、百舸争流的时代，我们绝不能有半点骄傲自满、固步自封，也绝不能有丝毫犹豫不决、徘徊彷徨，必须统揽伟大斗争、伟大工程、伟大事业、伟大梦想，勇立潮头、奋勇搏击，在新时代创造中华民族新的更大奇迹！创造让世界刮目相看的新的更大奇迹！

我们党立足新时代、展现新作为，通过进一步增强对马克思主义的信仰、对中国特色社会主义的信念、对实现中华民族伟大复兴中国梦的信心；进一步增强中国人民由站起来、富起来到强起来的强大精神力量；进一步激发在漫长历史进程中积累的强大正能量，正在"以坚如磐石的信心、坚忍不拔的毅力、只争朝夕的劲头"，一步一个脚印把改革开放和中国特色社会主义这一前无古人的伟大事业不断推向前进。

三、五四运动的五大历史贡献 *

　　五四运动是具有 5000 年灿烂历史文明的中华民族在近代发生的伟大事件。就广义的五四运动而言，它包括 1915 年兴起的新文化运动和 1919 年五六月的爱国群众运动两大内涵。前者对后者起了启蒙、觉醒作用，是重要的思想躁动阶段。从某种意义上说，没有新文化运动的躁动就没有五四这样空前规模的爱国群众运动，也不可能形成独特的爱国、进步、民主、科学的五四精神。五四运动对于中国近现代历史发展有五大贡献。

冲决封建罗网，批判"吃人"的旧礼教，是近代中国历史上第一场深刻的思想革命

　　新文化运动肇始于陈独秀在 1915 年 9 月创办的《青年杂志》。陈独秀是激进的革命家，参加过辛亥革命，但辛亥革命的流产使他和那一代先进分子开始反思，要以宣传思想文化来弥补辛亥革命的缺陷。他以吹响思想启蒙号角为己任，高举民主与科学两面大旗，向传统的封建思想、文化、道德宣战。一年后，《青年杂志》更名为《新青年》。其设计构想是：不仅使鼓吹的新思想、新文化、新伦理，造就新青年的主旨鲜明了然，而且从内容到形式要给人以全新感觉：起点新、文风新、目标新。于是，陈独秀、李大钊等主要撰稿人在《新青年》上发出了时代呐喊：要拥护"德先生"（民主），不得

---

　*　石仲泉，中共中央党史研究室原副主任。

不反对旧礼教、旧政治；要拥护"赛先生"（科学），不得不反对旧思想、旧文化。以陈独秀为旗手的先进知识分子，以《新青年》为主要阵地，掀起了对封建主义旧思想、旧文化、旧礼教的猛烈批判运动。这个批判运动横扫封建愚昧的广度和鞭挞旧制度的深度，是历史上从未有过的。

诚然，新文化运动也有不可避免的历史局限。毛泽东指出：对于现状、对于历史、对于外国事物的认识和批判，有些简单化、绝对化，"这种形式主义地看问题的方法，就影响了后来这个运动的发展"。这主要指对待孔子学说的态度。应当指出的是，新文化运动对于传统的封建思想、文化、道德的批判，不能不直接涉及袁世凯所尊奉的孔教。封建统治者包括袁世凯在内，为了巩固反动统治，愚弄人民，对孔子学说附加了一些内容，将其神圣化、宗教化。新文化运动的思想家们，不能不剥去这个神圣化、宗教化的外衣。但除一部分文章有偏颇言论、提出过激口号外，主导性的著述还是保持理性，注意将两者加以区分。李大钊指出："余之掊击孔子，非掊击孔子之本身，乃掊击孔子为历代君主所雕塑之偶像的权威也；非掊击孔子，乃掊击专制政治之灵魂也。"因此，那种认为新文化运动就是要打倒孔子、完全否定儒家学说的看法，并不完全符合当年的实际情况。

提倡白话文，实行有史以来的伟大文学革命，揭开了中国新文学史的新纪元

实行文学革命是新文化运动的主要内容，领航者是陈独秀和胡适。胡适最早提出"文学革命"的口号，主张以白话文学为中国文学正宗，实写今日社会之情状。只有接近民众口语的白话才是活文字，才能产生"活文学"。中国若想产生第一流的"活文学"，必须用白话文。由于胡适发表的《文学改良刍议》这篇鼓吹文学革命的代表作，属于"文学改良"温和性言论，所以具有革命家气质的陈独秀即发表了《文学革命论》战斗檄文，高张"文学革命军"大旗，宣扬文学革命"三大主义"：推倒雕琢的阿谀的贵族文学，建设平易的抒情的国民文学；推倒陈腐的铺张的古典文学，建设新鲜的立诚

的写实文学；推倒迂晦的艰涩的山林文学，建设明了的通俗的社会文学。胡适评价：文学革命的进行，最重要的急先锋是陈独秀，他正式举起"文学革命军"的旗子。按照我的和平态度，文学革命至少还须经过 10 年的讨论与尝试；陈独秀的勇气恰好补救我这个太持重的缺点。经过百年历史沉淀，公平地说，在新文化运动中，这两只"玉兔"（陈、胡两人属兔）是叱咤风云的领军人物。除李大钊、鲁迅外，还有钱玄同、刘半农、周作人等，他们是参与这场文学革命的"四梁八柱"。

文学革命的具体内容涉及面既深且广。所谓"深"，不仅提出以白话文代替文言文，新文学代替旧文学，而且要求凡写文都须使用标点符号，书写方式改右行直下为左行横迤，数目字改用阿拉伯码号用算式书写等。所谓"广"，提出凡纪年尽量使用世界通行之基督纪元，实行文字改革采用注音字母等。这样的文学革命，对促进中国在文化方面与世界接轨，走向近现代化，立了头等大功。白话文学以鲁迅的《狂人日记》为标杆。这场文学革命，是有数千年历史的中国文学的深刻变革。毛泽东论及五四新文化运动时指出：我们那个时候学习作白话文，写文章要加标点符号，这是一大发明。"五四运动所进行的文化革命则是彻底地反对封建文化的运动，自有中国历史以来，还没有过这样伟大而彻底的文化革命。当时以反对旧道德提倡新道德、反对旧文学提倡新文学为文化革命的两大旗帜，立下了伟大的功劳。"

积极传播马克思主义，给予先进的中国人以改造社会的强大思想理论武器

马克思和他的学说虽然早在 20 世纪之初就为一些先进的中国人所了解，但五四时期才大量地、系统地传入中国，并成为一代先进知识分子苦苦追求的救国救民真理。毛泽东指出，自从 1840 年鸦片战争失败那时起，先进的中国人，经过千辛万苦，向西方国家寻找真理。但是帝国主义的侵略打破了中国人学西方的美梦。第一次世界大战暴露的西方文明弊端，俄国十月革命建立了世界上第一个社会主义国家，这一衰一荣，促使先进的中国人深刻思

考国家的出路。"十月革命一声炮响，给我们送来了马克思列宁主义。十月革命帮助了全世界的也帮助了中国的先进分子，用无产阶级的宇宙观作为观察国家命运的工具，重新考虑自己的问题。"需要指出的是，尽管十月革命的故乡发生了剧变，但先进的中国人从十月革命中获得马克思主义的这段历史事实不容改变，也无须回避。

五四时期，思想解放大潮汹涌澎湃，各种学说蜂拥而至，竞相宣传各式"主义"如百舸争流。在令人炫目耀眼的奇花异草中，以改造社会为宗旨的马克思主义最终一枝独秀。当时创办的 400 多种新刊物中宣传马克思主义或有倾向社会主义内容的达 200 多种。作为新文化运动主要阵地的《新青年》，很快由一般宣传社会主义思潮的刊物发展成为宣传马克思主义的主要媒体。除媒体传播外，中国先进分子还通过三个渠道接受马克思主义：一是东去日本，二是西去欧洲勤工俭学，三是北去十月革命后的苏联。研究讨论马克思主义思想的团体如雨后春笋般涌现，翻译介绍马克思主义的著作为社会急需。陈望道翻译的《共产党宣言》，是马克思主义基本著作在中国的第一个全译本。

在众多马克思主义的传播者中，有两位巨人最具号召力和影响力。一位是陈独秀。他组织团体、撰写文章，揭露资本主义制度的罪恶，宣传科学社会主义思想，有力地推动了马克思主义在中国的传播。另一位是李大钊。他是中国比较系统、完整传播马克思主义的第一人。他发表的许多文章，在早期马克思主义传播运动中起着主导作用。他对马克思主义具有坚定信仰，强调理论联系实际，积极投身工人运动和人民群众斗争洪流。

唤醒了中国劳苦大众，
促进马克思主义与工人运动相结合

中国先进分子传播马克思主义的鲜明特点，不是关在书斋里单纯地探究，而是积极投身到实际斗争中，努力用新的思想理论观察和分析中国社会的诸多问题。他们深入工厂进行社会调查，了解民众疾苦，并用通俗易懂的语言向工人宣传马克思主义，推动马克思主义与中国工人运动相结合。

为什么马克思主义一定要与工人运动相结合？从理论上说，马克思早就讲过，批判的武器不能代替武器的批判，物质力量只能用物质力量来摧毁。理论一经掌握群众，也会变成物质力量。如果说马克思主义是批判旧世界、推翻旧制度的先进精神武器，那么工人运动就可视为对旧世界、旧制度进行批判和摧毁的先进物质力量。批判旧世界、推翻旧制度光有马克思主义这个先进的精神武器还不够，一定要有掌握这个精神武器的先进物质力量，这就是代表先进生产力的工人阶级。马克思主义与工人运动的结合，实际上就是先进的精神武器与先进的物质力量的结合。

五四时期的中国，产业工人在 200 万人以上，加上其他行业的职工总共有 4000 万人左右。中国无产阶级人数不仅具有其他各国无产阶级的优点，还由于深受帝国主义、封建主义和官僚资本主义三重压迫，这种压迫的极端残酷性在世界上其他国家是罕见的，因而有改变悲惨境遇的强烈要求，最富于革命的坚决性和彻底性；同时又由于无产阶级大多数出身于破产的农民，充分了解这个中国社会最大多数人口的痛苦和要求，就更便于在反帝反封建斗争中结成广泛的革命联盟。中国无产阶级的这些优点和特点，必然使其成为近代中国一个革命性很强的领导阶级。但是中国无产阶级那时还不能认识到自己的历史使命，这就需要掌握马克思主义理论的先进知识分子去启发他们的觉悟，使之由自在的阶级变成自为的阶级。

促进马克思主义与工人运动相结合，起领军作用的还是李大钊和陈独秀。在五四运动爆发前的 5 月 1 日，李大钊指出：这一天"是工人的祝典日"。在中国报纸上公开纪念"五一节"，这是首开先河。次年的"五一"那天，他在北大主持召开有工人和学生 500 人参加的纪念大会。他领导的北京共产主义小组成立后，在长辛店办劳动实习学校，帮助建立工会组织，出版《劳动者》周刊和《工人周刊》等，对工人们进行启蒙教育。北京共产主义小组还去郑州、天津、唐山等地开展工人运动。在上海的陈独秀，经过五四爱国运动的洗礼，愈益感到要进行社会革命，必须到产业工人中去。他到码头工人中开展工作，发表演说时表达了"劳动创造世界"的观点，称赞世界上只有做工的人最有用、最贵重，希望工人群众开展劳工运动，要把几千年"劳心者治人，劳力者治于人"的话倒转过来说"劳力者治人，劳心者治于人"，才是正理。他到工人群众中开展调查，了解工人的生活和劳动状况，在《新青年》出版的《劳动节纪念号》中发表了《上海厚生纱厂湖南女工问题》调查报告。1920 年 4 月中旬，他联合中华工业协会等 7 个工界团体筹备召开"世界劳动节纪念大会"。在他的指导下，上海各业 5000 多工人在"五一节"这天集会，喊出"劳工万岁"的口号，通过了《上海工人宣言》。除北京、上海外，在天津、南京、武汉、广州、长沙等地也有一批进步青年到工厂开展劳工运动。

孕育了中国共产党的诞生，改变了 5000 年中国历史发展方向

十月革命对中国先进分子产生了强烈冲击，再加之巴黎和会上中国遭受的巨大耻辱和对欧美国家寄予巨大希望的破灭，五四运动后他们决心走十月革命的道路，坚信马克思列宁主义能够救中国。

李大钊对马克思主义的宣传，愈益倾向于以俄国人为榜样。他明确指出，俄罗斯之革命是立于社会主义之革命，预示着社会主义革命时代的到来，是世界新文明之曙光。他预言"试看将来的环球，必是赤旗的世界！"陈独秀深入了解俄国十月革命情况后赞成"用革命的手段建设劳动阶级（即生产阶级）的国家，创造那禁止对内外一切掠夺的政治、法律，为现代社会第一需要"，表明他完全赞同经过十月革命践行了的马克思主义。

当时许多先进知识分子的思想发展变化的状况大体都是如此。参加过辛亥革命的董必武、林伯渠、吴玉章等年长一些的先进分子，通过对马克思主义的学习和研究，抛弃了过去对旧的资产阶级共和制的憧憬，转变为信仰走十月革命道路的马克思主义。年轻一点的先进知识分子以毛泽东、周恩来、瞿秋白、张闻天等为主要代表，更是向往十月革命后新建立的社会主义社会，用以作为改造中国的模本。

正是有了这么一批先进分子，既学习和研究马克思主义理论，又深入工

人群众中做宣传启蒙工作，在参加反帝反军阀的实践斗争中不断成长起来。这就为中国无产阶级政党的创建准备了干部条件。在上海、北京的共产党组织成立后，武汉、长沙、广州、济南等地的先进分子，以及旅日、旅法华人中的先进分子，也相继建立了共产党早期组织。这些地方组织采取出版报刊、成立马克思主义研究会和利用学校讲坛等多种形式，不断扩大马克思主义宣传阵地，并有计划地开展对工人的宣传和组织工作，深入浅出地宣传马克思主义，积极地推动工人运动的发展，进一步促进马克思主义同工人运动的结合。有了这样的阶级基础和思想基础，1921 年 7 月 23 日，神州大地终于诞生了"搅得周天寒彻"的中国共产党这个思想解放大潮的新生儿。

上述五大历史贡献不是并列的，第一到第四大贡献，是为中国共产党的创建作思想启蒙、文化传播、理论武器、阶级基础准备的，因而开启了五四以来的三大历史性事件的源头。习近平总书记指出：建立中国共产党、成立中华人民共和国、推进改革开放和中国特色社会主义事业，是五四运动以来我国发生的三大历史性事件，是近代以来实现中华民族伟大复兴的三大里程碑。这是对五四运动伟大历史贡献的高度评价。

四、历史选择　历史自信　历史担当[*]

——从新时代党的建设考察中国共产党的先进性

追寻党的历史，可以得出一个基本结论：我们党之所以能够成为领导中国革命、建设和改革事业的核心力量，之所以能够承担起中国人民和中华民族的历史重托，之所以能够在剧烈变动的国际国内环境中始终立于不败之地，根本原因是我们党始终高度重视并不断保持和发展自己作为马克思主义政党的先进性和纯洁性。党的十九大要求，按照新时代党的建设总要求，把党建设成为始终走在时代前列、人民衷心拥护、勇于自我革命、经得起各种风浪考验、朝气蓬勃的马克思主义执政党。不难看出，中国共产党的近百年奋斗历程，印证着人心所向的历史选择、深沉厚重的历史自信、矢志不渝的历史担当，集中体现了党的先进性。

"吹尽狂沙始到金"的历史选择：
彰显中国共产党的先进性

从鸦片战争这个悲怆的历史拐点开始，中国人民就陷入了战乱频仍、山河破碎、民不聊生的深重苦难。为改变这种状况，实现中华民族伟大复兴，无数仁人志士尝试各种救国救亡道路，但均功败垂成。直到中国共产党诞生，中国革命才走上了康庄大道，中华民族伟大复兴才开启新的征程。事实

---

* 凌树科、李贵洲。

证明，中国共产党诞生并领导革命、建设和改革的成功，是近现代中国历史发展的必然结果，是人心所向的历史选择，彰显了党的先进性。

打铁必须自身硬。中国共产党是中国工人阶级的先锋队，同时是中国人民和中华民族的先锋队。中国共产党成立时，中国政治舞台上约有300多个政治团体，先后登台谢幕。自中国共产党成立起，她就成为吸引和汇聚中国最先进分子的组织。从一大到十九大，全国党员从53名增至8900多万名。革命战争时期，延安成为中国进步青年心中向往的红色革命圣地，数以万计的学者、艺术家、知识青年、国际友人奔向延安。社会主义建设时期，尤其是中国特色社会主义建设时期，在共产党员先锋模范作用引领下，几千万人选择加入中国共产党。进入中国特色社会主义新时代，我们党坚持党要管党、全面从严治党，为我们党凝聚各类英才产生了积极影响。

得道多助，失道寡助。中国共产党革命和建设的理论、实践，深刻影响着中国最广大的人民群众，使他们衷心拥护中国共产党，选择团结在党的周围，共同进行中国革命和建设的伟大实践。中国共产党深刻解读了中国革命的核心问题，找到了农民阶级这个坚定的同盟军，走上了农村包围城市的道路，最后夺取全国政权，建立了人民民主专政的社会主义国家。中国共产党团结一切可以团结的力量，带领各民主党派同国民党反动派进行"两种命运、两个前途"的斗争并取得了胜利；新中国成立后，与各民主党派"和平共处、长期共存、肝胆相照、荣辱与共"，积极支持各民主党派参政议政。进入新世纪新时代，中国梦凝聚了十几亿人实现中华民族伟大复兴的磅礴力量。

"革命理想高于天"的历史自信：
催发中国共产党的先进性

志不立，天下无可成之事。中国共产党自成立起，就把共产主义确立为远大理想，肩负起实现中华民族伟大复兴的历史使命。"我们党之所以能够经受一次次挫折而又一次次奋起，归根到底是因为我们党有远大理想和崇高追求。"事实证明，中国共产党对于实现中华民族伟大复兴，具有深沉厚重的历史自信，从而进一步催发了党的先进性。

先进理论指导中国的发展。指导思想是一个政党的精神旗帜。中国共产党"从马克思列宁主义的科学真理中看到了解决中国问题的出路"，坚持马列主义和中国实际结合起来，致力于马克思主义的中国化，形成了指导中国革命、建设和改革事业的毛泽东思想、邓小平理论、"三个代表"重要思想、科学发展观、习近平新时代中国特色社会主义思想，集中反映了我们党始终保持先进性的根本所在。

先进道路引领中国的发展。方向决定道路，道路决定命运。太平天国运动妄图建立一个新的封建王朝，洋务运动不触动封建势力的利益，维新变法妄图建立限制皇权的君主立宪制，辛亥革命走资产阶级共和国道路的希望被西方列强扼杀，中间路线派的第三条道路缺乏生存土壤，注定都是失败的结局。98 年来，一代代共产党人前仆后继，走在建立和建设社会主义的道路上，使"社会主义主张在世界上人口最多的国家成功开辟出具有高度现实性和可行性的正确道路，让科学社会主义在 21 世纪焕发出新的蓬勃生机"。从烽火连天的革命战争时期，到激情燃烧的建设岁月，到波澜壮阔的改革开放新时期，再到恢宏壮阔的中国特色社会主义新时代，所有的艰苦奋斗和艰辛探索，使全国人民清晰地看到：只有社会主义才能救中国。除此之外，再没有一种更先进的道路能够推动中国的发展。

先进制度保障中国的发展。中国特色社会主义政治制度是中国共产党和中国人民的伟大创造。70 年来，在社会主义制度的保障下，中国共产党领导人民创造了人类社会发展史上惊天动地的奇迹，经济结构不断优化，经济总量稳居世界第二，人民生活不断改善，民主法治建设迈出重大步伐，国际地位日益上升，强军兴军开创新局面，党的建设成效卓著，执政能力和领导水平不断提高……攻克了一个又一个看似不可攻克的难关，创造了一个又一个彪炳史册的人间奇迹。站在中国特色社会主义新时代的历史方位，我们可以自豪地说：只有社会主义制度才能保障中国的发展。

先进文化引领中国的发展。文化兴则国运兴，文化强则民族强。没有高度的文化自信，没有文化的繁荣兴盛，就没有中华民族的伟大复兴。我们党从成立之日起，既是中国先进文化的积极引领者和践行者，又是中华优秀传统文化的忠实传承者和弘扬者，始终代表着中国先进文化的前进方向，引领着中国的发展。98 年来，中国共产党植根于中华民族 5000 多年文明历史所孕育的中华优秀传统文化，熔铸党领导人民在革命、建设和改革实践中创造的革命文化和社会主义先进文化，坚持创造性转化、创新性发展，不断铸就中华文化新辉煌，形成和发展了中国特色社会主义文化，始终将中国人民凝聚在党的周围，引领中国发展。

"钢脊铁肩担道义"的历史担当：
铸就中国共产党的先进性

中国近现代以来的历史深刻揭示：正是因为中国共产党敢于担当、勇于修正错误，才成为凝聚亿万人民的坚强领导核心。98 年来，面对不同历史时期赋予的历史任务，我们党筚路蓝缕、勠力同心、砥砺前行，始终以"赶考"的姿态，熔铸践行历史使命的责任和情怀，铸就党的先进性。

从履职尽责的大义看，中国共产党不负人民的信赖和重托。中国共产党在大义面前，始终坚持以人民为中心，践行全心全意为人民服务的根本宗旨，把党的群众路线贯彻到治国理政的全部活动之中，把人民对美好生活的向往作为我们的奋斗目标。大革命时期，中国共产党顺应人民呼唤，秉持大义，"打倒列强、除军阀"，与国民党开始了第一次合作。抗日战争时期，中国共产党面对民族大义，表示"如果国民党停止内战，中国共产党愿意把自己的军队改编成国民革命军的一部分，愿意把自己的根据地变成国民政府统一管辖下的边区"，呼吁停止内战，一致对外。此后，国共第二次合作，建立抗日民族统一战线，中国工农红军被改编成八路军、新四军，深入敌后抗日，消灭和牵制大量日伪军，对中国乃至世界反法西斯战争的胜利作出了巨大贡献。中国共产党边区政府建立"三三制"政权，扩大了社会基础，团结了抗日力量，激发了各阶层人民群众的抗日热情。在中国特色社会主义建设时期，面对人民对美好生活的向往，在"贫穷不是社会主义"的清醒认识中，开启了改革开放的伟大征程；进入新时代，继续全面深化改革、坚持和发展中国特色社会主义的伟大事业。

从纠错纠偏的勇气看，中国共产党牢记真理的坚持和发展。面对大革命失败，我们党深刻认识到"枪杆子里出政权"，展开了对国民党反动派的武装斗争；面对土地革命时期的"左"倾错误，我们党内部进行了反复斗争，在遵义会议上进行了根本性的解决，挽救了党，挽救了中国革命；面对"文化大革命"所犯的错误，我们党拨乱反正，十一届三中全会决定实行改革开放，实现工作重心转移，实现了新中国成立以来具有深远意义的伟大转折；进入新时代，我们党既不走封闭僵化的老路，也不走改旗易帜的邪路，以"自信"和"自觉"使社会主义焕发出蓬勃生机和活力。

从巨大牺牲的付出看，中国共产党正视成功的艰难和曲折。中华民族伟大复兴，绝不是轻轻松松、敲锣打鼓就能实现的。为实现新民主主义革命的胜利，共产党人实践着"砍头不要紧，只要主义真""敌人只能砍下我们的头颅，决不能动摇我们的信仰"的铮铮誓言，370万共产党员献出了宝贵生命；在社会主义革命时期，为镇压反革命分子、敌特土匪，成千上万的共产党人献出了宝贵生命；在社会主义建设和改革时期，为保证社会稳定、生活改善，党员干部冲在第一线。在中国革命、建设、改革的重大历史关头，共产党人从来都是先锋模范，不惧作出牺牲。

新时代党的建设，党的先进性建设是主线之一。我们必须毫不动摇坚持和完善党的领导，毫不动摇把党建设得更加坚强有力，始终保持党的先进性，不断提高党的执政本领，团结带领广大人民进行伟大斗争、推进伟大事业、实现伟大梦想。

五、深刻理解以人民为中心的价值逻辑*

全面深化改革只有坚持以人民为中心，坚持创造更加公平的社会环境，把实现好、维护好、发展好最广大人民根本利益作为推进改革的出发点和落脚点，才能让发展成果更多更公平地惠及全体人民。

人民是改革的主体，使广大人民群众成为推动新时代全面深化改革的强大力量，改革才会取得成功。因此，必须坚持以人民为中心的改革价值取向不能变，坚持和加强党的领导，从"四个全面"战略布局出发，从人民群众利益出发谋划改革思路、制定改革举措，不断全面深化改革。

"人民"一词在党的十九大报告中出现多达 203 次，"坚持以人民为中心的改革价值取向不能变"，更明确地回答了新时代深入推进改革开放为了谁、成果由谁共享等重大价值问题。在庆祝改革开放 40 周年大会重要讲话中，习近平总书记再次强调，必须坚持以人民为中心，不断实现人民对美好生活的向往。这些重要论述生动体现了我们党执政为民的使命担当，充分反映了以人民为中心的价值取向，深刻凸显了新时代全面深化改革的价值逻辑。

坚持以人民为中心必须解决人民群众关心的重大现实问题。天视自我民视，天听自我民听。新时代，改革开放是人民的事业，必须以人民忧乐为忧乐、以人民甘苦为甘苦。习近平总书记强调，改革必须抓住重点，围绕解决好人民群众反映强烈的问题，回应人民群众呼声和期待。群众关心什么、期

---

* 沈江平，中国人民大学马克思主义学院副教授、21 世纪中国马克思主义研究协同创新中心研究员。

盼什么，改革就要抓住什么、推进什么。以改革回应社会关切、顺应人民期待，把方方面面的积极性和创造性调动起来，为推进改革开放凝聚共识、激发动力。这说明，新时代我们更加明确改革开放的价值指向，更加明确坚持以人民为中心的发展思想，落实新发展理念，多谋民生之利，多解民生之忧，让人民群众学有所教、劳有所得、病有所医、老有所养、住有所居，着力解决人民群众最关心、最直接、最现实的利益问题。

芳林新叶催陈叶，流水前波让后波。习近平总书记强调，与时代同步伐，与人民共命运，关注与回答时代和实践提出的重大课题，是马克思主义永葆生机活力的奥妙所在。党领导人民干革命、搞建设、抓改革，从来都是为了解决中国的现实问题。改革开放 40 多年来，党领导全国人民，以敢闯敢干的实践勇气、勇于担当的使命意识、自我革新的进取精神，探索出了一条适合中国国情的新路、好路，实现了从"落后时代"到"赶上时代"，再到"引领时代"的伟大历史跨越。在新时代，一定要"扭住关键"，突出"问题导向"，精准聚焦现阶段我国存在的突出问题和明显短板，精准对接改革所需、人民群众所思所盼，回应群众强烈诉求和热切期待，要以强烈的历史使命感，集中全党全社会智慧，最大限度地调动一切积极因素，敢于啃硬骨头，敢于涉险滩，冲破思想观念的束缚、突破利益固化的藩篱，为人民群众谋发展、谋利益。

坚持以人民为中心必须让发展成果公平惠及全体人民。天下顺治在民富，天下和静在民乐。改革开放 40 多年来，国家的经济实力不断增强，改革开放的成果不断涌现。这说明改革开放的巨大红利已经形成，接下来在"做大蛋糕"的同时，要更加注重"分好蛋糕"。"分蛋糕"不是共分财富吃"大锅饭"，更不是平分富人钱财，而是在党的领导下，全国各族人民共同努力、共同参与、共同创造和增加社会财富，人人参与、人人尽力，同时人人享有、发展共享。全面深化改革只有坚持以人民为中心，坚持创造更加公平的社会环境，把实现好、维护好、发展好最广大人民根本利益作为推进改革的出发点和落脚点，才能让发展成果更多更公平地惠及全体人民。要始终把人民利益摆在至高无上的地位，让改革发展成果更多更公平地惠及全体人民，朝着实现全体人民共同富裕不断迈进，唯有如此，全面深化改革才能大有作为。

改革开放是人民的事业，发展的根本目的是让人民群众过上好日子。习近平总书记特别强调，改革开放事业一定要以促进社会公平正义、增进人民福祉为出发点和落脚点，要不断克服各种有违公平正义的现象，使改革发展成果更多更公平地惠及全体人民。人民是党的根基和血脉，是共产党执政的政治基础。为人民谋幸福，是我们党不变的初心；带领人民创造美好生活，是党始终不渝的奋斗目标。新时代，必须顺应人民群众对美好生活的向往，坚持以人民为中心的发展思想，坚持发展为了人民、发展依靠人民、发展成果由人民共享，努力推动工作重心下移，提高工作能力和服务水平，以发展的丰硕成果，托起十四亿人民的幸福，使人民获得感、幸福感、安全感更加充实、更有保障、更可持续。

坚持以人民为中心必须确保人民群众的评判主体地位。夫君者舟也，人者水也。水可载舟，亦可覆舟。人民是改革开放的实践主体，也是改革开放的价值主体，还是改革开放事业成败的评判主体。评价改革发展成效，要看人民群众满意不满意，要看有没有增强人民群众的获得感、幸福感、安全感。全面深化改革要坚持马克思主义群众观点，一如既往地以人民为中心展开，充分保障人民群众的主体地位，倾听群众呼声，反映群众诉求。要把"人民满意政策、听取人民声音、考虑人民意见，发展举措向人民汇报、让人民知晓，让人民有更多获得感、幸福感、安全感"作为检验改革成效的标准。

时代是出卷人，我们是答卷人，人民是阅卷人。人民群众中蕴藏着无穷无尽的智慧和力量。数十年改革发展历程，我们认识和实践上的每一次突破和进步，每一个新生事物的产生和发展，每一个方面经验的创造和积累，无不来自亿万人民的实践和智慧。紧紧依靠人民，是我们党在革命、建设和改革中立于不败之地的强大根基。要发挥人民首创精神，尊重人民意愿、经验、权利和作用，坚持问政于民、问需于民、问计于民，从人民群众的实践中总结经验、获取智慧。只有始终相信人民，充分发挥人民的积极性、主动性、创造性，才能凝聚起众志成城的磅礴之力，不断把为人民造福的事业推向前进。历史是人民书写的，一切成就归功于人民。只要我们深深扎根人民、紧紧依靠人民，就能获得无穷的力量，风雨无阻，奋勇向前，从人民的实践创造和发展要求中不断开创发展新境界、新天地。

坚持以人民为中心就必须遵循"两个是否"的评价标准。民惟邦本，本固邦宁。改革不仅要有顶层设计，而且要有评价标准。如果没有科学的评价标准作指引，改革就很难深入推进。改革开放伊始，邓小平提出"三个有利于"，成为党领导全国人民科学评价改革开放成败的判定标准。党的十八大以来，以习近平同志为核心的党中央审时度势，提出"把是否促进经济社会发展、是否给人民群众带来实实在在的获得感，作为改革成效的评价标准"。这个标准强调立足并长期处于社会主义初级阶段，坚持发展仍是解决我国所有问题的关键；强调坚持人民立场并从群众期待领域出发，使人民群众在科学把握和处理改革重大问题中得到实实在在的好处。这个标准为评价改革发展成效提供了新的价值准则。

用什么样的标准来判断改革开放的具体措施和成果，是改革面临的一个重大理论和现实问题。如果没有科学的判断标准，改革就可能走偏，甚至出现方向性错误。"两个是否"是适应全面深化改革新形势、经济发展新常态的新论断，是对改革实践的新认识，与"三个有利于"思想一脉相承，彰显了理论创新和改革进程的内在延续性和一致性。它体现了改革的基本价值取向，是改革"向何处去"的正确解答，是改革"改得怎么样"的衡量尺子。掌握好这个标准，全面深化改革方能有底气、有力量、有成效。凡是能够促进社会经济发展、能够给人民带来实实在在获得感的改革举措，就是正确的、科学的、行之有效的，国家就支持，人民就拥护。全面深化改革，要牢牢抓住"两个是否"，在多元利益博弈和矛盾中"试"出解决问题、推进改革的关键举措，让以人民为中心的改革和发展理念落到实处。

天地之间，莫贵于人。人民是历史进步的真正动力，人民立场是我们党领导改革开放的根本立场，坚持人民立场是全心全意为人民服务根本宗旨的必然要求。实践深刻昭示，人民是改革的主体，使广大人民群众成为推动新时代全面深化改革的强大力量，改革才会取得成功。因此，必须坚持以人民为中心的改革价值取向不能变，坚持和加强党的领导，从"四个全面"战略布局出发，从人民群众利益出发谋划改革思路、制定改革举措，不断全面深化改革。只有坚持党的领导，坚持以人民为中心，才能保证社会主义的前进方向，保证发展成果由人民共享；只有全面深化改革，坚持以人民为中心，才能保证人人享有发展机遇、人人享有发展成果，调动全体人民的积极性、主动性和创造性。

六、马克思主义政党的根本要求 *

政党是有共同政治纲领、政治路线、政治目标的政治组织。政治属性是政党第一位的属性，政治建设是政党建设的必然要求。习近平总书记在党的十九大报告中把党的政治建设纳入新时代党的建设总体布局，强调"把党的政治建设摆在首位"，"以党的政治建设为统领"，凸显了党的政治建设的极端重要性。《中共中央关于加强党的政治建设的意见》（以下简称《意见》）深入贯彻习近平新时代中国特色社会主义思想，明确了加强党的政治建设的总体要求和主要任务，对加强党的政治建设进行系统设计，为加强党的政治建设提供了基本遵循。

讲政治是中国共产党的优良传统

加强党的政治建设是由马克思主义政党的性质决定的。在革命、建设、改革各个时期，我们党都高度重视党的政治建设，形成了讲政治的优良传统。党的十八大以来，以习近平同志为核心的党中央把党的政治建设摆在更加突出的位置，加大力度抓，形成了鲜明的政治导向，消除了党内严重政治隐患，推动党的政治建设取得重大历史性成就。2014 年 10 月，在党的群众路线教育实践活动总结大会上，习近平总书记明确指出，党内政治生活和组织生活都要讲政治、讲原则、讲规矩。各级各部门党委（党组）必须树立正

---

*　张荣臣，中共中央党校（国家行政学院）教授、博士生导师。

确政绩观，坚持从巩固党的执政地位的大局看问题，把抓好党建作为最大的政绩。同月，习近平总书记在党的十八届四中全会第二次全体会议上强调，我们党作为马克思主义政党，讲政治是突出的特点和优势。没有强有力的政治保证，党的团结统一就是一句空话。我国曾经有过政治挂帅、搞"阶级斗争为纲"的时期，那是错误的。但是，我们也不能说政治就不讲了、少讲了，共产党不讲政治还叫共产党吗？

"共产党不讲政治还叫共产党吗？"这句话振聋发聩。2015年1月，习近平总书记在十八届中央纪委五次全会上强调，政治纪律更是全党在政治方向、政治立场、政治言论、政治行动方面必须遵守的刚性约束。他对党员干部提出了"五个必须"和"五个决不允许"的要求。2016年10月，党的十八届六中全会制定了《关于新形势下党内政治生活的若干准则》和《中国共产党党内监督条例》。2017年2月，习近平总书记在省部级主要领导干部学习贯彻十八届六中全会精神专题研讨班开班式上的讲话中再次强调，我们党作为马克思主义政党，必须旗帜鲜明讲政治，严肃认真开展党内政治生活。讲政治，是我们党补钙壮骨、强身健体的根本保证，是我们党培养自我革命勇气、增强自我净化能力、提高排毒杀菌政治免疫力的根本途径。

加强政治建设具有很强的现实针对性

我们党之所以把讲政治提到一个新的历史高度，有着很强的现实针对性和实践指导性。应该充分肯定，我们大多数干部的理想信念是坚定的，政治上是可靠的。但也必须清醒地看到，党内存在的政治问题还没有得到根本解决，一些党组织和党员干部忽视政治、淡化政治、不讲政治的问题还比较突出，有的甚至存在偏离中国特色社会主义方向的严重问题。在如何坚持和加强党的全面领导上，有的认识不清、底气不足、能力不够，含糊其辞不敢领导、不会领导；有的只讲业务、不讲政治，弱化党的领导，党的领导在一些地方或单位落虚落空了。在全面从严治党如何向纵深发展上，党内存在的思想不纯、政治不纯、组织不纯、作风不纯等突出问题尚未得到根本解决。无疑，这些问题都是政治问题，特别是习近平总书记指出的"七个有之"，必须引起一些地方和部门党组织的高度重视，坚决加以纠正。

政治问题，任何时候都是根本性的大问题，是党和国家的大局、大事，领导干部要努力做到，"政治上的问题必须从政治上加以解决；其他方面的问题，要善于从政治上去认识、分析和解决"。《意见》强调，中国特色社会主义进入新时代，我们党要以新气象新作为统揽推进伟大斗争、伟大工程、伟大事业、伟大梦想，就必须加强党的政治建设。一方面，这是全面从严治党向纵深发展的内在需要；另一方面，这是坚持和加强党的全面领导的必然要求。加强党的政治建设，目的是坚定政治信仰，强化政治领导，提高政治能力，净化政治生态，实现全党团结统一、行动一致。我们强调领导干部要讲政治，就要坚决维护党中央权威、贯彻民主集中制；就要开展严肃认真的党内政治生活，增强党内政治生活的政治性、时代性、原则性、战斗性；就要敢于直面问题、勇于自我革命，不断提高自我净化、自我完善、自我革新、自我提高能力；就要领导干部严格自律，自觉担负起全面从严管党治党的政治责任。

坚决做到"两个维护"，保证全党团结统一步调一致

《意见》通篇贯彻和体现"两个维护"这一根本要求，将其作为加强党的政治建设的首要任务，强调坚持和加强党的全面领导，坚决维护习近平总书记党中央的核心、全党的核心地位，坚决维护党中央权威和集中统一领导，把准政治方向，坚持党的政治领导，夯实政治根基，涵养政治生态，防范政治风险，永葆政治本色，提高政治能力，把我们党建设得更加坚强有力，确保我们党始终成为中国特色社会主义事业的坚强领导核心，为实现"两个一百年"奋斗目标和中华民族伟大复兴的中国梦提供坚强政治保证。我们要认真学习文件，把旗帜鲜明讲政治体现到"两个维护"上。

把坚决做到"两个维护"作为根本的政治纪律来落实。一个国家、一个政党，领导核心至关重要。坚决维护习近平总书记党中央的核心、全党的核

心地位，形成思想和行动高度统一的整体，这是一个成熟的马克思主义政党的必然要求，对维护党中央权威和集中统一领导具有十分重大而深远的意义。没有党中央的核心、全党的核心，就难以维护党中央权威和集中统一领导，全党就没有凝聚力、向心力、战斗力。坚决维护习近平总书记党中央的核心、全党的核心地位，是党和国家前途命运所系，是全国各族人民根本利益所在。坚决维护党中央权威和集中统一领导，要求我们增强"四个意识"，自觉在思想上政治上行动上同以习近平同志为核心的党中央保持高度一致，使我们党更加团结统一、坚强有力，始终成为中国特色社会主义事业的坚强领导核心。在坚定政治信仰、提高政治能力上下功夫。严格执行党的纪律和规矩，坚决贯彻"两个维护"，始终同党中央保持高度一致，需要我们坚定理想信念、提高政治能力。中国共产党除了工人阶级和广大人民群众的利益外，没有自己特殊的利益。坚定理想信念，坚守共产党人精神追求，始终是共产党人安身立命的根本。我们要用习近平新时代中国特色社会主义思想武装全党、牢固树立共产主义远大理想和中国特色社会主义共同理想，牢记初心使命，坚定"四个自信"，坚定执行党的政治路线，坚决站稳政治立场，不断提高政治本领。

营造良好政治生态。坚决反对腐败，建设廉洁政治，是我们党一贯坚持的鲜明政治立场，也是人民群众高度关注的重大政治问题。建设廉洁政治，实现干部清正、政府清廉、政治清明一直是我们孜孜以求的奋斗目标。走进新时代，面对经济社会发展的新形势新要求，肩负团结带领人民实现民族复兴伟大梦想的神圣使命，迫切要求我们坚定不移推进全面从严治党，旗帜鲜明反对政治生态和党内政治生活中的种种不正常现象，营造良好政治生态和政治局面。必须在严格选人用人上下功夫，强化政治把关，把政治上蜕变的"两面人"及时辨别出来、清除出去，坚决防止党内形成利益集团攫取政治权力、改变党的性质，坚决防止山头主义和宗派主义危害党的团结、破坏党的集中统一。要加强党内政治文化建设，破除党内"潜规则"，弘扬和践行忠诚老实、公道正派、实事求是、清正廉洁等价值观，以良好政治文化涵养风清气正的政治生态。

七、"无我"精神的历史传承与时代内涵 *

"我将无我"大境界,"不负人民"大作为。"我将无我,不负人民"彰显的是人民领袖的赤子情怀、政治担当,也是党的初心使命的政治宣示、对人民的庄严承诺,为广大党员干部作出了思想示范、行为标杆,必将激励广大党员干部更加担当作为、实干兴邦,全心全意为人民服务。

拳拳公仆心,悠悠为民情。3月22日,在意大利进行访问的习近平总书记,用"我将无我,不负人民"这八个字,回应了意大利众议长菲科的提问,在国内外引起强烈反响和广泛赞誉。"我将无我,不负人民",彰显出大国领袖的赤子之心和为民情怀,为各级领导干部修身立德、尽忠职守作出了思想上、政治上、行动上的示范。广大党员干部特别是领导干部应自觉看齐、强化担当,从文化自信、党性修养和实践要求等方面努力,在知行合一中担当作为,为党和人民的事业更加呕心沥血、忘我奋斗。

以"无我"精神涵养文化自信

何谓"无我之境"?就是通过克己而消解了小我,使自己融入一体之仁。可以说,"无我"的思想情怀,是胸怀天下、务实担当的忘我境界,是中华文化倡导"修身、齐家、治国、平天下"的至高情怀与境界。自古以来,从

---

* 王杰,中共中央党校(国家行政学院)哲学教研部教授、博士生导师、中国实学研究会会长。

大禹治水"三过家门而不入"的神话传说，到商王盘庚"重我民，无尽刘"的思想；从周公"明德、慎罚、保民"的措施，到春秋时期孔子倡导"仁"、孟子倡导"民贵君轻"，北宋张载"为天地立心，为生民立命，为往圣继绝学，为万世开太平"的胸襟抱负；从明朝顾炎武"天下兴亡，匹夫有责"的志向，到晚清林则徐、丁汝昌等人忠心报国的壮举，可见大公无私、一心为民的"无我"思想、"无我"实践，在中华民族历史上一脉相传、源远流长。这种精神传统，是中国共产党人无私无我使命担当、中国特色社会主义文化自信的深厚资源。

薪火相传、一脉相承，是历史发展的固有逻辑。近代以来，忘我奉献、为国为民的精神境界，也是革命文化和社会主义先进文化的结晶。面对半殖民地半封建社会山河破碎的痛心局面，孙中山先生高举反帝反封建的革命旗帜，倡导"三民主义"，使共和观念深入人心。毛泽东同志领导中国共产党和中国人民，经过长期艰苦卓绝的斗争，最终推翻了"三座大山"的压迫，缔造了伟大的中华人民共和国。从此，四分五裂、民不聊生的旧中国变成团结统一、人民当家作主的新中国，饱受列强欺凌和宰割的旧中国变成独立自主的新中国，中国人民自此"站起来"了。而面对经济落后的状况，邓小平同志领导中国共产党人继往开来，抓住历史性机遇实施改革开放，推动中国社会进入现代化建设新时期，让十几亿中国人"富起来"。可见，在革命和建设时期，正是无数先烈和革命志士忘我奋斗、一心为民，用生命和鲜血实践着"无我"精神和为民情怀。

党的十八大以来，习近平总书记以马克思主义者的深刻洞察力、敏锐判断力和非凡战略定力，以顽强的意志品质、强烈的责任担当、深厚的赤子情怀，团结带领全党全国各族人民，统揽"四个伟大"，统筹推进"五位一体"总体布局，协调推进"四个全面"战略布局，推动党和国家事业取得历史性成就、发生历史性变革，赢得全党全军全国各族人民的衷心爱戴，成为党的核心、人民的领袖和军队的统帅。这些卓越功勋正是习近平总书记"我将无我，不负人民"的真实写照和历史见证。

以"无我"精神修好共产党人"心学"

习近平总书记指出，"党性教育是共产党人修身养性的必修课，也是共产党人的'心学'"，为广大党员干部锤炼党性提出了重要课题和努力方向。孔子主张"克己"，即克除私欲，严以律己；提倡"毋我"，即反对固执。王阳明发扬光大了这一思想，他在《别方叔贤序》中说，"圣人之学以无我为本"。他主张"无我而定"，了去心中小我，将小我融入社会人生和天地宇宙之中，以天地万物为一体，"视天下犹一家，中国犹一人"，从而成就至仁境界的"大我"。从内在精神看，这些都是我们修好共产党人"心学"的有益资源。

中国共产党要带领人民实现"中国梦"之心，与具体实践不可分割。习近平总书记指出，"实现中华民族伟大复兴，就是中华民族近代以来最伟大的梦想"。追溯中华民族的梦想，早在 2500 年前，就有了"天下为公"的"大同"社会理想和"小康"社会追求，这恰恰也是当今时代中国共产党人的政治追求。近代以来，在西方列强的侵略下，中华民族面临危亡境地，无数仁人志士致力于民族复兴伟业，中国共产党人找到了从"站起来""富起来"到"强起来"的道路。党的十九大报告明确提出，建设富强民主文明和谐美丽的社会主义现代化强国，这是新时代中国共产党人的"初心"，也是知行合一之理。广大党员干部要把"中国梦"内化为精神追求，转化为夙夜在公、上下求索的实际行动，以"社会主义是干出来的"精气神，带领人民群众共同追梦、共同圆梦。

习近平总书记告诫全党，"不忘初心、方得始终"，发出"为什么出发"的初心之问、本源之问。然而，"知之非艰，行之惟艰""靡不有初，鲜克有终"，发心是容易的，心诚志坚去坚持践行则不易。阳明心学中讲"致良知"，就是启示我们要在"事上磨炼"。党员领导干部对总书记的要求应念兹在兹、铭记于心，时刻不忘党的初心和使命，时刻不忘入党的初衷和党旗下的誓言，时刻不忘我是谁、为了谁、依靠谁，始终把人民放在心中最高位置，自觉践行全心全意为人民服务的根本宗旨。

习近平总书记一向强调，党员干部应在知行合一中主动担当作为。"知行合一"，不仅要认知，更应当践行，把"知"和"行"统一起来。党员干部在"绝对忠诚"方面，更要知行合一。查办案件中发现，党员领导干部中，有的修身不真修、信仰不真信，不敬苍生敬鬼神，不信马列信风水；有的台上一套、台下一套，表里不一、欺上瞒下，等等。这警示我们，党员领导干部要忠实贯彻习近平新时代中国特色社会主义思想，学而信、学而用、学而行。要旗帜鲜明讲政治，树牢"四个意识"，坚定"四个自信"，坚决做到"两个维护"，始终在政治立场、政治方向、政治原则、政治道路上同以习近平同志为核心的党中央保持高度一致，把中央各项决策部署落实到位，以忠诚干净担当诠释知行合一。

以"无我"精神践行"以人民为中心"

我们党来自人民、植根人民，党的根基在人民、力量在人民。不负人民，唯有实干，解决好人民群众最关心最直接最现实的利益问题，不断增强人民群众的获得感、幸福感、安全感，才能真正赢得人民群众的信赖和拥护。

不负人民，就要敬畏生命。近期发生的一些安全生产事故，再次敲响了警钟。习近平总书记强调："人命关天，发展决不能以牺牲人的生命为代价。这必须作为一条不可逾越的红线。"不负人民，就要求各级领导干部以对人民群众极端负责、对生命极端敬畏的政治担当，深刻吸取教训，管好自己的事、种好"责任田"，牢牢守住安全底线，切实维护人民群众利益。

不负人民，就要建设生态文明。建设生态文明是民意，也是民生。随着社会发展，群众从过去"盼温饱"到现在"盼环保"、从过去"求生存"到现在"求生态"。各级领导干部要忠实贯彻习近平生态文明思想，树牢"良好生态环境是最普惠的民生福祉"的生态文明观，层层压紧压实生态环保责任，跑出绿色发展的"中国速度"，还老百姓蓝天白云、青山碧水，不断提升发展质量。

　　不负人民，就要增进民生福祉。人民对美好生活的向往，就是我们的奋斗目标。当前，脱贫攻坚战已到紧要关头，领导干部要把为人民服务、为人民谋幸福作为义不容辞的责任，带头冲锋、尽锐出战，坚决打赢脱贫攻坚战，把党和国家的民生政策落实落细。

　　不负人民，就要推进全面依法治国。法治兴则国家兴，法治强则国家强。进入新时代，人民群众渴望更多的民主、法治、公平、正义。领导干部是全面依法治国的"关键少数"，必须带头崇尚法治、敬畏法律，模范尊法、学法、守法、用法，不断提高自身的法治思维和法治本领，把反映人民愿望、维护人民权益贯穿于全面依法治国始终，让人民群众更多地感受到公平、正义。

　　不负人民，就要持续改进作风。日前，中央出台了《关于解决形式主义突出问题为基层减负的通知》，明确 2019 年为"基层减负年"，提出了一系列务实管用的举措。各级领导干部要崇尚真抓实干、实心实政，持续深入贯彻中央八项规定精神，坚决遏制和纠正"四风"，带头从"文山会海"和"痕迹主义"中走出来，把主要精力用在抓落实上，带动党风政风持续向好向善。

　　今天再晚也是早，明天再早也是晚。对于各级领导干部而言，胸怀"我将无我，不负人民"的精神境界，以只争朝夕的姿态、夙兴夜寐的干劲、坚毅笃行的恒心，知行合一、忘我奋斗，才能始终与人民团结奋斗，同心共筑"中国梦"。

八、中国梦的历史观 *

中华文明的发展，有其内在历史逻辑，也有其理论逻辑和实践逻辑，三者统一而相互促进，共同推动中华民族伟大复兴中国梦的实现。

实现中国梦必须走中国道路。这就是中国特色社会主义道路。

历史是人民创造的，文明也是人民创造的。实现中华民族伟大复兴中国梦，必须不断为人民造福。

习近平总书记在不同场合多次强调中华民族伟大复兴中国梦的科学内涵、战略意义和实现路径，揭示出实现中国梦的历史基础和文化资源。中国梦是习近平总书记回顾近代以来中国人民为实现中华民族伟大复兴走过的历史进程，站在新的历史起点、新的时代舞台上，对中国未来走向和发展目标作出的新规划，体现了习近平总书记对中国近代以来历史发展主题主线的深刻把握，对中国历史与文化，特别是中国近现代史、中共党史的科学总结和理性思考，对中华文明发展历史逻辑的科学把握。

中国梦的历史底蕴

中华文明是中国梦实现的强大定力。中华文明源远流长，博大深厚，一脉相承，不仅为中国，而且为人类文明进步作出了不可磨灭的贡献。作为中

---

* 靳宝，中国社会科学院历史理论研究所副研究员。

华文明载体之一的史学遗产，其丰富性和连续性，是中华文明特有的重要标志，是中华民族的宝贵财富。中国大一统社会秩序和思想元素的延续和传承，使各族人民都把维护国家统一看作天经地义、义不容辞的神圣使命与责任。在5000多年的文明发展进程中，中华民族创造了高度发达的物质文明和制度文明。实现中华民族伟大复兴中国梦的自信与自觉，源自这悠久而伟大的中华文明。中华民族悠久历史与文明的延续发展，积累了伟大的历史智慧和历史经验，为中国梦的实现提供了正确的精神指引和强大的精神动力。中华文明发展与延续所体现出来的顽强生命力和非凡创造力，更是推动中华民族伟大复兴的坚实力量。

不懈追求进步的光荣传统是中国梦实现的强大动力。实现中华民族伟大复兴中国梦的历史底蕴，除了伟大的中华文明成就外，还离不开中华儿女追求理想与进步的光荣传统。习近平总书记多次强调指出，实现中华民族伟大复兴的中国梦，既深深体现了今天中国人的理想，也深深反映了中国人自古以来不懈追求进步的光荣传统。中国人民是具有伟大梦想精神的人民，在几千年的历史长河中，中国人民始终心怀梦想、不懈追求。特别是近代以来，中国人民百折不挠、坚忍不拔，以同敌人血战到底的气概、在自力更生的基础上光复旧物的决心、自立于世界民族之林的能力，为实现中华民族伟大复兴进行了170多年的奋斗。中华民族是一个有志气的民族，是一个不断追求进步的民族。这种志向与传统对中华民族伟大复兴中国梦的实现是一种精神力量的重要推动。

中华民族爱国主义精神是中国梦实现的强大引力。中华传统文化孕育了历久弥新的伟大民族精神，爱国主义是中华民族精神的核心，深深植根于中华民族，是中华民族的精神基因。爱国主义精神的形成离不开中华传统文化的滋养，更离不开近代以来中国人民为争取民族独立和人民解放而进行的一系列抗争，这标志着中华民族的觉醒和中华民族精神的发展与升华，充分展示了以爱国主义为核心的中华民族精神。可以说，在中华民族几千年绵延发展的历史长河中，爱国主义始终是激昂的主旋律，始终是激励中国各族人民自强不息的强大力量。伟大的事业需要伟大的精神，实现中国梦必须弘扬中国精神，爱国主义就是中国精神的集中体现。

中华文明的发展，有其内在历史逻辑，也有其理论逻辑和实践逻辑，三者统一而相互促进，共同推动中华民族伟大复兴中国梦的实现。

实现中国梦走中国道路

道路关乎党的命脉，关乎国家前途、民族命运、人民幸福。一个国家，一个民族，只有找到适合自己条件的道路，才能实现自己的发展目标。中国道路关乎中国梦的实现，中国道路是实现中华民族伟大复兴中国梦的唯一途径。习近平总书记明确指出："实现中国梦必须走中国道路。这就是中国特色社会主义道路。"历史已经并将继续证明，只有社会主义才能救中国，只有坚持和发展中国特色社会主义才能实现中华民族伟大复兴的中国梦。

中国道路与中国梦在历史渊源和现实基础上高度统一。中国特色社会主义道路，是在改革开放40多年的伟大实践中走出来的，是在中华人民共和国成立70年的持续探索中走出来的，是在对近代以来170多年中华民族发展历程的深刻总结中走出来的，是在对中华民族5000多年悠久文明的传承中走出来的，具有深厚的历史渊源和广泛的现实基础。从中国梦的历史征程来看，中国道路始终承载着中国梦前进。习近平总书记指出："中国特色社会主义，承载着几代中国共产党人的理想和探索，寄托着无数仁人志士的夙愿和期盼，凝聚着亿万人民的奋斗和牺牲，是近代以来中国社会发展的必然选择"，"是发展中国、稳定中国的必由之路。实践充分证明，中国特色社会主义是中国共产党和中国人民团结的旗帜、奋进的旗帜、胜利的旗帜。我们要全面建成小康社会、加快推进社会主义现代化、实现中华民族伟大复兴，必须始终高举中国特色社会主义伟大旗帜，坚定不移坚持和发展中国特色社会主义。"

理论与实践证明，中国特色社会主义道路是中国梦实现的必由之路。新时代中国特色社会主义，既坚持了科学社会主义基本原则，又根据时代条件赋予其鲜明的中国特色，以全新视野深化了对共产党执政规律、社会主义建设规律、人类社会发展规律的认识，从理论和实践结合上系统回答了新时代坚持和发展什么样的中国特色社会主义，怎样坚持和发展中国特色社会主义这个根本问题。习近平总书记在党的十九大报告中强调指出："中国特色社会主义道路是实现社会主义现代化、创造人民美好生活的必由之路，中国特色社会主义理论体系是指导党和人民实现中华民族伟大复兴的正确理论，中国特色社会主义制度是当代中国发展进步的根本制度保障，中国特色社会主义文化是激励全党全国各族人民奋勇前进的强大精神力量。"中国特色社会主义道路是实现途径，中国特色社会主义理论体系是行动指南，中国特色社会主义制度是根本保障，中国特色社会主义文化是精神力量，四者统一于中国特色社会主义伟大实践，这是中国共产党领导人民在建设社会主义长期实践中形成的最鲜明特色。理论与实践证明，中国特色社会主义是当代中国发展进步的根本方向，只有走中国特色社会主义道路，才能实现中华民族伟大复兴中国梦。

中国梦是人民的梦

中国梦归根到底是人民的梦，实现中华民族伟大复兴必须紧紧依靠人民，必须不断为人民谋幸福，必须坚持人民主体地位，必须践行以人民为中心的发展理念。人民的梦，是中国梦的本质。

中国古人很早就认识到民意、民心对于国家兴亡、盛衰、治乱的重要作用，诸多有识之士不断呼吁为官者应当重视民情，关心民间疾苦。《管子·牧民》曰："政之所兴在顺民心，政之所废在逆民心。"

人民是创造历史的动力，这是历史唯物主义最基本的原理。历史证明，人民群众是历史发展和社会进步的主体力量。中国共产党的革命奋斗历程告诉我们，中国共产党之所以得到人民拥护和支持，就是因为它始终代表中国最广大人民的根本利益。

习近平总书记指出，"人民是历史的创造者，是决定党和国家前途命运的根本力量"。他把中国历史概括为"人民书写的历史"，强调"如果自诩高明、脱离了人民，或者凌驾于人民之上，就必将被人民所抛弃。任何政党都是如此，这是历史发展的铁律，古今中外概莫能外"。中国梦必须依靠人民，正是对这一历史发展铁律的政治借鉴。

富强是几千年来中国人民的追求和梦想。《论语·里仁》曰："富与贵，是人之所欲也。"《管子·治国》提出"治国之道，必先富民"。当然，传统富民的终极目的是为了"民富则易治"。近代以来，追求国富民强成为中华民族的伟大梦想。孙中山提出，民生问题是最为重要的社会问题，国强是以民富为出发点和落脚点的。这一富强思想，在中国近代史上具有里程碑意义。但缘于时代和阶级局限，他们的富强梦注定是无法实现的空想。

经过近代百年来的变革，最终中国共产党带领全国各族人民，实现了中华民族独立，人民解放，建立了社会主义制度，为中国人民实现富强梦奠定了坚实的制度基础。毛泽东提出了四个现代化的奋斗目标，为之后中国共产党领导的社会主义现代化建设起到了引领和启示作用。邓小平深刻总结历史经验和教训，在新的历史条件下，提出社会主义的最终目的是实现共同富裕，为建设富强的社会主义国家开辟了新的道路。

历史是人民创造的，文明也是人民创造的。实现中华民族伟大复兴的中国梦，必须不断为人民造福。党的十八大以来，以习近平同志为核心的党中央，坚持马克思主义唯物史观，继续深化人民群众是历史创造者这一基本原理，结合中国实际，创造性地借鉴了中国传统民本思想的合理内核，作出了以人民为中心的重要论述，体现了中国共产党全心全意为人民服务的根本宗旨，体现了人民是推动发展的根本力量的唯物史观，丰富发展了中国特色社会主义理论体系中的人民主体理念。

以人民为中心，就是坚持人民主体地位，坚持以人为本的治国理念。坚持人民主体地位，就是要保持党同人民群众的血肉联系，时刻把群众的安危冷暖挂在心上，扎实做好事关群众切身利益的每项工作。以人民为中心，就是坚持人民共享的执政理念，就是坚持以人民为中心的工作导向。

党的十九大对我国发展提出了更高的奋斗目标，形成了从全面建成小康社会到基本实现现代化，再到全面建成社会主义现代化强国的战略安排，发出了实现中华民族伟大复兴中国梦的最强音。

中国梦是历史的、现实的，也是未来的。

第二部分
坚定四个自信

一、马克思主义为什么行 *

马克思主义行，是由马克思主义的科学本性、人民本性、实践本性和创新本性所决定的。

代表人民、为了人民，是马克思主义能够始终占据理论最高峰和道义制高点的真正原因。

马克思主义之所以永不枯竭，永远具有蓬勃的生命力，恰恰在于它的实践性。

马克思主义之所以是真理，在于它永远不会停留在同一个水平上，永远向更高的水平发展。

170多年来，马克思恩格斯揭示了自然、社会最一般的客观规律，发现了共产主义必然代替资本主义的历史必然趋势，通过无产阶级革命和无产阶级专政达到人类最美好未来的科学社会主义理论，创立了工人阶级的世界观方法论——马克思主义，彻底唤醒了沉睡中的全世界工人阶级和广大民众。马克思主义的诞生，深刻改变了世界时代格局，重塑了人类历史的时代纪元，达到了作为有志于改造世界的人类理论思维的时代高峰。

世界社会主义运动正反两方面的经验教训表明，马克思主义创始人身后170多年的历史沧桑巨变深刻昭示，乌云终究遮不住太阳，燕雀永远飞不到鸿鹄之高远，越是真理越发透过乌云遮蔽而闪烁出不朽的光芒。历史和实践正面事实表明，马克思主义成功开创了人类历史风起云涌的工人运动和社会主义运动，马克思主义真理成就了俄国十月社会主义革命的新纪元，成就了

---

* 王伟光，中国社会科学院原院长。

第一个社会主义国家苏联的诞生，成就了一系列落后国家社会主义革命和建设的成功，成就了中国特色社会主义的巨大成功。历史和实践的反面教训也充分证明，背离马克思主义终将招致失败，东欧剧变就是最惨痛的教训。历史、实践和时间生动诠释了"马克思主义为什么行"。

马克思主义行：在于它概括具体科学，又高于具体科学

毛泽东指出："什么是知识？自从有阶级的社会存在以来，世界上的知识只有两门，一门叫做生产斗争知识，一门叫做阶级斗争知识。自然科学、社会科学，就是这两门知识的结晶，哲学则是关于自然知识和社会知识的概括和总结。""马克思主义有几门学问：马克思主义的哲学、马克思主义的经济学，马克思主义的社会主义——阶级斗争学说，但基础的东西是马克思主义哲学。"自然科学与社会科学的每一个具体学科都是研究本学科研究对象特殊规律的科学，哲学则是社会科学和自然科学的结晶，是处于这两门科学之上的、概括了这两门科学知识的大学问。马克思主义是以哲学为基础的理论体系，建立在人类一切科学发展基础之上的科学体系。

马克思主义经典作家认为，自然科学三大发现以及一系列科学技术的发展，形成了近代自然科学发展的总体格局，"我们就能够依靠经验自然科学本身所提供的事实，以近乎系统的形式描绘出一幅自然界联系的清晰图画"。社会科学在19世纪也有了很大进展。考古等社会科学新发现把人类社会经历了原始社会到奴隶社会、封建社会，再到资本主义社会的发展进程和未来社会发展趋势，以实证的方式呈现出来。摩尔根的《古代社会》以实证的方式再现了人类和未来社会产生和发展的事实。德国古典哲学、空想社会主义和英国古典经济学三大哲学社会科学的新成就，为马克思主义产生提供了充分的理论准备。马克思主义之所以是科学的，正是因为它建立在哲学、自然科学和社会科学一系列发现的基础之上，攀登了人类理论思维的科学最高峰。

马克思主义作为系统、完整、科学的理论体系，内含哲学世界观方法

论、一般原理和具体结论三个层次，构成马克思主义不断创新、系统完整的科学体系。马克思主义哲学是马克思主义的第一个层次，也是最高层次，是马克思主义的最基础、最核心的部分，是对自然、社会和思维最一般规律及其本质特征的科学概括，是颠扑不破、放之四海而皆准的真理，为人们提供了最科学、最锐利的世界观、方法论，提供了认识处理问题的立场、观点和方法。马克思主义一般原理和结论皆是马克思主义经典作家运用马克思主义哲学世界观方法论，即立场、观点和方法，分析判断问题而得出的一般原理和具体判断。

马克思主义最基本部分——马克思主义哲学产生之前的一切旧哲学，具有三大缺陷：第一个缺陷，唯物论与辩证法相分离。在马克思主义哲学产生之前，没有任何哲学流派或哲学家把唯物主义与辩证法彻底结合。德国古典哲学集大成者黑格尔哲学把辩证法发展到了人类思维当时所能达到的最高水准，但是他的哲学是唯心主义的外衣包裹着辩证法的合理内核，如果不突破唯心主义世界观的束缚，辩证法已然发展到不能再发展的地步了。费尔巴哈唯物主义是唯物主义发展的高峰，但费尔巴哈人本学唯物主义是受直观的、被动的、形而上学思维方式的束缚，唯物主义在费尔巴哈那里也已经发展到了不能再发展的地步。马克思恩格斯突破了唯心主义、形而上学的枷锁，把唯物论与辩证法彻底结合在一起，创立了辩证唯物主义这一人类哲学思维的最高峰。第二个缺陷，唯心主义在历史观领域占统治地位。在唯物史观之前，人们往往把对人类社会的认识摒除在科学之外。这既是以费尔巴哈为代表的一切旧唯物主义的病根，也是唯心主义辩证法思维所误入泥坑的领域。人类社会活动比自然界的变化要复杂得多，仅仅用传统的旧哲学的思维方式试图探索人类社会发展的规律，无异于用低级版的工具解读高级版的密码，是绝难以有成果的。马克思将"从事实际活动的人"作为历史的基本前提，指出人类历史上的第一个活动是"生产物质生活本身"，从而找到了不以人的意志为转移的、决定整个社会生活的决定性力量——生产力，找到了一切人类社会生活赖以存在的物质基础——社会生产方式，并从生产力和生产关系的矛盾运动，以及由此衍生出来的经济基础和上层建筑的矛盾运动，说明了人类社会的"终极社会形态"的发展历程，揭示了人类历史发展的客观规律。唯物史观对于人类社会形态的完整性阐释,特别是对人类社会历史进程的规律性把握,至今仍在不断被人类社会发展进程所验证,正如恩格斯所讲,"先前无论资产阶级经济学家或者社会主义批评家所做的一切研究都只是在黑暗中摸索"。恩格斯将马克思对人类历史发展规律的发现,比拟于达尔文对有机界发展规律的发现,称唯物史观为马克思主义的第一个伟大发现,对人类思想的第一个伟大贡献。第三个缺陷,唯心地解释人类思维的一般规律。旧哲学一直无法正确地揭示人类思维的一般规律,不能科学地说明人的思想是从哪里来的、怎样产生的,不能正确解答人类思维发展的本质与规律,不能说明人的认识的根源、动力、检验标准和认识规律。马克思主义认为,人是感性的、能动的、实践的、社会的人,正因为人的物质的实践活动,首先是生产实践,同时包括科学研究实践和政治活动实践(在阶级社会中是阶级斗争实践)创造了人和人类社会,也创造了人的思维、推动了人类思维的发展。马克思主义哲学揭示了人类思维发展的本质和规律。

马克思主义哲学把唯物论和辩证法结合在一起,彻底地运用到历史观、认识论中,把唯物主义物质观运用到历史领域形成了科学的世界观,运用到认识领域形成了科学的实践观,建立了实践唯物主义基础上的唯物主义历史观和唯物主义认识论,从而成为最彻底的坚持辩证法的唯物论,也成为最彻底、最完备的坚持唯物论的辩证法。马克思主义行,最首要的是马克思主义哲学行。

马克思运用辩证唯物主义和历史唯物主义的立场、观点和方法观察资本主义社会,创立了剩余价值理论,揭示了资本主义社会矛盾运动规律,得出"两个必然"的结论。恩格斯评价剩余价值理论时说,它使明亮的阳光照进了经济学领域,而在这个领域中,从前社会主义者像资产阶级经济学家一样曾在深沉的黑暗中摸索。相较于唯物史观对人类历史时代进程的分析,剩余价值理论对于资本主义社会的分析,则从大的历史规律的深刻把握深入到对资本主义发展规律的精准认知,以至于让人们在资本主义自然生命的"有生之年"就时刻感受到其强大的科学性。在19世纪40年代的文献中,除了《共产党宣言》,没有作者敢像马克思和恩格斯那样铁口直断,"(资产阶级)按照自己的面貌为自己创造出一个世界"。同时孜孜告诫工人阶级,资本主义必然灭亡，工人阶级也一定会按照自己的面貌创造一个崭新的世界。在那些庸俗经济学家的眼中，以当时的生产力水平，莫说无产阶级尚在襁褓之中，就是资产阶级犹在幼年发育阶段，何谈"创造一个世界"。更谈不上资产阶级创造的世界必然灭亡，无产阶级将创造一个比资产阶级强百倍的新世界。仅过了半个世纪，资本主义已经在全球建立起了自己的牢固统治，并且进入了帝国主义阶段。当庸俗经济学家们在 20 世纪末欢呼着宣告《资本论》已经过时，资本主义彻底告别危机甚至即将终结人类历史的时候，21 世纪开始蔓延开来的资本主义世界性危机给他们的脸上来了重重一击，再次证明马克思主义的剩余价值理论是颠扑不破的科学真理。

唯物史观和剩余价值理论是马克思主义之所以成为科学的两大理论基石。正是在唯物史观和剩余价值理论的坚实基础之上，马克思建立了马克思主义政治经济学、科学社会主义理论，形成了关于自然、社会和人类思维规律的一系列原理、观点和结论，创立了为无产阶级和全人类实现解放的最科学、最彻底的理论体系。

马克思主义行：在于它来自人民，又为了人民

在人类思想史上，马克思主义之所以能够成为一座令人仰止的高峰，除了其科学性之外，还在于其深厚的人民性。科学性解决的是"是非问题""我是谁的问题"，是认识问题；人民性解决的是"谁是谁非问题""我为了谁"的问题，是立场问题。马克思主义不是为某个集团或阶级代言的"私器"，而是为无产阶级和人类解放而斗争的"公器"，代表绝大多数人的利益和历史进步方向。代表人民、为了人民，是马克思主义能够始终占据理论最高峰和道义制高点的真正原因。

人民是历史的真正创造者。马克思主义是人民的理论，是人民实现自身解放的思想体系，它揭示了人民为什么是自己的主人、社会的主人、历史发展的主人，解答了人民怎样成为自己的主人、社会的主人、人类社会发展的主人，为人民探求自身自由解放的道路和最终建立一个没有压迫、没有剥

削、人人平等、人人自由的共产主义社会指明了奋斗的方向。

马克思主义讲的人民并不是一切剥削阶级所泛指的超阶级的"人"，而是指当时的工人阶级及其广大劳动人民。正是在这个意义上说，马克思主义的人民性就是工人阶级的阶级性，马克思主义的人民理论就是工人阶级的阶级理论，具有鲜明的阶级性。马克思说："科学越是毫无顾忌和大公无私，它就越符合工人的利益和愿望。"资本主义的统治者及其政治家、思想家死不承认他们的理论与道德是有阶级性的，认为是超阶级的、全民的、普世的，永远不承认国家的阶级性，自称是全民的国家，这都是掩耳盗铃的骗人把戏，也是虚伪的表现，是剥削阶级统治的需要。毛泽东一针见血地指出："在阶级社会中，每一个人都在一定的阶级地位中生活，各种思想无不打上阶级的烙印。"他们都一语道破道德的阶级性。资本主义国家根本不是全民的国家，而是少数资产阶级的国家，国家是阶级的国家。

马克思主义的初心和使命，归根到底就是一句话，为无产阶级及全人类求解放。正如习近平总书记在纪念马克思诞辰200周年大会上指出的那样，"马克思主义之所以具有跨越国度、跨越时代的影响力，就是因为它植根人民之中，指明了依靠人民推动历史前进的人间正道。"马克思主义理论不仅是阐述人民主体的理论，更重要的是为人民谋解放的理论，是为了改变人民历史命运而创立的，是在人民求解放的实践中形成的，也是在人民求解放的实践中丰富和发展的，为人民认识世界、改造世界提供了强大精神力量。

共产主义学说是马克思主义人民性的最高理论表现。历史是人民的历史，人类社会发展规律是人民活动的规律。马克思主义理论不仅说明共产主义必然到来，更重要的是指导人民如何为实现共产主义而奋斗的实践。马克思撰写《资本论》等著作，其"最终目的就是揭示现代社会的经济运动规律"，进而指导无产阶级政党利用规律领导人民不断推进人民实践，"缩短和减轻"历史进程中的"痛苦"，引领人民打碎旧世界建设一个更加公正和平等的新世界。俄国十月革命的胜利、新中国的成立、社会主义制度的创立、中国特色社会主义道路的开辟、中国特色社会主义进入新时代等，这些共产党人在坚持和发展科学社会主义这篇大文章上写下的精彩篇章，使得共产主义学说在不断改变现存状况的人民的现实运动中一步一步实现。

　　马克思主义的人民理论，首先是人民立场，为人民说话、为人民谋解放、为人民谋利益、为人民谋幸福。作为马克思主义的创始人，马克思的毕生使命就是为人民解放而奋斗，他这种悲天悯人、以苍生为念的高尚精神品格，以及言行一致、知行合一的实践表率，生动诠释了马克思主义的人民立场。为了改变人民受剥削、受压迫的命运，马克思义无反顾地投身轰轰烈烈的工人运动，始终站在革命斗争最前沿。青少年的马克思不安于父辈为其设计的安逸生活，怀抱"为人类而工作"的志向，走上了"背叛"家庭，"背叛"家庭所属的那个阶级的道路。马克思锻造的理论武器，唤醒了无产阶级内在的阶级意识和历史使命，使其避免沉沦为"无机的大多数"，从而焕发出改造旧社会的伟大力量。马克思一生饱尝颠沛流离的艰辛、贫病交加的煎熬，终其一生也没有在资产阶级社会为自己争取到一个哪怕勉强过得去的生活，如果说马克思对自己遭受的苦难想获得什么回报的话，那他在《资本论》第一卷第二版的跋中把这个期望说得很清楚，"《资本论》在德国工人阶级广大范围内迅速得到理解，是对我的劳动的最好的报酬"。马克思的光辉一生，他的全部生活和理论研究结晶为一句话：一切为了人民。

马克思主义行：在于它源自实践，又指导实践

　　实践的观点是马克思主义首要的、基本的观点，实践性是马克思主义理论区别于其他理论的显著特征。马克思主义之所以永不枯竭，永远具有蓬勃的生命力，恰恰在于它的实践性。实践性决定并保证了马克思主义能够从实践土壤中不断汲取养分，从而始终对现实运动保持强大的解释力和引导力，从而永远保持了不朽的活力。

　　实践决定认识，马克思主义是实践的产物。马克思说，我的哲学不仅仅是为了认识世界，更重要的是为了改造世界。资本主义社会矛盾激化的现实条件和工人运动、社会主义运动的实践，是马克思主义产生的深厚实践基础。马克思主义创立时，资本主义的内在矛盾已经激化，社会历史发展已经以一幅清晰的历史规律的图画呈现在人们面前，资本主义世界爆发了一系列

的工人运动实践，让马克思恩格斯看到了代表先进生产力的工人阶级是改造旧社会的物质力量，看到了资本主义社会资产阶级和工人阶级两大阶级的矛盾，看到了资本主义的剩余价值的实际运行……这些都促成马克思恩格斯写作《共产党宣言》《资本论》，提出科学社会主义理论。当时的资本主义社会条件和工人阶级与资产阶级的斗争实践，为马克思主义的形成提供了原始材料，也正因为马克思恩格斯亲身参加了工人运动和社会主义运动实践，才创立了指导工人阶级的实践理论。

马克思主义不是教条而是行动的指南，不是书斋里的学问。马克思主义的实践本性始终强调一切从实际出发，把自己的学说同不断发展的实践、不断变化的实际相结合。如果离开实践，理论与实际相脱离，那么，就会把马克思主义变成空洞的、毫无针对性的教条。马克思主义在其发展进程中，正是坚持理论和具体实际相结合，才永葆蓬勃的生命力。

马克思主义的实践本性始终强调实践是检验真理的唯一标准。马克思认为，理论的真理性和现实性只能在实践中得到检验和实现："人的思维是否具有客观的真理性，这不是一个理论的问题，而是一个实践的问题。人应该在实践中证明自己思维的真理性，即自己思维的现实性和力量，自己思维的此岸性。"马克思主义行不行，要由事实来说话、由实践来评判。诞生于19世纪欧洲的马克思主义理论体系，几乎席卷了20世纪所有的政治风云，激荡起数以十亿计的人民群众冲破旧秩序的伟大斗争，在全球范围内创建起一个覆盖全球1/3人口的社会主义阵营。马克思主义不仅仅属于过去，更属于未来，虽然诞生在西方，但却属于全人类。进入21世纪之初，随着全球经济危机的蔓延与发酵，西方社会主义运动逐渐复苏，"马克思"这个名字冲破西方学者构筑的精巧学术牢笼，正在重新成为反抗资本主义运动中的一面旗帜。马克思主义诞生170多年来，各国工人阶级政党，特别是中国共产党将马克思主义基本原理与中国具体实际相结合，在推动本国社会主义革命和建设顺利发展的同时，又在实践中检验和发展真理，不断丰富和完善马克思主义理论体系。实践一而再、再而三地证实马克思主义的真理性。正如习近平总书记指出的："把坚持马克思主义和发展马克思主义统一起来，结合新的实践不断作出新的理论创造，这是马克思主义永葆生机活力的奥妙所在。"

马克思主义行：在于它不断发展，又永续开放

创新性是马克思主义的又一特性。马克思主义的创新性体现为开放性、包容性和发展性，它博大精深，但并不追求体系完善而成为自我封闭僵化的理论体系，始终面向时代开放，将时代发展提供的新实践和新知识纳入进来，不断回应人类社会面临的新挑战，从而保持旺盛发展力量和生命活力。马克思一再告诫人们，"我不主张我们树起任何教条主义的旗帜""我们就不是以空论家的姿态，手中拿了一套现成的新原理向世界喝道：真理在这里，向它跪拜吧！"一言以蔽之，马克思主义并不排斥任何人类的理论成果和先进文明，而是开放的、兼容的，从不拒绝任何有价值的真理。它并没有结束真理，而是开辟通往真理的道路。不同时代的马克思主义代表人物，顺应时代发展、回答时代课题，形成了既一脉相承又与时俱进的科学理论形态。

马克思主义之所以是真理，在于它永远不会停留在同一个水平上，永远向更高的水平发展。实践常新，理论也常新。马克思主义要求人们实践、实践、再实践，同时也就需要对实践认识、认识、再认识，因而其本身必然随着实践的发展而发展。恩格斯讲过："我们的理论是发展着的理论，而不是必须背得烂熟并机械地加以重复的教条。"恩格斯还讲过，"马克思的整个世界观不是教义，而是方法。它提供的不是现成的教条，而是进一步研究的出发点和供这种研究使用的方法"。毛泽东在1959年底到1960年初读苏联《政治经济学教科书》的时候讲过："马克思这些老祖宗的书，必须读，这是第一。但是，任何国家的共产党，任何国家的思想界，都要创造新的理论，写出新的著作，产生自己的理论家，来为当前的政治服务，任何国家，任何时候，单靠老祖宗是不行的。"他还讲："我们在第二次国内战争末期和抗战初期写了《实践论》《矛盾论》，这些都是适应于当时的需要而不能不写的。现在，我们已经进入社会主义时代，出现了一系列的新问题，如果单有《实践论》《矛盾论》，不适应新的需要，写出新的著作，形成新的理论，也是不行的。"任何孤立地、静止地研究马克思主义，把它同现实生活中的生动发展割裂开来、对立起来，是毫无出路的。

马克思主义的创新性特点，突出体现在马克思主义经典作家身上。他们随着实践的发展不断地思考和研究新的问题，不断地充实、完善和创新自己的理论。19世纪中后期，马克思和恩格斯创立了马克思主义，为当时的工人运动提供了科学的理论指导，使自发的工人运动变为自觉的阶级运动，极大地推动了当时欧美各国无产阶级革命运动的发展。19世纪末到20世纪初期，列宁根据从垄断资本主义时代的矛盾出发，发现了资本主义经济政治发展不平衡的规律，在帝国主义世界统治链条的薄弱环节发动十月革命，建立世界上第一个社会主义政权，并形成了帝国主义时代的马克思主义——列宁主义。20世纪中期，以毛泽东为代表的中国共产党人，将马克思主义与中国具体实际相结合，在东方落后国家探索到了一条通过消灭阶级、消灭剥削以促进共同富裕的方式，来实现民族解放和人的解放的新途径，完善形成了中国化的马克思主义——毛泽东思想。改革开放以来，在马克思主义的指导下中国共产党人推动中国的改革开放事业，取得了举世瞩目的伟大成就，形成了中国特色社会主义理论体系。党的十八大以来，以习近平同志为主要代表的中国共产党人立时代之潮头、发思想之先声，从理论和实践结合上系统回答了新时代"坚持和发展什么样的中国特色社会主义、怎样坚持和发展中国特色社会主义"这个重大时代课题，形成了习近平新时代中国特色社会主义思想，科学构建了当代中国马克思主义、21世纪马克思主义。

马克思在《资本论》第二卷的跋中精辟地指出："辩证法在对现存事物的肯定的理解中同时包含对现存事物的否定的理解，即对现存事物的必然灭亡的理解。"不管是资本主义社会还是社会主义社会，都始终处于辩证发展的历史进程之中。马克思主义始终面向时代开放，面向实践开放，面向一切人类文明开放，由马克思恩格斯及其后继者们不断根据时代、实践、认识发展出切合时代主题、回应时代挑战、引领时代潮流的新理论和新思想。这正是与时俱进作为马克思主义理论品质的宝贵之处，也是马克思主义能够永葆生机的奥秘之所在。

在马克思诞辰200多年的今天，马克思主义指导下的中国特色社会主义事业取得举世瞩目的历史性成就，中国用几十年时间走完了发达国家几百年走过的工业化历程，使不可能成为可能，推动我国综合国力和国际地位实现前所未有的提升，推动我国人民生活水平实现前所未有的提升，中华民族正以崭新姿态屹立于世界的东方。"马克思"这个名字仍是十几亿中国人日常生活须臾不可离的文化符号。在纪念马克思诞辰 200 周年大会上的讲话中，习近平总书记再次表达对马克思和马克思主义的感谢之情："可以告慰马克思的是，马克思主义指引中国成功走上了全面建设社会主义现代化强国的康庄大道，中国共产党人作为马克思主义的忠诚信奉者、坚定实践者，正在为坚持和发展马克思主义而执着努力!"马克思主义科学体系吐纳数千年人类历史进程，廓清笼罩在人类生活上的各种意识形态迷雾，还原了历史本来，阐释了当下实际，揭示了未来发展。这是人类智慧一座令人仰止的高峰。习近平总书记指出："在人类思想史上，就科学性、真理性、影响力、传播面而言，没有一种思想理论能达到马克思主义的高度，也没有一种学说能像马克思主义那样对世界产生了如此巨大的影响。"

二、中国共产党何以不断铸就辉煌 *

中国共产党的近百年历史，是一部伟大的社会革命与党的自我革命相辅相成、相互促进的华丽篇章。

追求真理与实现价值辩证统一于中国共产党从事的社会实践，贯穿于中国共产党的奋斗历程。

思想建党和制度治党，二者刚柔相济、内外兼修，共同筑牢中国共产党全面从严治党之根基。

坚定自信指引中国共产党一往无前、锐意进取；保持忧患意识提醒中国共产党居安思危、永不懈怠。

98 年来，在中国共产党的坚强领导下，中国走向繁荣昌盛，中国人民不断增强获得感、幸福感、安全感，科学社会主义在现代化进程中焕发出蓬勃生机。中国共产党以其感天动地的奋斗史诗，铸就了世界上独一无二的"中国奇迹"。在新中国成立 70 周年之际，探寻并解开中国共产党长期执政的成功密码，对于中国共产党团结带领人民建成社会主义现代化强国具有重要意义。

历史任务：社会革命与自我革命相促进

进行社会革命是中国共产党的历史任务之一。在党的一大纲领中就郑重

＊ 郝永平，中共中央党校（国家行政学院）教授；杜敏，中共中央党校（国家行政学院）。

提出，"以社会革命为自己政策的主要目的"。经过 28 年的浴血奋战，中国共产党领导人民取得了新民主主义革命胜利。新中国成立后，又领导人民进行社会主义革命，完成了中华民族有史以来最广泛最深刻的社会变革。社会主义基本制度建立后，中国共产党领导人民在探索社会主义建设道路的历史进程中取得了重要成就。随后，中国共产党团结带领人民进行改革开放，成功开辟了中国特色社会主义道路。党的十八大以后，中国特色社会主义进入新时代。习近平总书记指出，"新时代中国特色社会主义是我们党领导人民进行伟大社会革命的成果，也是我们党领导人民进行伟大社会革命的继续，必须一以贯之进行下去"。

不断进行自我革命，成就党的建设伟大工程是中国共产党的另一历史任务。所谓自我革命，就是革命主体对客体进行社会革命的时候，同时进行主体自身的革命。自我革命是我们党最鲜明的品格，也是我们党最大的优势。在革命战争年代，中国共产党通过纠正"左"倾和右倾错误，通过开展延安整风运动等，力挽中国革命于狂澜之中。党的十一届三中全会实现了社会主义建设之重大转折，开启了改革开放的新征程。党的十八大以来，以习近平同志为核心的党中央更是以前所未有的力度进行全党自我革命，如出台和落实中央八项规定，开展党的群众路线教育实践活动，推动"两学一做"学习教育常态化制度化，倡导"三严三实"，深入开展党风廉政建设，强力反对和惩治腐败现象，并在全党深入开展"不忘初心、牢记使命"主题教育等，推动全面从严治党向纵深发展。中国共产党就是通过一次次涅槃式的自我革命，在引领中国走向辉煌的同时，为长期安全执政奠定了坚实基础。

中国共产党的近百年历史，就是一部波澜壮阔的伟大社会革命与党的自我革命相辅相成、相互促进的华丽篇章，即以党的自我革命来领导社会革命，并在社会革命中推动自身的发展壮大。习近平总书记在十九届中共中央政治局常委同中外记者见面时说："实践充分证明，中国共产党能够带领人民进行伟大的社会革命，也能够进行伟大的自我革命。"当今中国面临着更为复杂多变的国内外形势，面临着许多前所未有的新情况新问题新挑战，社会革命道路漫长艰巨；同时，影响党的先进性、弱化党的纯洁性的各种因素还将长期存在，自我革命道路任重道远。因此，习近平总书记强调，"我们是马克思主义执政党，但同时是马克思主义革命党，要保持过去革命战争时期的那么一股劲、那么一股革命热情、那么一种拼命精神，把革命工作做到底"。中国共产党在任何时候都不能丧失革命本色，始终保持饱满的革命精神和昂扬的革命斗志，坚持和发展中国特色社会主义，推进党的建设新的伟大工程，以党的自我革命推动伟大的社会革命，夺取新时代中国特色社会主义伟大胜利。

力量源泉：追求真理与实现价值相统一

中国共产党始终坚持以充满科学性和真理性的马克思主义理论为指导，在顺应时代潮流、立足现实国情、尊重客观规律的基础上，不断推进马克思主义中国化，实现了马克思主义理论成果的一脉相承和与时俱进。毛泽东思想科学把握了中国革命的规律，取得新民主主义革命和社会主义革命的胜利，在探索社会主义建设规律方面作了有益探索。邓小平理论对在经济文化落后的大国如何实现社会主义现代化问题作了富有成效的探索，深刻回答了"什么是社会主义、怎样建设社会主义"这一根本问题，成功开创了中国特色社会主义。习近平新时代中国特色社会主义思想深刻回答了新时代坚持和发展什么样的中国特色社会主义、怎样坚持和发展中国特色社会主义这个重大时代课题，为发展马克思主义作出了许多重大原创性贡献，以全新的视野深化了对共产党执政规律、社会主义建设规律、人类社会发展规律的认识，是当代中国马克思主义、21世纪马克思主义。真理来之不易，追求真理的道路曲折而艰难。98年来，无论面临着何种危险和挑战，中国共产党对真理的执着与坚守从未改变。从一定意义上说，中国共产党的历史就是一部追求真理、探索真理、捍卫真理的历史。

中国共产党以人民为中心的立场始终不渝，为人民谋幸福的价值追求毫不动摇。在思想认识方面，以毛泽东为主要代表的中国共产党人始终强调全心全意为人民服务，创造性地提出"一切依靠群众，一切为了群众，从群众中来，到群众中去"的群众路线；以邓小平为主要代表的中国共产党人始终坚持人民群众的利益高于一切，把人民拥护不拥护、人民赞成不赞成、人民高兴不高兴、人民答应不答应作为制定各项方针政策的出发点和归宿；以习近平同志为核心的党中央郑重提出"人民对美好生活的向往，就是我们的奋斗目标"，明确提出"中国共产党人的初心和使命，就是为中国人民谋幸福，为中华民族谋复兴"，突出强调以人民为中心的发展思想。在实践举措方面，经过土地革命、抗日战争和解放战争，以毛泽东为主要代表的中国共产党人带领人民推翻了三座大山，使中国人民实现了从东亚病夫到站起来的伟大飞跃，人民从此当家作主。十一届三中全会以后，以邓小平为主要代表的中国共产党人坚定不移地推进改革开放，破除各方面体制机制弊端，进一步解放思想、解放和发展社会生产力、解放和增强社会活力，使中华民族实现了从站起来到富起来的伟大飞跃，使人民群众告别了贫穷挨饿的历史，人民日益增长的物质文化需求不断得到满足。党的十八大以来，以习近平同志为核心的党中央总揽"四个伟大"，统筹推进"五位一体"总体布局，协调推进"四个全面"战略布局，以新发展理念引领经济社会发展全局，使中国人民生活迈向全面小康，使中华民族昂首屹立于世界民族之林，实现了从富起来到强起来的伟大飞跃，为人类追求和平与发展的崇高事业作出了贡献。

追求真理与实现价值辩证统一于中国共产党从事的社会实践，贯穿于中国共产党的奋斗历程。追求真理、探索规律是求"真"，按照世界的本来面目去认识和改造世界，使得中国共产党具有了真理的伟力；追求崇高价值、坚持人民立场是求"善"，努力实现好、维护好、发展好人民群众的根本利益，使得中国共产党具有了道义的力量。中国共产党人之所以能不断铸就辉煌，从根本上说，既源于科学真理的力量，又源于人民群众的力量。

坚强保障：思想建党与制度治党相提升

思想建党是中国共产党的光荣传统和政治优势。毛泽东早在 1920 年就指出，"主义譬如一面旗子，旗子立起来了，大家才有所指望，才知所趋赴。"在 1929 年召开的古田会议上，毛泽东提出了思想建党的原则，强调党员不但要在组织上入党，而且还要在思想上入党，要经常注意用无产阶级思想改造和克服各种非无产阶级思想。通过思想建党，解决了党组织中思想不纯的问题，保持了革命队伍的先进性和战斗力，取得了新民主主义革命和社会主义革命的胜利。十一届三中全会后，党中央重新确立了解放思想、实事求是的思想路线，把思想建设作为党的根本建设，不断丰富、发展和创新了思想建党的实践机制，统一了思想，凝聚了共识，巩固了马克思主义在意识形态领域的指导地位。党的十八大以来，习近平总书记反复强调要加强思想建党、理论强党，用马克思主义中国化理论成果武装头脑、凝心聚魂，用理想信念和党性教育固本培元、补钙壮骨，着力教育引导全党坚定理想信念，增强中国特色社会主义道路自信、理论自信、制度自信、文化自信，不断夯实党长期安全执政的思想基础。只有抓好思想建党，才能使全党始终保持统一的思想、坚定的意志、协调的行动、强大的战斗力，这是中国共产党不断发展壮大的宝贵经验和重要法宝。

制度治党始终贯穿于中国共产党各项建设之中。党的第一代中央领导集体在全党建立了民主集中制、党委制等一系列制度，从制度上建立和健全党内民主，维护党中央权威，保证党的集中统一领导。十一届三中全会以后，我们党非常注重并着力解决制度问题，废除领导干部终身制、制定领导班子新老交替和干部退休制度，把民主集中制运用于党内生活各个领域，建立党委工作制度、组织生活制度、监督制度、干部管理制度等一系列与政治生活相配套、与国家制度相衔接的治党制度体系，党内政治生活走向正常化和秩序化。党的十八大以来，以习近平同志为核心的党中央坚持全面从严治党，将制度治党贯穿于党的政治建设、思想建设、组织建设、作风建设、纪律建设中，强化执纪监督，深入推进反腐败斗争，陆续构建了以党章为统领的、系统完备的党内法规制度体系，在党的领导制度、组织制度、干部人事制度、纪检监察制度等方面的改革中取得重大成就，推动管党治党不断从"宽松软"走向"严紧硬"，确保党始终成为中国特色社会主义事业的坚强领导核心。

思想建党是柔性的、内在的，关注党员的理想信念、价值追求、道德修养等方面，致力于解决世界观、人生观、价值观这个"总开关"问题；制度治党是刚性的、外在的，关注党员的治理机制、行为规范、约束监督等方面，致力于解决更具有根本性、全局性、稳定性、长期性的问题。思想建党与制度治党是一个问题的两个方面，思想建党是引领，没有思想建党，制度治党就少了灵魂和统一的意志，就容易跑偏走样；制度治党是保障，没有制度治党，思想建党就是空中楼阁，随时都会轰然倒塌。思想建党和制度治党，二者刚柔相济、内外兼修，共同筑牢中国共产党全面从严治党之根基，是中国共产党铸就千秋伟业的坚强保障。

精神状态：坚定自信与保持忧患相结合

中国共产党人最自信而且也最有理由自信。毛泽东是自信的，当中国革命暂时处于低潮时，他相信"星星之火，可以燎原"；在解放战争初期，面对强大的国民党力量时，他相信"一切反动派都是纸老虎"；随着全国革命的胜利，党的主要任务转变为领导建设新国家时，他坚信："我们不但善于破坏一个旧世界，我们还将善于建设一个新世界。"邓小平是自信的，他对中国的改革开放、对中国的未来充满信心："现在我们干的是中国几千年来从未干过的事。这场改革不仅影响中国，而且会影响世界。"当世界社会主义运动遭遇重大挫折时，他对马克思主义充满信心："我坚信，世界上赞成马克思主义的人会多起来的，因为马克思主义是科学。"习近平是自信的，他指出："当今世界，要说哪个政党、哪个国家、哪个民族能够自信的话，那中国共产党、中华人民共和国、中华民族是最有理由自信的。"为什么能够自信？他用三个"前所未有"来概括："我们前所未有地走近世界舞台中心，前所未有地接近实现中华民族伟大复兴的目标，前所未有地具有实现这个目标的能力和信心。"这三个"前所未有"的重要论述不是凭空而来，它来自于不断发展、日臻成熟的中国特色社会主义道路、科学的理论体系、优越的制度和先进的文化；它来自新中国成立以来特别是改革开放以来所取得的巨大成就。在中国共产党领导下，中国的综合国力实现历史性跨越，科学、文化、教育、医疗、社会保障事业整体显著提高，人民生活发生翻天覆地的变化，中国的国际地位与国际影响力与日俱增。

中国共产党是一个生于忧患、成长于忧患、壮大于忧患的政党。革命战争年代，毛泽东向全党发出把《甲申三百年祭》作为整风文件来学习的号召，并有了与黄炎培的"历史周期率"讨论。新中国成立前夕，在七届二中全会上，毛泽东提出"两个务必"，告诫全党革命以后的路程更长，工作更伟大、更艰苦。改革开放以后，邓小平也一再严肃指出，"中国要出问题，还是出在共产党内部""巩固和发展社会主义制度，还需要一个很长的历史阶段，需要我们几代人、十几代人，甚至几十代人坚持不懈地努力奋斗，决不能掉以轻心"。随着中国特色社会主义事业的推进，全党的忧患意识也不断增强。以习近平同志为核心的党中央一再告诫全党，"前进道路不可能一帆风顺，越是取得成绩的时候，越是要有如履薄冰的谨慎，越是要有居安思危的忧患，绝不能犯战略性、颠覆性错误"；并专门举办省部级主要领导干部坚持底线思维，着力防范化解重大风险专题研讨班，号召全党要永葆充沛的斗争精神，"既要打好防范和抵御风险的有准备之战，也要打好化险为夷、转危为机的战略主动战"。保持忧患意识是中国共产党的历史传统，也是中国共产党成功的重要经验。"治乱于未乱""消未起之患"，使中国共产党立于不败之地。

坚定自信是一种正面的、积极的精神力量，指引中国共产党一往无前、锐意进取；保持忧患意识是一种警示的、冷静的思维方式，提醒中国共产党居安思危、永不懈息。从整体上来讲，当前我国正处于一个大有可为的历史机遇期，中国共产党人一定要不忘初心，增强忧患意识，不断提升自我净化、自我完善、自我革新、自我提高的能力，全面增强执政本领，着力破解社会发展中的突出矛盾和问题，有效防范化解各类风险，为实现中华民族伟大复兴的伟大使命而奋勇前进。

三、中国特色社会主义为世界贡献了什么 [*]

中国道路回应了世界发展的单一模式论，鼓舞了发展中国家积极寻找适合自身的发展道路。

中国智慧为世界提供了价值追求、发展动力和前进思路。

中国力量是维护世界和平、促进共同发展的力量，是推动构建人类命运共同体的力量。

今年正值新中国成立 70 周年。70 年来我们艰苦奋斗、砥砺奋进，取得了举世瞩目的成就。经过长期努力，中国特色社会主义进入了新时代，这是我国发展新的历史方位。中国特色社会主义进入新时代，意味着近代以来久经磨难的中华民族迎来了从站起来、富起来到强起来的伟大飞跃，迎来了实现中华民族伟大复兴的光明前景；意味着科学社会主义在 21 世纪的中国焕发出强大生机活力，在世界上高高举起了中国特色社会主义伟大旗帜；意味着中国特色社会主义道路、理论、制度、文化不断发展，拓展了发展中国家走向现代化的途径，给世界上那些既希望加快发展又希望保持自身独立性的国家和民族提供了全新选择，为解决人类问题贡献了中国智慧和中国方案。

为世界贡献了中国道路

改革开放以来，我们取得一切成绩和进步的根本原因，归结起来就是：

---

* 董振华，中共中央党校（国家行政学院）教授。

开辟了中国特色社会主义道路，形成了中国特色社会主义理论体系，确立了中国特色社会主义制度，发展了中国特色社会主义文化。正所谓道路决定方向，道路决定命运，中国道路的成功开辟对于在中国这样一个经济文化都落后的国家如何在短时间内实现从站起来到富起来再到强起来的伟大飞跃，具有关键性作用。这条中国道路就是中国特色社会主义道路。正如习近平总书记在党的十九大报告中强调的："中国特色社会主义道路是实现社会主义现代化、创造人民美好生活的必由之路。"如今，中国道路已经具备了更多世界意义。

中国道路回应了世界发展单一模式论。世界上广泛认为实现现代化只有一条道路可走，就是西方式的经济政治发展道路，认为世界模式只能定于一尊，没有其他道路可走。中国道路的成功，有力回击了这种错误观点。

中国道路最显著的特征就是中国共产党的领导。一方面，党的领导是中国道路形成的根本保证；另一方面，正是因为有党的领导，中国道路在形成发展过程中才能取得一系列成就。中国道路是社会主义道路，始终坚持以马克思主义为指导，马克思主义是被实践证明了的关于人类社会发展的科学理论，正是在马克思主义理论指导下，中国道路才不会走弯走斜。中国道路坚持以经济建设为中心，坚持四项基本原则和坚持改革开放，改革开放使中国焕发了生机活力，事实证明封闭没有出路，只有不断解放和发展生产力，不断提高人民生活水平，坚持开放与发展，才能摆脱贫困与落后。

中国道路鼓舞了发展中国家积极寻找适合自身的发展道路。中国道路是中国人民在长期实践中自行探索出来的，既没有成例可以遵循，也不能原封不动地移植他处。习近平总书记强调："当代中国的伟大社会变革，不是简单延续我国历史文化的母版，不是简单套用马克思主义经典作家设想的模板，不是其他国家社会主义实践的再版，也不是国外现代化发展的翻版。"因此，中国道路的成功实践充分说明了发展中国家可以找到适合自身发展的道路，而不必照抄照搬别的道路。

每个国家都有着不同的历史文化，有着不同的资源禀赋，有着不同的现实国情，在这世界上很难找到一种放之四海而皆准的发展道路，中国道路也不例外。世界上的各个发展中国家要想实现自身的独立发展，就要努力寻找适合自身的发展道路。同时我们相信，进步和发展是不可阻挡的潮流，每一个国家一定可以找到适合自身状况的发展道路。

中国道路决不危害其他国家和地区的正当利益。西方一些人长期鼓吹"中国威胁论"的观点，大谈"修昔底德陷阱"，认为中国的发展就是要夺取世界霸权，挑战世界秩序。但是中国绝不会走国强必霸的道路，中国也绝不会干涉和危害世界上其他国家和地区的正当利益。

反思历史我们会发现，一些强国在自身发展过程中曾靠榨取他国利益来实现，甚至现在依旧在干涉他国权益以满足自身利益。中国曾经是殖民时代的受害者，对于恃强凌弱有着痛苦的记忆，中国绝不会把自己经历的苦难转移给别人。正是因为我们经历过这种苦难，我们现在绝不会危害其他国家正当权益，将来更不会危害他国，中国将始终做正当利益的维护者。

为世界贡献了中国智慧

新中国 70 年奋斗历程向世界提供的中国智慧，是中华民族 5000 多年文明史的精华与近代以来救亡图存智慧的结合，是我们继续为实现中华民族伟大复兴而奋斗的中国智慧的结晶，这些中国智慧必能为世界发展和人类进步提供有益帮助。正如习近平总书记在党的十九大报告中所说："中国将继续发挥负责任大国作用，积极参与全球治理体系改革和建设，不断贡献中国智慧和力量。"

协和万邦的中国智慧为世界提供了价值追求。《尚书·尧典》记载："克明俊德，以亲九族。九族既睦，平章百姓。百姓昭明，协和万邦。"这里体现的就是中国人的天下情怀。这一方面体现为"以和为贵"，中国自古就崇尚和平、反对战争，主张各国家、各民族和睦共处，在尊重文明多样性的基础上推动文明交流互鉴。另一方面则体现为合作共赢，中国从不主张非此即彼的零和博弈思维，始终倡导兼容并蓄的理念，并切身践行这一理念，欢迎世界上其他国家搭上中国发展的"快车"，共享中国发展的成果。同时我们也希望世界各国能够携起手来共同应对全球挑战，希望通过汇聚大家的力量更好地解决问题。

生生不息的中国智慧为世界提供了发展动力。中华民族是勤劳的民族，历史上我们总是在生生不息地奋斗，靠奋斗创造自己的未来。中国人从不相信宿命，中国人认为"我命由我不由天"。这种观念的底气就来自生生不息的奋斗精神，不断在攻坚克难、爬坡过坎中战胜一切艰难险阻，直至到达胜利的彼岸。

对于世界人民来说也要如此，必须保持生生不息的精神。人类能够发展到今天很不容易，而往后前进的每一步都要比现在付出更多努力。当今世界面临着气候变暖、资源枯竭、自然灾害频发的威胁，我们只能以不屈的精神顽强拼搏，不断提高人类科技实力和文明程度，努力维护我们赖以生存的家园。

生生不息的精神还体现出对生命的尊重。当今世界的繁荣正是由一个个鲜活的生命所创造，我们要想继续保持这种繁荣，就要充分尊重人的主体性，激发个体的创造力，平等对待世界上的每一个人，拒绝歧视、拒绝压迫、拒绝倾轧。与此同时，我们还需要为我们的子孙后代留下继续发展的条件，让地球在一代又一代人的传承中美丽繁荣下去。

天人合一的中国智慧为世界提供了前进思路。中国传统文化中的"天人合一"观念，回答的是主体与外部世界的关系问题。《老子》有言："人法地，地法天，天法道，道法自然。"在中国人看来，自身与外部世界本来就是同一的，因为二者都遵循着相同的法则即"道"，人只要合乎"道"，就会没有过错，就可以与外部世界处于一个和谐的关系之中。

西方思想中长期存在着主客二元对立的传统，在他们看来主体与客体之间存在不可逾越的"鸿沟"，二者存在着矛盾。正是由于这种对立矛盾的存在，使得我们往往无法使现实变得"从心所欲不逾矩"。

当今世界我们面临的许多问题本质上都是没有处理好自身与外部世界关系的问题，如果全世界能够广泛认可中华民族的"天人合一"观念，充分认识到自身与外物可以处在一种和谐的关系之中，我们现在所面临的许多难题就可以迎刃而解了。

为世界贡献了中国力量

习近平总书记指出："现在，中国人民和中华民族在历史进程中积累的强大能量已经充分爆发出来了，为实现中华民族伟大复兴提供了势不可挡的磅礴力量。"新中国 70 年来能够成功发展的原因之一，就在于我们能够凝聚起全民族的磅礴力量，为实现我们的目标而执着奋斗。中国力量不仅能够用于自身建设，而且能够为世界繁荣发展作出贡献。中国是世界上人口数量第一、国土面积第三的大国，是世界第二大经济体，在世界版图上具有举足轻重的作用，中国有能力参与全球事务，中国也有责任推动世界发展和人类事业进步。

中国力量是维护世界和平、促进共同发展的力量。党的十九大报告指出："中国将高举和平、发展、合作、共赢的旗帜，恪守维护世界和平、促进共同发展的外交政策宗旨。"中华民族也向来是爱好和平的民族，近代以来中国人民经历了惨痛的战争创伤，这使得我们更加珍惜今天的和平局面，因此自新中国成立以来，就始终坚持走和平发展的道路，中国的发展从来不以牺牲和平安定的环境为代价。但我们必须承认的是，当今世界仍然面临着诸多危害和平的因素，霸权主义和强权政治阴魂不散，恐怖主义蔓延，极端宗教势力滋长，不确定性因素在增加，局部武装冲突时有发生。为此，世界和平需要一个强有力的保障力量，而这个力量正是中国。

与此同时，世界还面临贫困、饥饿、发展不平衡等问题，而发展则是解决一切问题的根本动力。人类事业需要进步，当今世界需要发展，中国正在成为推动世界发展的中坚力量。中国积极同广大发展中国家开展经贸往来，不断提高开放程度，在实现自身发展的同时有力带动了其他国家和地区的发展。

中国力量是推动构建人类命运共同体的力量。世界正处于百年未有之大变局，一方面，世界多极化、经济全球化深入发展，新一轮科技革命和产业革命正在孕育成长；另一方面，人类也正处在一个挑战层出不穷、风险日益增多的时代。面对这一世界大势，中国提出的方案是构建人类命运共同体。马克思恩格斯早就预言："各民族的原始封闭状态由于日益完善的生产方式、交往以及因交往而自然形成的不同民族之间的分工消灭得越是彻底，历史也就越是成为世界历史。"现实的发展也证明了这种预言，当今世界正在变成一个日益密切的整体，谁也不可能"绝世而独立"，我们必须顺应这种时代潮流，积极融入世界、参与世界。中国倡导构建人类命运共同体，建设持久和平、普遍安全、共同繁荣、开放包容、清洁美丽的世界，主张相互尊重、平等协商，用对话而不对抗的方式解决国际争端，倡导同舟共济，推动经济全球化朝着更加开放、包容、普惠、平衡、共赢的方向发展。现如今在中国的积极推动下，人类命运共同体已经取得了广泛的认可，多次被写入联合国文件，正在从理念转化为现实，产生广泛而深远的国际影响，引领着人类文明进步的方向。

人民是中国力量的不竭之源。中国力量之所以能够源源不断，并且越积越多、越聚越强，就在于中国力量有着稳定的来源，这些来源正是我们创造中国奇迹的成功密码。中国力量来自科学理论，70 年来我们在科学理论的指导下披荆斩棘，排除万难，解决了许多前人从未遇到过或从未有效解决的问题；中国力量来自理想信念，正是在理想信念的激励下凝聚起团结奋进的力量；中国力量来自先进文化，吸收着 5000 多年优秀传统文化的精华，我们有资格文化自信；中国力量来自制度优势，中国特色社会主义制度是适合我国国情，具有显著优势的制度；中国力量来自综合国力，我们坚持把发展作为执政兴国的第一要务，不断增强自身实力；中国力量来自坚强领导核心，中国共产党始终牢记初心和使命，是敢于自我革命的政党；中国力量来自共商共建共享的全球治理观，积极树立负责任大国形象。

当前我们积极参与全球治理，始终不渝走和平发展道路，奉行互利共赢的开放战略，推动构建人类命运共同体，始终做世界和平的建设者、全球发展的贡献者、国际秩序的维护者。正是在中国的不断对外开放和交往中，将中国由落后国家变为现代化国家的成功经验推向了世界，给世界上诸多需要进行现代化建设的国家和地区提供了启示和借鉴。70 年的风雨历程，中国人民探索出了宝贵的中国经验，这主要表现为中国道路、中国智慧和中国力量。我们相信，随着中国自身的进一步发展，中国必将更多地参与到全球事务中来，更多地为世界共同繁荣和发展提供更多经验和作出更多贡献。

四、坚持中国特色社会主义道路的历史观 *

　　一个民族的历史深刻影响着一个民族未来的走向，历史留给我们的珍贵遗产，是我们安身立命、继续前行的基础。

　　中国特色社会主义道路是由我们党的几代中央领导集体团结带领全国人民经历千辛万苦、付出各种代价、接力探索取得的。

　　习近平总书记在治国理政实践中，从当前面临的具体问题出发，从改革开放的宏大历史背景出发，将中国特色社会主义与中华历史文化紧密结合，将中国特色社会主义道路与中国近代历史发展道路和500年来世界社会主义发展史紧密结合，运用历史唯物主义和辩证唯物主义的观点，从历史到现实，从现实到未来，对中国特色社会主义道路进行了深刻阐释和总结，在对历史的思索中形成了关于中国特色社会主义道路的历史观。

一个民族的历史是一个民族安身立命的基础

　　习近平总书记在纪念毛泽东同志诞辰120周年座谈会上的讲话中指出："历史就是历史，历史不能任意选择，一个民族的历史是一个民族安身立命的基础。"深刻揭示了中国特色社会主义道路的历史基础。正如马克思所言："人们自己创造自己的历史，但是他们并不是随心所欲地创造，并不是在他们自己选定的条件下创造，而是在直接碰到的、既定的、从过去承继下来的

条件下创造。"中华民族有着 5000 多年的文明史，有着近代以来 170 多年争取民族独立、国家富强的斗争史，有着 90 多年中国共产党领导中国人民的奋斗史，有着 70 年新中国的发展史，有着 40 多年改革开放的改革史。这些都是人民书写和创造的历史，但也是一脉相承的历史。无论哪个历史阶段之间，都是不容割断的历史。

历史既不能割断，更不能随意选择。历史是根基，是认同，是传承。一个民族的历史深刻影响着一个民族未来的走向，历史留给我们的珍贵遗产，是我们安身立命、继续前行的基础。中华民族的历史是中华大地上各族人民共同创造的历史，是我们构建物质文明、制度文明、精神文明的基础。中华民族历史进程中积累的丰富经验，是中华民族不断开拓前进的思想动力。数千年来，先贤们从历代兴衰存亡中吸取经验教训，探索和谐共存之道，探求社会万象和宇宙万物的内在通变之理，铭刻史册，托付后人。先贤们对历代治乱兴衰的总结、对经世精神的重视、对忧患意识的强调，为一代又一代有识之士治国安邦、资政育人提供了重要的思想源泉，对中国历史产生了重要影响。近代以来，面对"数千年未有之大变局"，先贤们胸怀家国而寻救亡之道，放眼全球而求自强之路，在前所未有的内忧外患中，为争取民族独立、国家富强和人民自由幸福，展开了艰苦卓绝的抗争和奋斗。习近平总书记指出："新民主主义革命的胜利成果决不能丢失，社会主义革命和建设的成就决不能否定，改革开放和社会主义现代化建设的方向决不能动摇。这是党和人民在当今世界安身立命、风雨前行的资格。中国近代以来的全部历史告诉我们，中国的事情必须按照中国的特点、中国的实际来办，这是解决中国所有问题的正确之道。"

历史不能任意选择，必须要按照历史规律和时代要求作出科学的历史选择。习近平总书记指出："我们的道路、理论、制度有着自己鲜明特色和显著优势，不能全盘照搬西方的洋办法，搬过来只会水土不服，注定要失败。"

中国特色社会主义道路是历史和人民的选择

一个国家实行什么样的主义，关键要看这个主义能否解决这个国家面临的历史性课题。历史和现实都告诉我们，只有社会主义才能救中国，中国特色社会主义是近代以来中国社会发展的必然选择。

1840年鸦片战争打开了中国的国门，中国被动地从古代社会推到了近代社会，逐步沦入半殖民地半封建社会的深渊，陷入国弱民穷的深重灾难之中。而这时欧美国家的资本主义却在蓬勃发展，一次次战争的失败，一次次丧权辱国，一款款不平等条约的签订，一场场生离死别，山河破碎、民生疾苦成为那个时代中国人的沉痛记忆。辛亥革命之后，中国尝试过君主立宪制、帝制复辟、议会制、多党制、总统制等各种形式，各种政治势力及其代表人物纷纷登场，都没能找到救亡图存的正确答案。习近平总书记指出："从近代中国波澜起伏的历史进程中可以清楚地看到：因为不触动帝国主义、封建主义统治根基的改良主义失败了，中国人民才选择了革命的道路；因为走资本主义道路的各种方案尝试全部失败了，中国人民才选择了经过新民主主义走向社会主义的道路；因为其他各种政治力量都无力领导中国人民实现救亡图存和民族独立、解放与复兴，唯有中国无产阶级及其政党中国共产党肩负起了这一历史使命，才使受尽屈辱、濒临危亡边缘的中国进入了历史的新纪元，才向世人彰显和证明了'没有共产党就没有新中国'、'只有社会主义才能救中国和发展中国'的历史真理。"

新中国成立后，以毛泽东同志为主要代表的中国共产党人，对建设社会主义、发展社会主义进行了艰辛探索。在短短十几年的时间里，中国社会发生了翻天覆地的变化，取得了社会主义建设的伟大成就。党的十一届三中全会开启了社会主义建设的新篇章，开启了把马克思主义与中国实际相结合的又一新阶段，邓小平同志在党的十二大开幕词中强调"把马克思主义的普遍真理同我国的具体实际结合起来，走自己的道路，建设有中国特色的社会主义"。从此，中国共产党又领导中国人民进入了以改革开放为标志的建设中国特色社会主义的新时期。

中国特色社会主义道路的开辟，极大地调动了广大人民群众的积极性和创造性，改革开放以来，中国发生了举世瞩目的变化。在建设中国特色社会主义道路上，中国用几十年时间走完了西方国家一二百年才走完的现代化发展历程。我们党团结带领全国各族人民战胜种种艰难险阻，取得了革命、建设、改革的伟大成就，把贫穷落后的旧中国变成日益繁荣富强的新中国，中华民族伟大复兴展现出前所未有的光明前景。

历史和现实都告诉我们，只有社会主义才能救中国，只有中国特色社会主义才能发展中国。这是历史的结论、人民的选择。

审视中国特色社会主义道路的历史视野

在对世界社会主义发展 500 年回顾和梳理的过程中，对中国历史的深入思考中，习近平总书记展现了审视中国特色社会主义道路的广阔历史视野和多重历史维度。

"中国特色社会主义，是科学社会主义理论逻辑和中国社会发展历史逻辑的辩证统一。"在新进中央委员会的委员、候补委员学习贯彻党的十八大精神研讨班上的讲话要点中，习近平总书记从历史和现实的角度，回顾了社会主义思想的发展过程，指出社会主义思想经历了空想社会主义产生和发展，马克思恩格斯创立科学社会主义理论体系，列宁领导十月革命胜利并实践社会主义，苏联模式逐步形成，新中国成立后我们党对社会主义的探索和实践，我们党作出进行改革开放的历史性决策、开创和发展中国特色社会主义六个时间段，展现了在世界社会主义 500 年波澜壮阔的发展过程中，中国特色社会主义的渊源和进程。习近平总书记强调："中国特色社会主义是社会主义而不是其他什么主义，科学社会主义基本原则不能丢，丢了就不是社会主义。"他关于"中国特色社会主义，是科学社会主义理论逻辑和中国社会发展历史逻辑的辩证统一"的论断，从世界社会主义 500 年波澜壮阔的历史进程角度对中国特色社会主义道路的审视。历史告诉我们，中国特色社会主义是科学社会主义历史发展进程中的一个阶段，是几代中国共产党人继往开来，把科学社会主义基本原则同中国具体实际结合起来的艰辛探索。这一论断是对世界社会主义实践的继承、扬弃和发展，也是对社会主义必然代替资本主义的社会发展进程客观历史规律的捍卫。

对中国特色社会主义道路的审视有着长时段的多重历史维度。习近平总书记从中国文明发展史、中国近代史、中共党史、中国社会主义建设史、中国改革开放史等多个视角探究中国特色社会主义道路的形成和发展。他强调要在对历史的深入思考中更好走向未来，交出发展中国特色社会主义合格答卷，他说："这条道路来之不易，它是在改革开放30多年的伟大实践中走出来的，是在中华人民共和国成立60多年的持续探索中走出来的，是在对近代以来170多年中华民族发展历程的深刻总结中走出来的，是在对中华民族5000多年悠久文明的传承中走出来的，具有深厚的历史渊源和广泛的现实基础。"这种长时段的历史眼光，体现了审视中国特色社会主义道路的宽广视野，也是他从多重视角探究中国特色社会主义道路在中华大地形成发展客观必然性的集中体现。

中国特色社会主义承载着几代中国共产党人的理想，是改革开放前后两个时期的"接力探索"。将中国特色社会主义放在新中国的社会主义建设史中去审视，中国特色社会主义是改革开放新时期开创的，也是建立在我们党长期奋斗的基础上，这个基本结论是一代又一代中国共产党人解放思想、实事求是、与时俱进，历经艰难曲折，付出巨大牺牲，在人民创造历史的伟大实践中得出来的。习近平总书记强调：中国特色社会主义道路"是由我们党的几代中央领导集体团结带领全党全国人民历经千辛万苦、付出各种代价、接力探索取得的"。我们党领导人民进行社会主义建设，有改革开放前和改革开放后两个历史时期，这是两个相互联系又有重大区别的时期，但本质上都是我们党领导人民进行社会主义建设的实践探索。这两个历史时期在进行社会主义建设的指导思想、方针政策、实际工作上有很大差别，但两者有着无法割断、不可否认的历史继承性。改革开放前的社会主义实践探索为改革开放后的社会主义实践探索积累了条件，改革开放后的社会主义实践探索是对前一个时期的坚持和发展。

中国特色社会主义道路是在总结我国社会主义建设正反两方面历史经验教训和改革开放以来的新经验，并借鉴其他社会主义国家兴衰成败经验教训的基础上逐步形成和发展起来的。中国特色社会主义道路的选择和实践已经深刻地改变了中国，也必将影响整个世界未来的走向。

五、用理论之光照亮中华民族复兴之路 *

——学习《习近平新时代中国特色社会主义思想学习纲要》体会

只有理论上清醒，政治上才能坚定。为了让广大干部群众更好地理解把握习近平新时代中国特色社会主义思想的基本精神、基本内容、基本要求，更加自觉地用习近平新时代中国特色社会主义思想武装头脑、指导实践、推动工作，由中共中央宣传部组织编写的《习近平新时代中国特色社会主义思想学习纲要》（以下简称《纲要》）于 2019 年 6 月 9 日正式发行。在建设社会主义现代化强国之路的征程中，我们必须坚持以习近平新时代中国特色社会主义思想为指导，用其理论之光照亮未来发展之路，把握方向、凝心聚力，将中国特色社会主义推向前进。

认真学习《纲要》，领会习近平新时代中国特色
社会主义思想的基本精神

习近平新时代中国特色社会主义思想从理论和实践结合上深刻回答了"新时代坚持和发展什么样的中国特色社会主义、怎样坚持和发展中国特色社会主义"这个时代重大课题，始终坚持把马克思主义基本原理同中国具体实践相结合，推进马克思主义中国化、时代化、大众化，开辟了马克思主义发展的新境界。《纲要》紧紧围绕"习近平新时代中国特色社会主义思想是

---

* 韩喜平，吉林大学中国特色社会主义理论体系研究中心主任，教育部长江学者特聘教授。

党和国家必须长期坚持的指导思想"这一主题，以"八个明确""十四个坚持"为核心内容和主要依据，对习近平新时代中国特色社会主义思想作了全面系统的阐述。《纲要》采用章目条的体例形式，共21章、99目、200条，近15万字，正文中除了起承转合的连接词，均是习近平总书记的原文原话。正文中加引内容是强调之意，基本上每一条保留一个引用。全书由绪论、主体部分、结语组成，整体行文逻辑严谨，既环环相扣，又形意相连，充分体现了习近平总书记的思想精髓和语言风格。《纲要》高度概括了我们党坚持和发展中国特色社会主义的宝贵经验，科学回答了时代之问、人民之问，反映了以习近平同志为核心的党中央对中国特色社会主义规律性认识的深化、扩展、升华，体现了理论与实际相结合、认识论和方法论相统一的鲜明特色，闪耀着马克思主义的理论光辉。

《纲要》的出版发行，既是我们党总结和学习马克思主义中国化最新理论成果的传统，也是开展"不忘初心、牢记使命"主题教育、增强"四个意识"、坚定"四个自信"、做到"两个维护"的现实需要，学习和贯彻《纲要》精神，对提高全体党员的理论水平，使全体党员在思想和行动上与党中央保持高度一致具有重要的意义。推动习近平新时代中国特色社会主义思想进一步深入人心、落地生根，特别需要突出抓好领导干部这个"关键少数"，发挥好领导干部带学促学的作用，切实承担起组织推动学习贯彻的领导责任，形成层层抓学习的良好局面。青年是国家的未来、民族的希望。要引导青年用习近平新时代中国特色社会主义思想武装头脑，掌握和运用马克思主义立场、观点和方法观察分析问题，在实现中国梦的生动实践中放飞梦想，在为人民利益的不懈奋斗中书写人生华章！

认真学习《纲要》，理解习近平新时代中国特色社会主义思想的基本内容

《纲要》内容丰富、体例完善，章目都是以最能够反映新思想的金句体现，整体内容既有深刻的理论基础，也有具体的实践指导，特别是强调方法

论，这也体现了我们经常讲的，学习马克思主义关键是掌握马克思主义的立场、观点和方法。《纲要》首先以导论和结语的形式强化了习近平新时代中国特色社会主义思想作为指导思想的战略定位，用这一思想武装起来，为夺取新时代中国特色社会主义伟大胜利，实现中华民族伟大复兴而奋斗。第一章明确了我国发展新的历史方位，在新的历史起点上谋划中华民族伟大复兴。而后表明中国的社会性质及新时代的发展方向，当代中国发展进步的根本方向是坚持和发展中国特色社会主义，这点充满自信，绝不动摇。不忘初心，方得始终。紧接着明确中国共产党为人民谋幸福的初心，突出了以人民为中心的发展导向，永远把人民对美好生活的向往作为我们的奋斗目标，而后明确实现中华民族伟大复兴的奋斗目标以及建设社会主义现代化强国的战略安排。要实现这样的战略目标必须在中国共产党的领导下，中国共产党领导是中国特色社会主义的最本质特征，也是最大的优势。总体来看，《纲要》的绪论和前六章是基础理论，后半部分是坚持和发展中国特色社会主义的具体实践的理论指导，从第七章开始阐述新时代中国共产党的战略布局和总体布局，从全面深化改革、全面依法治国以及经济、政治、文化、社会、生态文明"五位一体"的角度论述如何坚持和发展中国特色社会主义。而后单独把总体国家安全观单独列为一章，充分体现了国家安全、防范风险挑战的重要性，军队建设、祖国完全统一为第十五和第十六章。世界面临百年未有之大变局，习近平总书记提出构建人类命运共同体有着更为深刻的历史意义和世界意义，这些战略的实施都需要把党建设得更加坚强有力。最后，《纲要》突出强调思想方法和工作方法的重要性，特别强调要把马克思主义哲学作为看家本领。总之，《纲要》贯通历史、理论和实践逻辑，展现了习近平新时代中国特色社会主义思想的真理穿透力、价值感召力、实践引领力、文化自信力，是开启理论学习之门的"金钥匙"。

理论创新每前进一步，理论武装就要跟进一步。为推动习近平新时代中国特色社会主义思想进一步深入人心、落地生根，我们必须要认真学习《纲要》的基本内容，读原著、学原文、悟原理，多思多想、学深悟透，全面系统学、融会贯通学，而且知行合一、学以致用，从而更好地指导实践、推动工作。

认真学习《纲要》，落实习近平新时代中国特色社会主义思想的基本要求

　　"一切划时代的体系的真正的内容都是由于产生这些体系的那个时期的需要而形成起来的。"伟大时代呼唤伟大理论，伟大理论既要回答时代课题、指导实践，又要具有与时俱进的理论品质和富有感召力的思想力量。当前我国正处于全面建成小康社会的决胜阶段，处于"两个一百年"奋斗目标的历史交汇期。这是一个船到中流浪更急、人到半山路更陡的阶段，《纲要》应时代需要出版发行，通过系统地阐述习近平新时代中国特色社会主义思想的基本内容，为广大干部群众提供思想指引和理论遵循，具有重大的现实意义。

　　《纲要》是广大干部群众深入学习领会习近平新时代中国特色社会主义思想的重要辅助读物。当前，全党正在开展"不忘初心、牢记使命"主题教育，《纲要》也是主题教育的重要学习材料。通过理论学习使全党在新时代的伟大征程中"不忘初心、牢记使命"，始终保持统一的思想、坚定的意志、协调的行动和强大的战斗力。理论学习的最终目的是为了指导实践活动，我们在实践中落实《纲要》的基本要求，不仅要学懂习近平新时代中国特色社会主义思想的精神实质，弄通习近平新时代中国特色社会主义思想的发展脉络，更重要的是要在做实上下功夫，自觉地用习近平新时代中国特色社会主义思想指导解决改革发展稳定的重大问题、人民群众反映强烈的突出问题、党的建设面临的紧迫问题，把学习成效转化为推动党和国家事业发展的强大力量。

　　通过学习《纲要》深刻把握习近平新时代中国特色社会主义思想的核心要义与基本精神，用理论之光照亮中国建设社会主义现代化强国之路，照亮中华民族复兴之路。广大党员干部要深刻领会习近平新时代中国特色社会主义思想应时代之变迁、立时代之潮头、发思想之先声，与时俱进、不断创新的基本精神，在思想上政治上行动上同以习近平同志为核心的党中央保持高度一致，为决胜新时代中国特色社会主义伟大胜利、实现中华民族伟大复兴的中国梦不懈奋斗。

六、发挥党的领导制度体系在国家制度和国家治理中的统领性作用 *

党的十九届四中全会审议通过的《中共中央关于坚持和完善中国特色社会主义制度　推进国家治理体系和治理能力现代化若干重大问题的决定》(以下简称《决定》),在深入总结我国国家制度建设的历史性成就和各方面制度成果的基础上,第一次系统描绘了中国特色社会主义制度的图谱,使我国国家制度更加定型,为进一步坚持和完善中国特色社会主义制度、推进国家治理体系和治理能力现代化打下了牢固基础。《决定》最为突出的一点,就是把党的领导制度这个国家根本领导制度摆在了国家制度和国家治理体系的统领性地位。

确立党的领导制度的统领性地位的理论依据、实践依据、制度依据

确立党的领导制度在国家制度和国家治理体系中的统领性地位,具有科学理论依据、充分实践依据和权威制度依据,体现了以习近平同志为核心的党中央对共产党执政规律、社会主义建设规律、人类社会发展规律的深刻认识,以及对我国国家制度和国家治理体系建设历史经验、演进方向、发展规律的准确把握。

第一,确立党的领导制度的统领性地位,具有科学的理论依据。马克思

---

　*　江金权,中央政策研究室分管日常工作的副主任。

主义深刻揭示了人类社会发展规律，坚信社会主义必然代替资本主义，但这一历史进程不是能够自动实现的。无产阶级只有建立代表自己阶级利益的先进政党，在这一先进政党领导下形成强大力量，才能实现砸碎资本主义旧制度、建立社会主义新制度的历史使命。正因如此，马克思恩格斯把共产党领导看成社会主义必须具备的实现条件，将坚持共产党领导作为科学社会主义的一条根本原则。正是基于对科学社会主义原则的深刻认识，中国共产党人把领导权问题看作中国革命能否走向社会主义、社会主义建设和改革能否成功、建成社会主义现代化强国目标能否实现的核心问题。我们党自成立起，进行了艰苦的党内外斗争，在一次又一次经历重大挫折、付出血的代价的艰苦磨砺中，掌握了中国革命领导权和主动权，把握了中国革命的正确方向，赢得了新民主主义革命胜利，建立了人民当家作主的新中国，并完成了社会主义革命，确立了社会主义基本制度，完成了中华民族有史以来最广泛最深刻的社会变革，为当代中国一切发展进步奠定了根本政治前提和制度基础。党的十一届三中全会以来，我们党顺应时代潮流、顺应人民意愿，团结带领人民进行改革开放新的伟大革命，成功开辟了中国特色社会主义道路、理论、制度、文化，使中国大踏步赶上时代。在我国国家制度的探索、建立和发展历程中，我们党与社会主义制度是互为条件、相互保障、水乳交融、不可分割的。我们党是我国社会主义制度的开创者、实践者和维护者，党的领导既是社会主义制度的外部保障，也是社会主义制度不可或缺的内部要素。党的十八大以来，习近平总书记作出"中国共产党领导是中国特色社会主义最本质的特征，是中国特色社会主义制度的最大优势"的重大政治论断，深刻揭示了中国共产党领导与中国特色社会主义之间的内在统一性，深刻揭示了党的领导优势与中国特色社会主义制度优势之间的逻辑统一性，为我们深刻认识党的领导制度在国家制度和国家治理体系中的统领性地位提供了科学的理论指导。

第二，确立党的领导制度的统领性地位，具有充分的实践依据。深入了解中国近代以来的历史，不难发现，中国共产党的领导地位是中国历史发展的必然结果，是中国人民在反复比较中作出的正确选择。从鸦片战争开始，中国逐步沦为半殖民地半封建社会，民族危机和社会危机空前深重，求得民族独立和人民解放,实现国家富强、民族复兴成为中华民族的最伟大梦想,无数仁人志士为此进行了各式各样的尝试。只有中国共产党找到了一条改变中国命运的正确道路,一步一步把中国人民引向光明,经过28年的浴血奋战,建立了人民当家作主的新中国。新中国成立70年来,我们党领导人民创造了世所罕见的两大奇迹:一是经济快速发展奇迹。我们大踏步赶上时代,用几十年时间走完了西方国家几百年走完的工业化进程,由一个贫穷落后的国家跃升为世界第二大经济体,综合国力、科技实力、军事实力、文化影响力和世界影响力显著提升,人民生活显著改善,中华民族迎来了从站起来、富起来到强起来的伟大飞跃。二是社会长期稳定奇迹。我国法治体系不断健全,社会治理体系日益完善,国家安全体系全面加强,保持了政治大局安定,实现了社会和谐稳定,保证了人民安居乐业,成为国际社会公认的最有安全感的国家之一。"中国之治"充分显示了我国国家制度和国家治理体系的显著优势和强大生命力,也充分表明:没有党的领导,就没有社会主义新中国,就没有中国特色社会主义事业今天这样大好的发展局面。中国人民已踏上中国特色社会主义新征程,实现"两个一百年"奋斗目标、实现中华民族伟大复兴的中国梦,不知还要爬多少坡、过多少坎、经历多少风风雨雨、克服多少艰难险阻。要战胜前进道路上的风险挑战、实现宏伟目标,从根本上讲还是要靠党的领导、靠党把好方向盘。确立党的领导制度在国家制度和国家治理体系中的统领性地位,就是要用制度保证党始终成为中国特色社会主义事业的领导核心,保证全党全国人民在党的坚强领导下沿着正确方向不断前进。

第三,确立党的领导制度的统领性地位,具有权威的制度依据。一个国家由谁来领导、怎样领导,是国家制度和国家治理体系必须解决的一个首要问题。1980年,邓小平同志指出,"领导制度、组织制度问题更带有根本性、全局性、稳定性和长期性"。在当代中国,中国共产党是执政党,党政军民学,东西南北中,党是领导一切的,是最高的政治领导力量。坚持党的领导、服从党的领导、维护党的领导,是做好一切工作的根本政治前提。确立党的领导制度在国家制度和国家治理体系中的统领性地位,抓住了国家制度和国家治理体系的根本和关键。基于此,《中国共产党党章》明确规定中国共产党是中国特色社会主义事业的领导核心，对党领导经济建设、政治建设、文化建设、社会建设、生态文明建设和坚持党对人民军队的领导、坚持党对外事工作的集中统一领导等作出规定。《中华人民共和国宪法》在序言中确立了党的领导地位，第十三届全国人民代表大会第一次会议将"中国共产党领导是中国特色社会主义最本质的特征"载入新修订的宪法总纲，作为国家根本制度的有机组成部分。党的根本大法和国家的根本法作出这方面的规定，为确立党的领导制度在国家制度和国家治理体系中的统领性地位提供了权威的法律和法规依据。贯彻党章和宪法精神，就必须把党的领导制度这个国家的根本领导制度建设好、完善好，以此统领国家制度和国家治理体系建设。

构建党的领导制度体系的内在逻辑

《决定》围绕坚持和完善党的领导制度体系，提出"建立不忘初心、牢记使命的制度，完善坚定维护党中央权威和集中统一领导的各项制度，健全党的全面领导制度，健全为人民执政、靠人民执政各项制度，健全提高党的执政能力和领导水平制度，完善全面从严治党制度"六项举措。这六个方面的制度以坚持和完善党的领导为主轴，从前提条件、核心要求、领导范围、领导基础、领导本领、自身形象等方面抓住了构成党的领导制度体系的基本要素，形成了严密的逻辑体系。

第一，建立不忘初心、牢记使命的制度，就是要不断强化党的领导的前提条件。坚持党的领导，首先要回答"凭什么领导"的问题。我们党取得和巩固执政地位，是因为有全体人民的拥护和支持，而全体人民的拥护和支持的前提条件，是党始终坚守为人民谋幸福、为民族谋复兴的初心和使命。正如习近平总书记所讲的，"越是长期执政，越不能丢掉马克思主义政党的本色，越不能忘记党的初心使命"。"忘记这个初心和使命，党就会改变性质、改变颜色，就会失去人民、失去未来。"建立不忘初心、牢记使命的制度，就是要把不忘初心、牢记使命作为加强党的建设的永恒课题和全体党员、干部的终身课题，形成长效机制，推动全党恪守党的性质宗旨、理想信念、奋斗目标，使我们党永葆先进性纯洁性，永远得到人民的衷心拥护和支持。

第二，完善坚定维护党中央权威和集中统一领导的各项制度，就是要实现党的全面领导的核心要求。领导我们这样一个拥有14亿人口的多民族大国，需要一个坚强有力的执政党；如果党中央没有权威，没有党中央的集中统一领导，党就不可能履行好全面领导责任。坚定维护党中央权威和集中统一领导，必须成为党的领导的最高原则。对此，必须立场坚定、态度坚决，来不得半点含糊和动摇。完善坚定维护党中央权威和集中统一领导的各项制度，就是要推动全党增强"四个意识"、坚定"四个自信"、做到"两个维护"，自觉在思想上政治上行动上同以习近平同志为核心的党中央保持高度一致，做到有令必行、有禁必止，实现全党团结统一、行动一致。这样，我们党才有强大的号召力、凝聚力、战斗力，才能无坚不摧、战无不胜。

第三，健全党的全面领导制度，就是要从制度上明确规定党的领导范围。党的全面领导，就是党要发挥好总揽全局、协调各方的领导作用，实现对一切组织、一切工作领导的全覆盖，并且靠健全的组织体系作保障。健全党的全面领导制度，就是要保证人大、政府、政协、监察机关、审判机关、检察机关、武装力量、人民团体、企事业单位、基层群众自治组织、社会组织等各级各类组织都坚持、服从和维护党的领导，推动党和国家所有机构把党的领导贯彻到履行职责的全过程，把党的领导贯彻落实到改革发展稳定、内政外交国防、治党治国治军等各领域各方面各环节。形成这样的局面，我们党就能把党政军民学、东西南北中各方面智慧和力量全面整合起来，真正形成全国一盘棋，更加协同高效地推进事业发展。

第四，健全为人民执政、靠人民执政各项制度，目的是夯实党执政的阶级基础和群众基础。习近平总书记深刻指出："人民是我们党执政的最大底气，是我们共和国的坚实根基，是我们强党兴国的根本所在。"脱离群众，党的领导就会悬空，党就会失去力量、失去生命力。在任何时候任何情况下，都必须把为人民执政作为坚持党的领导的根本目的，把靠人民执政作为实现党的领导的根本方式。健全为人民执政、靠人民执政各项制度，就是要推动全党始终牢记党的最大政治优势是密切联系群众、党执政后的最大危险是脱离群众，自觉坚持以人民为中心，把党的群众路线作为根本工作路线，密切同人民群众的血肉联系，始终做到为了群众、相信群众、依靠群众、引领群众，始终为了人民、紧紧依靠人民治理国家，使党执政的阶级基础越来越坚实、群众基础越来越牢靠。

第五，健全提高党的执政能力和领导水平制度，目的是增强党的领导本领。党的执政能力和领导水平决定治国理政成效。适应新时代新要求，不断提高党的执政能力和领导水平，是坚持和加强党的领导的题中应有之义。健全提高党的执政能力和领导水平制度，就是要坚持和完善民主集中制这一根本组织制度和领导制度，着力提高各级党委把方向、谋大局、定政策、促改革的能力和科学决策、民主决策、依法决策水平，不断改进党的领导方式和执政方式，全面增强党的执政本领，建设一支高素质专业化执政骨干队伍。

第六，完善全面从严治党制度，目的是永葆党的先进性纯洁性、维护党的良好形象。坚持不懈全面从严治党，永葆党的先进性纯洁性，使党始终保持良好形象，党才能领导好，国家才能治理好。基于此，《决定》把全面从严治党制度体系作为党的领导制度的重要组成部分，纳入中国特色社会主义制度和国家治理体系之中，深刻揭示了治党与治国、坚持党的领导与加强党的建设的内在统一关系。习近平总书记指出，"纲纪不彰，党将不党，国将不国""加强制度建设，是全面从严治党、依规治党的必然要求，是推进国家治理体系和治理能力现代化的重要保障"。完善全面从严治党制度，就是要坚持制度治党、依规治党，建立健全以党的政治建设为统领、全面推进党的各方面建设的制度机制，完善坚持党管干部、选贤任能制度，完善和落实党内政治生活制度，用严格的制度推进党的自我革命，推动全面从严治党向纵深发展，使我们党永葆政治本色，始终成为中国特色社会主义事业的坚强领导核心。

发挥党的领导制度统领性作用的着力点

充分发挥党的领导制度体系在坚持和完善中国特色社会主义制度、推进国家治理体系和治理能力现代化中的统领性作用，必须在以下四个方面下功夫。

第一，坚持把党的领导制度体系的原则和要求落实到其他各项制度建设之中。党的领导制度体系与中国特色社会主义其他制度是相互贯通的整体。必须把党的领导制度体系的有关规定体现到中国特色社会主义经济、政治、文化、社会、生态文明、军事、外事等各方面制度之中，确保每项制度的建设和执行都有利于坚持和加强党的领导，推动各级党组织、所有党和国家机构、全国各种组织把党的领导落实到党和国家事业各领域和国家治理各方面，把党的领导这一中国特色社会主义制度的最大优势转化为国家制度和国家治理的整体优势。

第二，坚持用党的领导制度体系确保中国特色社会主义制度得到长期不懈坚持。中国特色社会主义制度和国家治理体系是以马克思主义为指导、植根中国大地、具有深厚中华文化根基、深得中国人民拥护的好制度，是具有强大生命力和巨大优越性的好制度。这个好制度来之不易，必须倍加珍惜、长期坚持。坚持中国特色社会主义制度，核心是坚持党的领导制度。要通过党的领导制度体系的完善和落实，推动全党充分认识中国特色社会主义制度的本质特征和优越性，毫不动摇地坚持中国特色社会主义制度，立场坚定地维护中国特色社会主义制度，以坚定的制度自信和坚强的政治定力完成好四中全会确定的目标任务。

第三，坚持用党的领导制度体系推动中国特色社会主义制度不断完善和发展。只有坚持党的领导，我们才能把握中国特色社会主义制度完善和发展的正确方向，确保全党既不走改旗易帜的邪路，也不走封闭僵化的老路。要通过党的领导制度体系的完善和落实，推动全党围绕实现四中全会确定的目标任务，适应新时代新要求，明确坚持和巩固的根本点，把握完善和发展的着力点，进一步全面深化改革，抓紧制定国家治理体系和治理能力现代化急需的制度、满足人民对美好生活新期待必备的制度，推动中国特色社会主义制度不断自我完善和发展、永葆生机活力。

第四，坚持用党的领导制度体系保证中国特色社会主义制度的高效执行。党带领人民制定制度，也要带领人民贯彻执行制度。党的领导制度体系对其他各项制度的统领性作用也必然体现到制度的贯彻执行上。要通过党的领导制度体系的完善和落实，推动各级党委加强对坚持和完善中国特色社会主义制度、推进国家治理体系和治理能力现代化的领导，健全权威高效的制度执行机制；推动各级领导干部强化制度意识，带头维护制度权威，做制度执行的表率，带动全党全社会自觉尊崇制度、严格执行制度、坚决维护制度；推动广大干部自觉提高治理能力，全面增强执政本领和斗争本领，提升执行中国特色社会主义制度的效能。

七、三大统领性制度是贯穿四中全会《决定》的"金钥匙"[*]

全面把握"十三个坚持和完善",需要深刻把握其中具有统领性特点的前三个"坚持和完善"。党的领导制度体系、人民当家作主制度体系和中国特色社会主义法治体系,作为贯穿党的十九届四中全会《中共中央关于坚持和完善中国特色社会主义制度 推进国家治理体系和治理能力现代化若干重大问题的决定》(以下简称《决定》)全篇的三大统领性制度,对我们国家各领域各方面各环节的制度和国家治理体系建设起着重要引领和关键支撑作用,也是中国特色社会主义国家制度和国家治理体系的多方面显著优势和优越性中最重要的三大优势。

党的十九届四中全会《决定》的主体和主干部分,即第二至第十四部分,聚焦坚持和完善支撑中国特色社会主义制度的根本制度、基本制度、重要制度,不仅明确了各项制度必须坚持和巩固的根本点、完善和发展的着力点,而且分别作出了相对应、相配套的各项工作部署。这就是党的十九届四中全会《决定》"浓墨重彩"阐明和部署的"十三个坚持和完善"。全面把握这"十三个坚持和完善",既需要从总体上把握其守正创新、开拓进取和系统集成、协同高效的特点,又需要注重把握其是如何实现"坚持和巩固什么"同"完善和发展什么"内在统一的,更需要深刻把握"十三个坚持和完善"中具有统领性特点的前三个"坚持和完善",即:坚持和完善党的领导制度体系,提高党科学执政、民主执政、依法执政水平;坚持和完善人民当家作主制度体系,发展社会主义民主政治;坚持和完善中国特色社会主义法治体

---

* 施芝鸿,党的十九届四中全会精神中央宣讲团成员、中共中央政策研究室原副主任。

系，提高党依法治国、依法执政能力。

前三个"坚持和完善"中的每一个，既是单独成篇的，同时又都是贯穿全篇的。可以说，党的领导制度体系、人民当家作主制度体系和中国特色社会主义法治体系，作为贯穿党的十九届四中全会《决定》全篇的三大统领性制度，对我们国家各领域各方面各环节的制度和国家治理体系建设起着重要引领和关键支撑作用。必须坚持我们国家制度诸多优势中最重要的党的领导优势、人民当家作主优势、全面依法治国优势这三大优势的协同和联动。《决定》总论部分关于坚持和完善中国特色社会主义制度、推进国家治理体系和治理能力现代化必须坚持的总体要求中特别强调：要"坚持党的领导、人民当家作主、依法治国有机统一"。这是帮助我们从总体上学习领会和精准把握《决定》中的"十三个坚持和完善"的一把"金钥匙"。

为什么要突出强调坚持和完善党的领导制度体系、坚持和完善人民当家作主制度体系、坚持和完善全面依法治国制度体系

全会《决定》的三大统领性制度中，之所以要突出强调坚持和完善党的领导制度体系，是因为新中国成立 70 年来，正是在党的全面领导下，通过集中力量办大事，国家统一有效组织各项事业、开展各项工作，才成功应对了一系列重大风险和挑战、克服了无数艰难险阻，始终沿着正确方向稳步前进；正是在党的总揽全局、协调各方的集中统一领导下，通过坚持贯彻民主集中制，才使我们的国家机关成为一个既合理分工又密切合作，既发扬民主又有效集中的统一整体，才有效克服了议而不决、决而不行、行而不实等不良现象，成功避免了相互掣肘、效率低下的弊端。

全会《决定》之所以要突出强调坚持和完善人民当家作主制度体系，是因为，始终代表最广大人民根本利益，保证人民当家作主，体现人民共同意志，维护人民合法权益，是我们国家制度和国家治理体系的本质属性，也是我们国家制度和国家治理体系有效运行、充满活力的根本所在。我们国家的

名称、我们各级国家机关的名称，都冠以"人民"的称号，是因为这就是我国社会主义国家政权的基本定位。我国国家制度和国家治理体系深深植根于人民之中，始终着眼于实现好、维护好、发展好最广大人民根本利益，着力于保障和改善民生，使改革发展成果更多更公平地惠及全体人民，因而可以有效避免出现西方国家习以为常的党派纷争、利益集团偏私、少数政治精英操弄等现象，具有资本主义制度无可比拟的优越性、先进性。

《决定》之所以要突出强调坚持和完善全面依法治国制度体系，是因为，坚持依法治国，坚持法治国家、法治政府、法治社会一体建设，为解放和增强社会活力、促进社会公平正义、维护社会和谐稳定、确保党和国家长治久安发挥了重要作用。

党的十八大以来，以习近平同志为核心的党中央反复强调这三者的有机统一，党的十九届四中全会《决定》把这三条作为"十三个坚持和完善"的三大统领性制度，正是旨在发挥中国特色社会主义制度系统集成、协同高效的作用，从而推动各方面制度更加成熟、把我国制度优势更好转化为国家治理效能的生动体现。

坚持和完善党的领导制度体系如何贯穿在"十三个坚持和完善"之中

在坚持和完善党的领导制度体系这第一个"坚持和完善"中强调：必须坚持党政军民学、东西南北中，党是领导一切的，坚决维护党中央权威，健全总揽全局、协调各方的党的领导制度体系，把党的领导落实到国家治理的各领域各方面各环节；建立不忘初心、牢记使命的制度；完善坚定维护党中央权威和集中统一领导的各项制度；健全党的全面领导制度；健全为人民执政、靠人民执政各项制度；健全提高党的执政能力和领导水平制度；完善全面从严治党制度。

在坚持和完善人民当家作主制度体系这第二个"坚持和完善"中强调：坚持和完善中国共产党领导的多党合作和政治协商制度；健全充满活力的基

层群众自治制度。

在坚持和完善中国特色社会主义法治体系这第三个"坚持和完善"中强调：完善党委领导、人大主导、政府依托、各方参与的立法工作格局。

在坚持和完善中国特色社会主义行政体制这第四个"坚持和完善"中强调：国家行政管理承担着按照党和国家决策部署推动经济社会发展、管理社会事务、服务人民群众的重大职责。

在坚持和完善社会主义基本经济制度这第五个"坚持和完善"中强调：公有制为主体、多种所有制经济共同发展，按劳分配为主体、多种分配方式并存，社会主义市场经济体制等社会主义基本经济制度，既体现了社会主义制度优越性，又同我国社会主义初级阶段的社会生产力发展水平相适应，是党和人民的伟大创造。

在坚持和完善繁荣发展社会主义先进文化的制度这第六个"坚持和完善"中强调：健全用党的创新理论武装全党、教育人民工作体系，完善党委（党组）理论学习中心组等各层级学习制度；坚持党管媒体原则。

在坚持和完善统筹城乡的民生保障制度这第七个"坚持和完善"中强调：增进人民福祉、促进人的全面发展是我们党立党为公、执政为民的本质要求；全面贯彻党的教育方针。

在坚持和完善共建共治共享的社会治理制度这第八个"坚持和完善"中强调：完善党委领导、政府负责、民主协商、社会协同、公众参与、法治保障、科技支撑的社会治理体系。

在坚持和完善党对人民军队的绝对领导制度这第十个"坚持和完善"中强调：坚持人民军队最高领导权和指挥权属于党中央，中央军委实行主席负责制是坚持党对人民军队绝对领导的根本实现形式，坚持全国武装力量由军委主席统一领导和指挥；健全人民军队党的建设制度体系，坚持党委制、政治委员制、政治机关制，坚持党委统一的集体领导下的首长分工负责制，坚持支部建在连上，完善党领导军队的组织体系，建设坚强有力的党组织和高素质专业化干部队伍，确保枪杆子永远掌握在忠于党的可靠的人手中；把党对人民军队的绝对领导贯彻到军队建设各领域的全过程。

在坚持和完善"一国两制"制度体系这第十一个"坚持和完善"中强调：

"一国两制"是党领导人民实现祖国和平统一的一项重要制度，维护中央对特别行政区全面管治权；健全中央依照宪法和基本法对特别行政区行使全面管治权的制度，完善中央对特别行政区行政长官和主要官员的任免制度和机制。

在坚持和完善独立自主的和平外交政策这第十二个"坚持和完善"中强调：健全党对外事工作领导体制机制，全面贯彻党中央外交大政方针和战略部署，统筹协调党、人大、政府、政协、军队、地方、人民团体等的对外交往，加强党总揽全局、协调各方的对外工作大协同格局。

在坚持和完善党和国家监督体系这第十三个"坚持和完善"中强调：党和国家监督体系是党在长期执政条件下实现自我净化、自我完善、自我革新、自我提高的重要制度保障，必须健全党统一领导、全面覆盖、权威高效的监督体系，增强监督严肃性、协同性、有效性，形成决策科学、执行坚决、监督有力的权力运行机制，确保党和人民赋予的权力始终用来为人民谋幸福。

在《决定》第十五部分和结束语中也强调：坚持和完善中国特色社会主义制度、推进国家治理体系和治理能力现代化，是全党的一项重大战略任务，必须在党中央统一领导下进行，各级党委和政府以及各级领导干部要切实强化制度意识，带头维护制度权威，做制度执行的表率。

从以上的详尽列举中可以看到，四中全会《决定》中的"十三个坚持和完善"，都体现了坚持党对一切工作的领导。党政军民学、东西南北中，党是领导一切的，确保党始终总揽全局、协调各方，并且通过坚持和完善中国特色社会主义制度体系，特别是健全党总揽全局、协调各方的党的领导制度体系，把党的领导落实到国家治理的各领域各方面各环节。突出坚持和完善党的领导制度，抓住了国家治理的关键和根本。

坚持和完善人民当家作主制度体系如何贯穿在"十三个坚持和完善"之中

在第二个"坚持和完善"中强调：坚持和完善人民当家作主制度体系，发展社会主义民主政治，确保人民依法通过各种途径和形式管理国家事务，管理经济文化事业，管理社会事务；坚持和完善人民代表大会制度这一根本政治制度；坚持和完善中国共产党领导的多党合作和政治协商制度；巩固和发展最广泛的爱国统一战线；坚持和完善民族区域自治制度；健全充满活力的基层群众自治制度。

在第三个"坚持和完善"中强调：坚持法治建设为了人民、依靠人民，加强人权法治保障，保证人民依法享有广泛的权利和自由、承担应尽的义务；确保司法公正高效权威，努力让人民群众在每一个司法案件中感受到公平正义。

在第四个"坚持和完善"中强调：必须坚持一切行政机关为人民服务、对人民负责、受人民监督，创新行政方式，提高行政效能，建设人民满意的服务型政府。

在第六个"坚持和完善"中强调：坚持和完善繁荣发展社会主义先进文化的制度，巩固全体人民团结奋斗的共同思想基础；坚持文艺为人民服务、为社会主义服务；健全人民文化权益保障制度，坚持以人民为中心的工作导向。

在第七个"坚持和完善"中强调：坚持和完善统筹城乡的民生保障制度，满足人民日益增长的美好生活需要；增进人民福祉、促进人的全面发展是我们党立党为公、执政为民的本质要求；创新公共服务提供方式，鼓励支持社会力量兴办公益事业，满足人民多层次多样化需求，使改革发展成果更多更公平惠及全体人民；构建和谐劳动关系，促进广大劳动者实现体面劳动、全面发展；构建服务全民终身学习的教育体系，聚焦办好人民满意的教育；完善覆盖全民的社会保障体系；强化提高人民健康水平的制度保障，坚持关注生命全周期、健康全过程，完善国民健康政策，让广大人民群众享有公平可及、系统连续的健康服务，加快建设医养康养相结合的养老服务体系，聚焦增强人民体质，健全促进全民健身制度性举措。

在第八个"坚持和完善"中强调：建设人人有责、人人尽责、人人享有的社会治理共同体，确保人民安居乐业、社会安定有序，建设更高水平的平安中国；完善正确处理新形势下人民内部矛盾有效机制；以人民安全为宗旨，增强国家安全能力，加强国家安全人民防线建设，增强全民国家安全意识。

在第九个"坚持和完善"中强调：坚持和完善生态文明制度体系，促进人与自然和谐共生。

在第十个"坚持和完善"中强调：坚持和完善党对人民军队的绝对领导制度，确保人民军队忠实履行新时代使命任务；把人民军队全面建成世界一流军队，永葆人民军队的性质、宗旨、本色。

在第十一个"坚持和完善"中强调：解决台湾问题、实现祖国完全统一，是全体中华儿女共同愿望，是中华民族根本利益所在。

在第十二个"坚持和完善"中强调：坚持和完善独立自主的和平外交政策，推动构建人类命运共同体；构建海外利益保护和风险预警防范体系，完善领事保护工作机制，维护海外同胞安全和正当权益，保障重大项目和人员机构安全。

在第十三个"坚持和完善"中强调：确保党和人民赋予的权力始终用来为人民谋幸福；健全人大监督、民主监督、行政监督、司法监督、群众监督、舆论监督制度。

从以上的详尽列举中可以看到，四中全会《决定》中的"十三个坚持和完善"，都体现了坚持人民当家作主。坚持党的领导、人民当家作主、依法治国有机统一是社会主义政治发展的必然要求；发展社会主义协商民主，健全民主制度，丰富民主形式，拓宽民主渠道，保证人民当家作主落实到国家政治生活和社会生活之中，已经由党的十九大报告的理论和理念，化为了从各方面把人民当家作主落实到国家政治生活、社会生活各方面的制度规定和制度安排。这表明，党的十八大、十九大以来，我们党的理论创新、实践创新之花，结出了中国特色社会主义各方面根本制度、基本制度、重要制度的制度创新之果。

坚持和完善中国特色社会主义法治体系如何贯穿在"十三个坚持和完善"之中

在第三个"坚持和完善"中强调：坚持和完善中国特色社会主义法治体系，提高党依法治国、依法执政能力；建设中国特色社会主义法治体系、建设社会主义法治国家是坚持和发展中国特色社会主义的内在要求，必须坚定不移走中国特色社会主义法治道路，全面推进依法治国，坚持依法治国、依法执政、依法行政共同推进，坚持法治国家、法治政府、法治社会一体建设；健全保证宪法全面实施的体制机制；完善立法体制机制；健全社会公平正义法治保障制度；加强对法律实施的监督。

在第四个"坚持和完善"中强调：构建职责明确、依法行政的政府治理体系；深化行政执法体制改革，最大限度减少不必要的行政执法事项；进一步整合行政执法队伍，继续探索实行跨领域跨部门综合执法，推动执法重心下移，提高行政执法能力水平；落实行政执法责任制和责任追究制度；推进机构、职能、权限、程序、责任法定化；加强中央宏观事务管理，维护国家法制统一、政令统一、市场统一。

在第五个"坚持和完善"中强调：营造各种所有制主体依法平等使用资源要素、公开公平公正参与竞争、同等受到法律保护的市场环境；鼓励勤劳致富，保护合法收入，增加低收入者收入，扩大中等收入群体，调节过高收入，清理规范隐性收入，取缔非法收入；加强和改进反垄断和反不正当竞争执法；健全以公平为原则的产权保护制度，建立知识产权侵权惩罚性赔偿制度；探索建立集体诉讼制度；完善涉外经贸法律和规则体系。

在第六个"坚持和完善"中强调：坚持依法治国和以德治国相结合，完善弘扬社会主义核心价值观的法律政策体系，把社会主义核心价值观要求融入法治建设和社会治理。

在第八个"坚持和完善"中强调：必须加强和创新社会治理，完善党委领导、政府负责、民主协商、社会协同、公众参与、法治保障、科技支撑的社会治理体系，建设人人有责、人人尽责、人人享有的社会治理共同体；完善人民调解、行政调解、司法调解联动工作体系；提高社会治安立体化、法治化、专业化、智能化水平；健全党组织领导的自治、法治、德治相结合的城乡基层治理体系；健全国家安全法律制度体系。

在第九个"坚持和完善"中强调：完善绿色生产和消费的法律制度和政策导向；完善生态环境保护法律体系和执法司法制度；推进自然资源统一确权登记法治化、规范化、标准化、信息化；推进生态环境保护综合行政执法，完善生态环境公益诉讼制度。

在第十个"坚持和完善"中强调：加强中国特色军事法治建设，提高军队系统运行效能。

在第十一个"坚持和完善"中强调：严格依照宪法和基本法对香港特别行政区、澳门特别行政区实行管治，绝不容忍任何挑战"一国两制"底线的行为，绝不容忍任何分裂国家的行为；坚持依法治港治澳，维护宪法和基本法确定的宪制秩序，维护中央对特别行政区全面管治权和保障特别行政区高度自治权；完善特别行政区同宪法和基本法实施相关的制度和机制，提高特别行政区依法治理能力和水平；健全中央依照宪法和基本法对特别行政区行使全面管治权的制度；建立健全特别行政区维护国家安全的法律制度和执行机制；支持特别行政区强化执法力量；支持行政长官和特别行政区政府依法施政；加强对香港、澳门社会特别是公职人员和青少年的宪法和基本法教育、国情教育、中国历史和中华文化教育；坚决防范和遏制外部势力干预港澳事务和进行分裂、颠覆、渗透、破坏活动，确保香港、澳门长治久安。

在第十二个"坚持和完善"中强调：加强涉外法治工作，建立涉外工作法务制度，加强国际法研究和运用，提高涉外工作法治化水平。

在第十三个"坚持和完善"中强调：推进纪检监察工作规范化、法治化；坚持权责法定，强化权力制约，完善党务、政务、司法和各领域办事公开制度；深化标本兼治，推动审批监管、执法司法、工程建设、资源开发、金融信贷、公共资源交易、公共财政支出等重点领域监督机制改革和制度建设，推进反腐败国家立法，加强思想道德和党纪国法教育，巩固和发展反腐败斗争压倒性胜利。

从以上的详尽列举中可以看到，四中全会《决定》中的"十三个坚持和完善"，都体现了把党的领导贯彻落实到依法治国全过程和各方面，坚定不移走中国特色社会主义法治道路，建设中国特色社会主义法治体系，建设社会主义法治国家，发展中国特色社会主义法治理论，坚持依法治国、依法执政、依法行政共同推进，坚持法治国家、法治政府、法治社会一体建设，坚持依法治国和以德治国相结合，依法治国和依规治党有机统一，深化司法体制改革，提高全民族法治素养和道德素质。在十九大报告中提出的这方面的理论和理念，也都化为了本次全会《决定》中把依法治国基本方略体现到各领域各方面各环节，把法治国家、法治政府、法治社会建设向前推进到一个新境界的制度规定和制度安排之中。

通过三大优势叠加，实行和实现国家制度优势和治理优势的系统集成和协同高效

前文对三大统领性制度在"十三个坚持和完善"中具体呈现情况的全面详尽列举充分表明，坚持和完善党的领导制度体系、坚持和完善人民当家作主制度体系、坚持和完善中国特色社会主义法治体系这三条，确确实实是中国特色社会主义国家制度和国家治理体系的多方面显著优势和优越性中最重要的三大优势；坚持这三大优势的有机统一，就是要通过这三大优势的叠加，来实行和实现我们国家制度优势和治理优势的系统集成和协同高效。

总之，中国特色社会主义制度是一个全面系统、缜密严谨的科学制度体系，其中具有顶层决定性、全局统领性作用的是党的领导制度体系、人民当家作主制度体系和中国特色社会主义法治体系。制度优势是一个国家的最大优势，制度竞争是国家间最根本的竞争。制度稳则国家稳，制度强则国家强。在新时代新的历史方位上，无论是毫不动摇坚持和巩固中国特色社会主义制度，还是与时俱进完善和发展中国特色社会主义制度，都必须紧紧抓住和始终聚焦这三大统领性制度建设，并以此带动其他各方面制度更好地固根基、扬优势、补短板、强弱项，进而在国际竞争中赢得更大的比较优势，展现出更为旺盛的生机活力。

八、全面从严治党制度建设的重大部署 *

党的十九届四中全会审议通过的《中共中央关于坚持和完善中国特色社会主义制度 推进国家治理体系和治理能力现代化若干重大问题的决定》(以下简称《决定》)将完善全面从严治党制度作为"坚持和完善党的领导制度体系,提高党科学执政、民主执政、依法执政水平"的重要组成部分,对全面从严治党制度建设作出了重大部署。

全面从严治党制度建设的重要意义

制度建设是全面从严治党的可靠手段。全面从严治党,没有制度不行,制度不完善也不行。习近平总书记强调,"推进全面从严治党,既要解决思想问题,也要解决制度问题""全方位扎紧制度笼子,更多用制度治党、管权、治吏"。这要求我们建立和完善全面从严治党的各项制度,并严格执行这些制度,树立制度权威。

制度建设是保持党的先进性和纯洁性的有效保障。只有制定全面而完善的制度,才能有效防止和坚决纠正一切影响党的先进性、弱化党的纯洁性的问题。"制度好可以使坏人无法任意横行,制度不好可以使好人无法充分做好事,甚至会走向反面。"因此,要想增强党的创造力、凝聚力、战斗力,确保党始终走在时代前列、得到人民衷心拥护,使党的各项工作顺应时

---

* 周文彰、薛博,中共中央党校(国家行政学院)。

代潮流、符合发展规律、体现人民愿望，就要持续推进全面从严治党的制度建设。

制度建设是破解基层党建困境的有力抓手。基层党建制度的有效运行，是实现党的领导权的组织基础。随着经济和社会发展，基层社会交往的主导性价值也随之呈现多元化形态，这给基层党建带来极大冲击。所以建立统领有序、联动有效、充满活力的制度运行机制，会使基层党建制度的权威性获得强劲动力，极大地改进基层党建制度效能，切实改善基层党建工作风貌。

全面从严治党制度建设的重要进展

党的十八大以来，以习近平同志为核心的党中央，坚定不移地推进全面从严治党，把管党治党的创新成果转化为法规制度。例如，改进作风常态化制度方面：制定了关于改进工作作风、密切联系群众的八项规定，以此为切入口，认真贯彻落实中央八项规定精神，把日常检查与集中督查结合起来，持之以恒地推进正风肃纪，抓具体、补短板、防反弹。紧盯隐形变异新动向，整治领导干部利用名贵特产类特殊资源谋取私利。完善重要节点值班报告督办制度，制定实施专项工作意见，集中整治形式主义、官僚主义，健全长效机制，坚定不移纠"四风"、树新风，使党风实现根本好转。

全面从严治党制度方面：两次修订《中国共产党纪律处分条例》，将《中国共产党党员领导干部廉洁从政若干准则》修订为《中国共产党廉洁自律准则》，修订《中国共产党党内监督条例》，再次释放出以铁的纪律管党治党的强烈信号。紧紧抓住主体责任，制定《中国共产党问责条例》并予以修订，制定《公职人员政务处分暂行规定》《党组讨论和决定党员处分事项工作程序规定（试行）》等。一系列具有标志性、关键性、引导性的制度陆续出台，健全了全面从严治党的制度，于法周延、于事简便，找准切口、重在执行。

党的纪律建设方面：充分运用监督执纪第一种形态，妥善运用第二种形态，准确运用第三种形态，果断运用第四种形态，监督执纪由"惩治极少数"向"管住大多数"拓展。把握监督基本职责，聚焦定位，压实责任，倾斜力量，综合运用多种形式，推动日常监督与执纪问责、审查调查衔接，发挥日常监督的约束作用。

纪检监察体制机制方面：一体推进党的纪律检查体制改革、国家监察体制改革和纪检监察机构改革，各级纪委监委合署办公，构建集中统一、权威高效的监察体系。贯彻落实《中共中央关于深化党和国家机构改革的决定》，完善派驻机构监督体制机制。按照《中国共产党纪律检查机关监督执纪工作规则》等要求，定制度、立规矩，健全相互制约的内部运行机制。

巡视巡察体制机制方面：结合实际，不断丰富完善巡视巡察制度，两次修订《中国共产党巡视工作条例》；颁布《中央巡视工作规划（2018—2022年）》，确定路线图和任务书。突出政治巡视，把常规巡视和专项巡视结合起来，推行巡视报告问题底稿制度和巡视后评估制度，提高全覆盖质量。

全面从严治党制度建设的目标效能

建立不忘初心、牢记使命的制度。中国共产党的历史，就是一部不忘初心、牢记使命的奋斗史。正是得益于中国共产党人始终坚守为中国人民谋幸福、为中华民族谋复兴的初心使命，才能够从建党"开天辟地"，到新中国成立"改天换地"，再到改革开放"翻天覆地"，特别是党的十八大以来党和国家事业发生的历史性变革、取得的历史性成就。不忘初心、牢记使命是永葆共产党人政治本色、推动党和人民事业不断取得新胜利、应对各种风险挑战的需要。

完善坚定维护党中央权威和集中统一领导的各项制度。党的历史、新中国发展的历史充分说明：要治理好我们这样一个大党、治理好我们这样一个大国，保证党的团结和集中统一至关重要，维护党中央权威至关重要。我们必须坚决维护习近平总书记党中央的核心、全党的核心地位，深入学习贯彻习近平新时代中国特色社会主义思想，贯彻落实中央各项决策部署，严守党的政治纪律和政治规矩。

健全党的全面领导制度。党是最高政治领导力量，是中国特色社会主义事业的坚强领导核心。习近平总书记强调，"在国家治理体系的大棋局中，党中央是坐镇中军帐的'帅'，车马炮各展其长，一盘棋大局分明"。我们必须健全制度机制，确保党领导人大、政府、政协、监察机关、审判机关、检察机关、武装力量、人民团体、企事业单位、基层群众自治组织、社会组织，确保党在各种组织中发挥领导作用，把党的领导贯彻到党和国家所有机构履行职责全过程，推动各方面协调行动、增强合力。

健全为人民执政、靠人民执政各项制度。"坚持全心全意为人民服务。党除了工人阶级和最广大人民群众的利益，没有自己特殊的利益。党在任何时候都把群众利益放在第一位，同群众同甘共苦，保持最密切的联系，坚持权为民所用、情为民所系、利为民所谋，不允许任何党员脱离群众，凌驾于群众之上。"必须坚持党的领导、人民当家作主、依法治国有机统一，坚持立党为公、执政为民，贯彻党的群众路线，推动人民团体把各自联系的群众紧紧团结在党的周围，把党的正确主张变为群众的自觉行动。

健全提高党的执政能力和领导水平制度。提高党的执政能力和领导水平，是坚持和发展中国特色社会主义、实现新时代党的历史使命的必然要求；是坚持和加强党的全面领导、巩固党的执政地位的现实需要；是坚持全面从严治党、加强新时代党的建设的重要任务。必须提高党把方向、谋大局、定政策、促改革的能力，改进党的领导方式和执政方式，增强各级党组织政治功能和组织力，促进各级领导干部增强本领。

全面从严治党制度建设的着力点

突出抓好根本，健全党的政治建设制度。党的政治建设是党的事业兴衰成败的政治保证。加强党的政治建设，目的是坚定政治信仰，强化政治领导，提高政治能力，净化政治生态，实现全党团结统一、行动一致。必须把建章立制贯穿于党的政治建设全过程各方面，建立长效机制，持续健全党的政治建设制度，形成系统完备、有效管用的政治规范体系，真正实现党的政治建设有章可循、有据可依。

坚持依规治党，完善全面推进党的各方面建设的体制机制。依规治党是落实全面从严治党的重要基础。完善全面从严治党制度，要贯彻落实新时代党的建设总要求，巩固和深化党的十八大以来取得的管党治党制度成果，进一步深化党的建设制度改革，全面完善党的政治、思想、组织、作风和纪律建设以及反腐败斗争制度机制，搭建好全面从严治党制度体系的"四梁八柱"。在此基础上，坚持缺什么补什么、弱什么强什么，坚持集成联动，着力提高制度质量，做到相辅相成、有机统一。

严肃组织路线，健全党管干部、选贤任能制度。习近平总书记对坚持党管干部、选贤任能多次提出明确要求，为深化干部人事制度改革指明了方向。贯彻落实新时代党的组织路线，要按照刚印发的《2019—2023年全国党政领导班子建设规划纲要》要求，坚持党管干部原则，优化领导班子配备、增强整体功能，选优配强党政正职，优化年龄结构，改善专业结构，完善来源、经历结构，大力发现培养选拔优秀年轻干部，合理配备女干部、少数民族干部和党外干部，全面提高领导水平和专业素养，注重实践锻炼，提高领导班子专业化水平；落实干部任用条例，突出政治标准、加强政治素质考察，坚决防止两面人；健全从严管理监督干部制度，完善领导干部报告个人有关事项制度；贯彻实施公务员法，健全职务与职级并行制度；完善担当作为的激励机制，不断完善选贤任能制度。

净化党内政治生态，完善党内政治文化。政治生态反映着政治生活的总体面貌。一方面，要把严格执行《关于新形势下党内政治生活的若干准则》作为加强党的政治建设的一项重要任务和举措，结合实际完善具体制度，严格抓好制度落实，加强和规范党内政治生活，严明政治纪律和政治规矩。另一方面，要完善积极健康的党内政治文化。要以文化强党战略为引领，遵循政治文化建设的一般规律，依托基层党组织、面向全体党员，突出问题导向、聚焦薄弱环节，把党内政治文化建设融入党的政治、思想、组织、作风、纪律、制度建设之中。要加强顶层设计，把党内政治文化建设摆上重要议事日程；大力倡导和弘扬共产党人核心价值理念，进一步厚植党内政治文化的思想内核和精神实质；坚持实践实干实效，进一步探索加强党内政治文化建设的新路径；建立健全体制机制，进一步推动党内政治文化建设制度化规范化。

强化责任担当，完善和落实全面从严治党责任制度。明责任方有担当，敢担当才不失责。只有敢于明确、落实、追究责任，才能做到全面从严治党。完善和落实全面从严治党责任制度，是管党治党严起来、紧起来、实起来的有力制度保证。要把全面从严治党的主体责任具体落实到各级党委、中央和国家机关各部门党组（党委）以及各基层党组织，明确各级纪检监察机关监督责任，明确党委（党组）书记管党治党第一责任人职责和领导班子成员"一岗双责"，推动各责任主体把管党治党责任记在心上、扛在肩上、落在行动上，坚定斗争意志，增强斗争本领，通过以身作则、以上率下，把完善和落实全面从严治党责任制度工作抓具体、抓深入。

九、推进国家制度和国家治理现代化的
根本和关键 *

　　党的十九届四中全会在党的历史上首次用一次中央全会专门研究国家制度和国家治理问题，全面总结了党领导人民在我国国家制度建设和国家治理方面取得的重大成就、积累的宝贵经验、形成的基本原则等，为坚持和完善中国特色社会主义制度指明了前进方向、提供了根本遵循，这是一次为实现中华民族伟大复兴提供制度保证的全会，因而具有里程碑意义。推进国家制度和国家治理现代化是一个系统工程，需要把握根本，抓住关键。

坚持党的领导是推进国家制度和国家治理现代化的根本

　　党的十九届四中全会全面阐述了推进国家制度和国家治理现代化坚持党的领导是根本，对于这个极其重要的问题，我们要全面把握、深刻领会。

　　党是我们国家最高政治力量。中国共产党领导是中国特色社会主义最本质的特征，是中国特色社会主义制度的最大优势。办好中国的事情，关键在党。如果没有中国共产党领导，我们的国家和民族不可能取得今天这样的国际地位。新中国成立 70 年来，在党的领导下，集中力量办大事，国家统一有效地组织各项事业，开展各项工作，成功应对了一系列重大风险挑战，克服了无数个艰难险阻，创造了世所罕见的"两大奇迹"，即经济快速发展和

---

　　* 严书翰，中共中央党校（国家行政学院）教授，马克思主义理论研究和建设工程课题组首席专家，全国党建研究会特邀研究员。

社会长期稳定。对于在党的领导下70年来经济快速发展，我们可以用五个"大"和两个"第一"加以概括：今天的中国已经是世界上第二大经济体、制造业第一大国、货物贸易第一大国、商品消费第二大国、外资流入第二大国；我国有220多种工业产品产量位居世界第一、外汇储备连续多年位居世界第一。对于在党的领导下我国社会长期稳定，我们可以同世界上一些国家思想混乱、党争不断、执政能力不强、威信不高、政局动荡等进行对照。事实雄辩证明：坚持和完善党的领导，是党和国家的根本所在、命脉所在，是全国各族人民的利益所在、幸福所在。

党的领导制度是我们国家的根本领导制度。党的十九届四中全会通过的《中共中央关于坚持和完善中国特色社会主义制度　推进国家治理体系和治理能力现代化若干问题的决定》（以下简称《决定》）第一次系统描绘了中国特色社会主义制度的"图谱"，即它是由13个部分组成的中国特色社会主义制度体系，其中起四梁八柱作用的是根本制度、基本制度、重要制度。而居于统领地位的是党的领导制度。《决定》把坚持和完善党的领导制度体系放在首要位置，把坚持和加强党的领导要求全面体现在各方面制度安排之中。突出党的领导制度在中国特色社会主义制度和国家治理体系中的统领地位，充分体现了我们党不忘初心、牢记使命的真挚情怀，彰显了中国共产党领导中国人民立志实现中华民族伟大复兴的历史担当。

坚持党的集中统一领导。党的十九届四中全会通过的《决定》论述了我国国家制度和国家治理体系的"13个方面显著优势"，其中第一个方面显著优势就是坚持党的集中统一领导，坚持党的科学理论，保持政治稳定，确保国家始终沿着社会主义方向前进。正如习近平总书记指出："我国社会主义政治制度优越性的一个突出特点是党总揽全局、协调各方的领导核心作用，形象地说是'众星捧月'，这个'月'就是中国共产党。在国家治理体系的大棋局中，党中央是坐镇中军帐的'帅'，车马炮各展其长，一盘棋大局分明。"党政军民学，东西南北中，党是领导一切的。尤其是在我国这样具有超长时间历史纵深、超大国土面积、超大数量人口规模、超常复杂民族宗教结构乃至越来越超大规模经济体量的社会主义发展中国家，推进国家制度和国家治理现代化，这在以往的世界社会主义实践中是没有任何现成模式可以照搬的。因此，我们要坚持党对一切工作的全面领导，坚决维护党中央权威和集中统一领导。这是克服一切艰难险阻，夺取具有许多新的历史特点的伟大斗争胜利的根本保障。

各级领导干部要强化制度意识，带头维护制度权威，做制度执行的表率

总结我们党执政的正反两方面经验，可以得出这个重要结论：制度问题更带有根本性、全局性、稳定性和长期性。在制度问题上我们要坚持唯物辩证法：一是制度不好可以使好人无法充分做好事，甚至会走向反面。二是制度好，但人的素质、水平、能力等跟不上或不适应，那么再好的制度也不能发挥它应有的效能。

推进国家制度和国家治理现代化，关键在人。这里讲的"人"就是党的十九届四中全会指出的各级党委、政府和各级领导干部。制度的生命力在于执行。各级党委、政府和各级领导干部要切实强化制度意识，带头维护制度权威，做制度执行的表率，确保党和国家重大决策部署、重大工作安排都按照制度要求落到实处，充分发挥制度指引方向、规范行为、提高效率、维护稳定、防范化解风险的重要作用。

政治路线确定之后，干部就是决定的因素。党的十九届四中全会通过的《决定》虽然没有专设一节讲这个问题，但是，仍然对各级领导干部提出了明确的要求。《决定》讲要固根基、扬优势、补短板、强弱项，就包括要增强各级领导干部的制度意识和推进国家治理体系现代化的本领。党的十九届四中全会提出的目标和任务，很多都是我国国家制度和国家治理体系建设中的空白点和薄弱点，其中就包括一些领导干部的制度意识不强，不敬畏制度，不去维护制度权威。对这些现象如果不加以坚决反对和克服，那么谈制度执行力就是一句空话。因此，要强化领导干部的制度意识，维护制度权威，做制度执行的表率。正如习近平总书记指出的：各级党委和政府以及领导干部要增强制度意识，善于在制度的轨道上推进各项事业。广大党员干部

要做制度执行的表率，引领全社会增强制度意识，自觉维护制度权威。

当今世界发展变化很快，当代中国发展变化也很快，新情况新问题新事物层出不穷。党的十九届四中全会提出的推进国家制度和国家治理现代化，是全党的一项重大战略任务，是对各级领导干部能力尤其是制度执行能力的重大考验。从总体上看，我们领导干部队伍素质和能力是适应我国事业发展需要的。但是，要领导14亿人的社会主义大国，各级领导干部既要政治过硬，也要本领高强。用这样的标准来衡量，我们领导干部还需要不断增强执政本领，党的十九大向全体党员干部提出要全面增强8种本领。党的十九届四中全会通过的《决定》又增加了增强斗争本领。

当前，面对推进国家制度和国家治理现代化的考验，领导干部如何增强自身的能力呢？我们认为要向理论学习，要向实践学习。《决定》要求领导干部加强思想淬炼、政治历练、实践锻炼、专业训练。思想淬炼、专业训练属于理论学习范畴，而政治历练、实践锻炼属于实践学习范畴。领导干部学习理论既包括学习业务知识，不断提高自身能力和水平，更重要的是学习马克思主义理论，特别是学习习近平新时代中国特色社会主义思想，要用这个21世纪马克思主义来武装头脑，指导实践，做好工作，与此同时也提升自己的理论素养。

为什么要强调领导干部着重学习马克思主义理论呢？这是由当前领导干部队伍状况决定的。党的十八大以来，领导干部队伍实现了新一轮的整体性的新老交替。我们认为，现在的领导干部尤其是年轻干部不缺文化知识和专业知识，主要缺乏的是理论知识（包括历史知识）。这里讲的理论主要是指马克思主义理论尤其是马克思主义哲学；这里讲的历史包括党史和新中国史。今年7月31日，中央主题教育领导小组发出通知，要求全体党员干部在主题教育中认真学习党史和新中国史，这是一个很有针对性的正确要求。

要在我们这样一个拥有十几亿人口的世界上最大发展中国家推进国家制度和国家治理现代化，这是前无古人的。"不是简单延续我国历史文化的母版，不是简单套用马克思主义经典作家设想的模板，不是其他国家社会主义实践的再版，也不是国外现代化发展的翻版。"因此，没有现成的模式可以沿用，只能靠我们各级领导干部在实践中摸索，并在不断总结探索实践经验的基础上坚定向前。这就是今天在各级领导干部中提倡要善于向理论学习、向实践学习的真正原因。正如习近平总书记深刻指出："中国共产党人依靠学习走到今天，也必然要依靠学习走向未来。""我们的干部要上进，我们的党要上进，我们的国家要上进，我们的民族要上进，就必须大兴学习之风，坚持学习、学习、再学习，坚持实践、实践、再实践。"

十、正确认识制度和治理内涵及两者辩证关系 *

党的十九届四中全会的最大成果，是审议通过了《中共中央关于坚持和完善中国特色社会主义制度　推进国家治理体系和治理能力现代化若干重大问题的决定》（以下简称《决定》）。这是新时代我们党坚持马克思主义，全面领导治国理政，完善和发展我国国家制度和治理体系的纲领性文献。以这一纲领性文献为标志，决定了这次全会在我们党的历史上具有开创性的里程碑意义。

这次中央全会高频多见的关键词是"制度"和"治理"，这也是全会通过的《决定》的主题词。个人理解这两个词的辩证关系是：制度是治理的依据和结果，治理是制度的实践和创新。这是因为，我国国家一切工作和活动都依照中国特色社会主义制度展开，我国国家治理体系和治理能力是中国特色社会主义制度及其执行能力的集中体现。只有正确认识制度和治理的内涵及两者的辩证关系，才能更好地学习领会中央全会精神。

"中国之制"　彰显优势，坚定自信

所谓"中国之制"，就是坚持和完善中国特色社会主义制度。这一制度的核心要义是社会主义，指导思想是马克思主义。正是从这个意义上，习近平总书记讲，《决定》是一篇马克思主义的纲领性文献，也是一篇坚持和发展中国特色社会主义的政治宣言书。中国特色社会主义制度是马克思主义基本

---

* 舒国增，中央纪委国家监委驻中央办公厅纪检监察组组长。

原理同中国具体实际相结合的产物，是理论创新、实践创新、制度创新相统一的成果，凝结着党和人民的智慧，具有深刻的历史逻辑、理论逻辑、实践逻辑。首先，中国深厚的历史底蕴，形成了关于国家制度和国家治理的丰富思想，这些思想中的精华是中华优秀传统文化的重要组成部分，也是中华民族精神的重要内容。其次，科学社会主义在中国的伟大实践，展示出我国国家制度和国家治理体系具有多方面的显著优势，《决定》概括为"13 个坚持"，这是我们坚定中国特色社会主义道路自信、理论自信、制度自信、文化自信的基本依据。再次，新中国成立 70 年来我们党领导人民创造的经济快速发展、社会长期稳定两大奇迹，形成了"中国之治"和"西方之乱"的鲜明对比，充分说明了中国特色社会主义制度的巨大优越性。中国特色社会主义制度是一个严密完整的科学制度体系，起"四梁八柱"作用的是根本制度、基本制度、重要制度，其中具有统领地位的是党的领导制度。党的领导制度是我国的根本领导制度。我们要坚持和巩固好、完善和发展好中国特色社会主义制度，不断把我国制度优势转化为国家治理效能。

"中国之治" 展现宏图，昭示自觉

所谓"中国之治"，就是新时代推进国家治理体系和治理能力现代化。随着中国特色社会主义进入新时代，我国发展处于新的历史方位，我国社会主要矛盾已经转化为人民日益增长的美好生活需要和不平衡不充分的发展之间的矛盾，我国国家治理面临许多新任务新要求，必然要求中国特色社会主义制度和国家治理体系更加完善、不断发展。立足于"犯其至难而图其至远"，着眼于固根基、扬优势、补短板、强弱项，致力于构建系统完备、科学规范、运行有效的制度体系，加强系统治理、依法治理、综合治理、源头治理，把我国制度优势更好地转化为国家治理效能，这次中央全会全面擘画"中国之治"宏伟蓝图，深刻昭示了执政党的历史担当和高度自觉。围绕坚持和完善中国特色社会主义制度、推进国家治理体系和治理能力现代化这一主题，中央全会审议通过的《决定》，明确提出总体要求和总体目标，具体部署"13个坚持和完善"的重点任务，强调要加强党的领导，科学谋划、精心组织，远近结合、整体推进，确保本次全会所确定的各项目标任务全面落实到位。

全面理解和正确把握推进"中国之治""13个坚持和完善"的重点任务，笔者认为既有4个方面的不同层次，各层次之间又具有相互联系和彼此呼应的内在逻辑。其中，"置顶"的是具有统领作用的坚持和完善党的领导制度体系，这是国家治理的关键和根本，我们任何时候都必须放在首位。接下来的层次是坚持党的领导、人民当家作主和全面依法治国有机统一的制度体系，这是我们党治国理政的重要政治原则，必须始终坚持。然后就是体现统筹推进"五位一体"总体布局和协调推进"四个全面"战略布局的制度体系，包括坚持和完善党对人民军队的绝对领导制度、"一国两制"制度体系和独立自主的和平外交政策，这是治国理政的制度和体系在各个领域各个方面各条战线的铺陈和展开。最后"托底"的是坚持和完善党和国家监督体系，强化对权力运行的制约和监督，这具有实现自我净化、自我完善、自我革新、自我提高的重要制度保障作用，由此确保党和人民赋予的权力始终用来为人民谋幸福。

"中国之执" 勠力同心，奋斗自强

所谓"中国之执"，就是要狠抓工作落实，不断把制度优势转化为治理效能。制度的生命力在于执行。制度的执行力，是治理能力的重要组成部分。制度执行越有力，治理能力越有效。党和国家各项事业是干出来的，有了宏伟蓝图和行动纲领，就要见诸行动、奋斗自强，以"钉钉子"精神把党中央的重大决策部署一项一项地落到实处。

中央全会明确要求，各级党委和政府以及各级领导干部要切实强化制度意识，带头维护制度权威，做制度执行的表率，确保党和国家重大决策部署、重大工作安排都按照制度要求落到实处，切实防止各自为政、标准不一、宽严失度等问题的发生，充分发挥制度指引方向、规范行为、提高效率、维护稳定、防范化解风险的重要作用。

学习贯彻党的十九届四中全会精神，各级纪检监察机关要立足职能职责，聚焦坚持和完善支撑中国特色社会主义制度的根本制度、基本制度、重要制度，突出政治监督，强化日常监督，构建全覆盖的制度执行监督机制，强化制度执行力，保障国家治理各项决策部署、政策措施贯彻落实，保障中国特色社会主义制度切实得以坚持巩固，把我国制度优势更好地转化为国家治理效能；要发挥职能作用，聚焦解决体制性障碍、机制性梗阻、政策性创新方面问题，通过监督推动整改、促进改革、完善制度，使各项制度日益健全、不断发展，推动构建系统完备、科学规范、运行有效的制度体系，有力推进国家治理体系和治理能力现代化。要适应完善中国特色社会主义制度和国家治理体系要求，围绕坚持完善党和国家监督体系，与时俱进推进纪检监察体制改革、纪检监察各项制度创新，构建一体推进不敢腐、不能腐、不想腐体制机制，完善落实中央八项规定精神、纠治"四风"长效机制。要完善自身权力运行机制和管理监督制约体系，加强纪检监察干部运用制度能力建设，以制度建设保障队伍建设。

联系派驻纪检监察组工作实际，要在以下三个方面加大学习贯彻中央全会精神的力度。一是提升认识高度。充分认识坚持和完善中国特色社会主义制度、推进国家治理体系和治理能力现代化的重大意义和总体要求。二是加大实践力度。要找准履职尽责的切入点和着力点，强化政治监督，深化纪检监察体制改革，加强自身建设，把承接的任务一项一项落实到位。特别是要认真履行"两个维护"重大政治责任，紧紧围绕坚持和完善中国特色社会主义制度和国家治理体系，充分发挥监督保障执行、促进完善发展作用，把中央全会提出的坚持和完善党的领导制度体系的要求落实到位。三是聚焦监督精度。监督既是制度执行的有力保证，又是治理实践的题中应有之义。按照中央全会作出的坚持和完善党和国家监督体系的全面部署，扎实做好监督执纪问责和监督调查处置各项工作，统筹衔接纪律监督、监察监督、巡视监督，更好发挥派驻监督的作用。当前要注重加强对学习贯彻中央全会精神情况的监督检查，盯紧权力运行各个环节，完善发现问题、纠正偏差、精准问责有效机制，坚持纪在法前、纪法贯通、法法衔接，不断提升纪检监察工作的规范化、制度化、法治化水平。

十一、"中国之治"的制度"密码"*

中国道路成功的背后是中国特色社会主义制度的成功。中国特色社会主义制度为什么能成功，因为它是属于中国自己的好制度，是具有显著优势的好制度，是推进治理现代化的好制度。

中国特色社会主义制度是属于中国自己的好制度

十九届四中全会明确宣示："中国特色社会主义制度和国家治理体系是以马克思主义为指导、植根中国大地、具有深厚中华文化根基、深得人民拥护的制度和治理体系。"

中国自鸦片战争以来做过诸多的尝试，像君主立宪制、议会制、多党制、总统制，也包括重新复辟帝制，各种办法都试过了，结果就像毛泽东当年所讲，"我们中国人是很愿意向西方学习的，可学来学去总是老师欺负学生"，不仅不管用还更受欺侮。就算别人不欺负，也会水土不服，正所谓"橘生淮南则为橘，生于淮北则为枳，叶徒相似，其实味不同"。怎么办？只能选择和培育适合自己、源于自己的制度，这就是马克思主义指导下的社会主义制度。

20 世纪的世界是社会主义运动历史大潮风起云涌、从一国走向多国的时代，社会主义制度以其巨大的优越性让众多的民族国家实现民族解放、登上了世界舞台。中国这个占世界 1/4 人口的东方大国之所以能实现最深刻最

---

* 辛鸣，中共中央党校（国家行政学院）教授。

伟大的社会变革，近代以来中华民族最伟大的梦想之所以能迎来曙光，就在于顺应了历史发展潮流，创造性地从新民主主义革命迈向社会主义革命，确立了社会主义基本制度。中国选择社会主义制度，实现了中国向人民民主制度的伟大跨越，为当代中国一切发展进步奠定了根本政治前提和制度基础。

如何在社会主义初级阶段让既有的生产关系更好地适应现实的社会生产力，以进一步解放生产力、发展生产力，一定要有与之相适应的制度安排。中国进行改革开放，实行社会主义市场经济体制，发挥市场在资源配置中的决定作用，坚持和完善公有制为主体、多种所有制经济共同发展的基本经济制度，坚持和完善按劳分配为主体、多种分配方式并存的收入分配制度，鼓励一部分地区和一部分人先富起来，逐步消灭贫穷，达到共同富裕，正是通过改革在社会主义初级阶段生产关系和上层建筑中不适应生产力发展的方面和环节来促进生产力的发展。当然，中国是在中国共产党领导和社会主义制度的大前提下发展市场经济，牢记"社会主义"这个定语，坚持社会主义制度优越性，有效防范资本主义市场经济的弊端，才有社会主义市场经济的风生水起，硕果累累。

当然，没有中华文化沃土的滋养，就不可能有中国特色社会主义制度的勃勃生机。制度绝不只是一系列外在的强制性行为规范，还是内在的文化思维价值认同，这种文化不可能是外来的强加移植，必须是数千年润物细无声的内在演化与积淀。中华优秀传统文化已经成为中华民族的基因，植根在中国人内心，潜移默化地影响着中国人的思想方式和行为方式，为中国特色社会主义制度培育了文化之根，更确立了对我们制度自信的深层依据。

通过创造性转化、创新性发展实现中华文化"现在进行时"，把中华民族最基本的文化基因与现代社会发展相协调实现制度创新；通过把人类文明的一切成果坦坦荡荡、大大方方地"拿来"，在广泛的文化交流中，不断学习他人的好东西，把他人的好东西变成我们的养料，把他人的好东西化成自己的东西，丰富补充我们的制度，让中国特色社会主义制度更加成熟、更加定型。所以中国特色社会主义制度的"特色"是自然演化出来的，而不是空想出来的，是内部生长发育出来的，而不是外来移植和嫁接的。中国特色社会主义制度虽然名为"特色"，但体现的是一般性的规律，解决的是在既定的生产力框架下如何让制度更加适应生产力的发展并推动生产力向更高水平发展的问题。

中国特色社会主义制度是具有显著优势的好制度

十九届四中全会对中国特色社会主义制度优势从本质属性到价值理念、从制度立场到制度目标、从制度绩效到制度运行、从宏观到微观进行了全方位立体画像。

中国特色社会主义制度始终站在最广大人民群众的立场上。制度哲学研究告诉我们，制度是非中性的，不同的制度有其不同的优势群体，不同的制度对社会群体利益的关注是很不相同的。对于中国这样一个有着 14 亿人口的大国，制度的安排必须让中国最大多数的人能掌握这一制度、能使用这一制度，会运用这一制度来保障自己的权利、行使自己的权利。排斥最广大群众在外的、少数精英群体自娱自乐的制度安排在中国不具有政治合法性，也注定得不到最大多数群众的支持。中国特色社会主义制度坚持社会主义性质，坚持以人民为中心，坚持发展为了人民、发展依靠人民的原则，其制度逻辑在本质上有利于保证和实现最广大人民群众的根本利益。

中国特色社会主义制度始终指向公平正义与共同富裕。习近平总书记指出："中国执政者的首要使命就是集中力量提高人民生活水平，逐步实现共同富裕""共同富裕是中国特色社会主义的根本原则""公平正义是中国特色社会主义的内在要求"。从"全面小康一个都不能少"的精准脱贫，到"把不断做大的'蛋糕'分好，让社会主义制度的优越性得到更充分体现"的共享发展，再到"让人民群众有更多获得感"的全面深化改革，制度安排体现着鲜明的价值导向。中国特色社会主义制度以共同富裕、让人民群众共享改革发展成果为价值指向，把实现社会公平正义放到更加突出的位置，综合运用多种手段，妥善协调社会各方面的利益关系，既允许一些地区、一些人先富起来，更着眼于消除两极分化最终达到共同富裕，充分彰显了社会主义的本质与属性，让社会民众对中国特色社会主义更有信心，更加期待。

中国特色社会主义制度的内在机理与运行模式决定了它可以形成强大的统一意志和组织力量，让全国成为一盘棋，把一切经济政治社会资源都组织调动起来，同心同德、同舟共济、上下贯通、统一行动，重点攻关解决难题，快速高效应对各种突发事件、完成各种任务。集中力量办大事要有核心，这个核心是中国共产党；中国"众星捧月"，这个"月"是中国共产党。我们讲中国特色社会主义制度的最大优势是中国共产党领导，就是这个道理。有了中国共产党这个总揽全局、协调各方的领导核心，中国集中力量办大事就有了"主心骨"、有了方向感、有了向心力；在国家治理体系的大棋局中，有了党中央这个坐镇中军帐的"帅"，就能做到车马炮各展其长，就能做到"军民团结如一人"。

中国特色社会主义制度可以调动一切积极因素。全社会全民族的积极性创造性，对中国特色社会主义事业的发展始终是最具有决定性的因素。随着中国社会阶层结构的分化，社会利益关系越来越错综复杂。如何在保证最广大人民根本利益的同时，促进现阶段群众的共同利益，容许不同群体的特殊利益；如何在坚持按劳分配为主体的同时，放手让一切劳动、知识、技术、管理和资本的活力竞相迸发，让一切创造社会财富的源泉充分涌流等等是并不容易解决的棘手问题。

中国特色社会主义制度统筹兼顾、求同存异，在消除不利于人民群众发挥积极性的不利因素，克服阻碍社会群体创新奋进的不良现象，营造各尽其能的氛围和环境，把各个社会阶层和社会群体的积极性和创造性充分调动起来等方面，创造了广阔的制度空间，提供了有效的制度保障。当国家路线方针政策这个"平行四边形"、当中国梦这个"最大同心圆"是来自众人"合力"，当每一个人的意愿都体现在"合力"中的时候，共识自然在其中，力量自然会充分地集中。

中国特色社会主义制度是推进治理现代化的好制度

十九届四中全会提出的坚持和完善中国特色社会主义制度、推进国家治理体系和治理能力现代化的总体目标呼应了当代中国发展的战略目标，其"三步走"的时间表与党的十九大提出的战略步骤高度吻合。

到 2020 年全面建成小康社会，第一个百年奋斗目标实现。就社会发展程度来讲，意味着中国现代化建设有了一个良好基础，站上了一个新的起点。这在制度形态上就体现为"更加成熟、更加定型"取得明显成效。因为经过 70 多年的发展，中国特色社会主义制度已经具备更加成熟、更加定型的条件。不仅根本制度、基本制度、重要制度成熟定型，一系列具体的制度体制也在成熟定型方面取得明显成效，中国特色社会主义制度更加科学、更加完备、更加有优势。

到 2035 年我国社会发展状态是基本实现社会主义现代化，自然要有与其相适应的制度形态，这就是基本实现国家治理体系和治理能力现代化，"各方面制度更加完善"，即在成熟、定型的基础上，适应中国现代化建设不断深化提高的需要，让中国特色社会主义制度更进一步系统化、科学化、完备化。

到本世纪中叶新中国成立 100 年的时候，我国已经建成富强民主文明和谐美丽的社会主义现代化强国，物质文明、政治文明、精神文明、社会文明、生态文明全面提升，在制度形态上当然是全面实现国家治理体系和治理能力现代化，中国特色社会主义制度"更加巩固，优越性充分展现"。

仅仅有制度体系的完善是不够的。"徒法不足以自行。"任何制度要起作用、要发挥功能，都离不开作为制度主体的人的参与配合。这就要在培育制度意识，确立制度权威，提高制度执行能力上下功夫。

一要培育制度意识。没有相应的制度意识及社会氛围，没有人的接受、认同、遵循，制度就是一纸空文。制度哲学中有一个概念叫"制度空转"：看起来制度在努力地做功，但就是对现实社会产生不了影响，因为没有人在意它，没有人维护它，更没有人遵守它。而有了对制度的认同，就会"从心所欲而不逾矩"；有了对制度价值的共识，面对制度的自由裁量空间就不会"过"也不会"不及"，甚至当碰到制度不完善和有缺憾时还会按照制度的价值导向自觉救场补台。

二要确立制度权威。实现治理能力现代化，一定要认识到制度存在及其功能是不以人的意志为转移的，制度与人、与社会之间有着内在的、不可分割、须臾不能没有的关系。不能把制度作为一种工具来对待，更不能作为一种为我所用、为我所定、为我所取、为我所弃的外在性工具。在政治实践中不能超越制度为自己谋求制度之外的"超额"利益，不能合乎自己利益的制度就遵守，不合乎自己利益的制度就不遵守。尤其对于当代中国，国家治理一切工作和活动都要依照中国特色社会主义制度展开，决不能离开中国特色社会主义制度另搞一套。

三要提高制度执行力。制度执行力是国家治理的"最后一公里"，必须适应国家现代化总进程，提高党科学执政、民主执政、依法执政水平，提高国家机构履职能力，提高人民群众依法管理国家事务、经济社会文化事务、自身事务的能力，以切实提升系统治理、依法治理、综合治理、源头治理的本领，把制度优势更好地转化为国家治理效能，以确保持续推动拥有近 14 亿人口大国的进步和发展、确保拥有 5000 多年文明史的中华民族实现"两个一百年"奋斗目标进而实现伟大复兴。

十二、坚持和完善党和国家监督体系
走中国特色监督之路[*]

党的十九届四中全会提出坚持和完善党和国家监督体系，这是坚持和完善中国特色社会主义制度、推进国家治理体系和治理能力现代化的重要内容，是以习近平同志为核心的党中央总揽全局、审时度势作出的战略决策，是对十八届三中全会提出的强化权力运行制约和监督体系的完善发展，是着眼于党永续执政和国家永远兴盛的长远考量。这一决策部署，开辟了权力监督理论的新境界，开启了中国特色监督之路的新征程，具有重大意义和深远影响。

纪检监察机关作为党内监督和国家监察专责机关，是党和国家监督体系的中坚力量，必须坚决贯彻党中央、中央纪委决策部署，忠实履职尽责，持续跟进提升，做中国特色监督之路的躬行者、推动者、捍卫者，为推进国家治理体系和治理能力现代化提供坚强保障。

提高政治站位　把牢监督工作正确方向

中国特色监督具有鲜明的政治属性、坚定的政治立场、明确的政治目标，与西方国家的三权分立式监督、分散低效式监督、为少数利益集团服务的监督有着本质区别。纪检监察机关作为政治机关，决不能抛开政治谈监督，决不能撇开大局搞监督，必须提升政治站位，推进政治监督具体化、常

---

* 许罗德，浙江省委常委、省纪委书记。

态化，切实发挥政治导向作用。要坚持以"两个维护"为根本，恪守绝对忠诚的政治原则，坚决维护习近平总书记党中央的核心、全党的核心地位，坚决维护党中央权威和集中统一领导。要坚持以党的中心为中心、党的大局为大局，把贯彻落实习近平总书记重要讲话和重要指示批示精神、党中央重大决策部署作为首要任务，做到党中央重大决策部署到哪里，监督检查就跟进到哪里。要坚持以制约和监督权力运行为重点，保证党立党为公、执政为民，保证国家机器依法履职、秉公用权。要坚持敢于斗争、善于斗争，辨别清除"两面派"、"两面人"，切实维护国家政治安全。

树立系统思维　一体推进"四项监督"

党和国家监督体系是一项系统工程，包含多种监督主体、监督制度、监督形式。我们要领会吃透四中全会关于党和国家监督体系的意蕴内涵，坚持一个整体、系统推进，促进各类监督协同贯通，推进纪律监督、监察监督、派驻监督、巡视监督统筹衔接，形成监督合力，增强监督实效。当前，"四项监督"全覆盖的格局已经形成，但各项监督协作联动的紧密度、时效性还有待加强，距离全贯通、全联动还有不少工作要做。必须用好一体推进的方法论，使"四项监督"互促共进、放大叠加，攥指成拳、彰显效能。要坚持工作一体考虑。加强对监督工作的整体规划，通过联席会议、对口指导、联合调研等机制，强化"四项监督"的综合、协调与联动。要坚持力量一体调配。将监督检查部门力量与派驻机构、巡视巡察机构力量统筹调配。比如，在巡视中期，根据问题线索情况，机动调配监督检查部门与派驻机构人员力量进行深挖细查。要坚持成果一体运用。健全监督检查部门、派驻机构、巡视巡察机构工作会商机制，定期、不定期交流监督信息，实行"弹药"互相输送，问题联查协作。要坚持队伍一体建设。对从事"四项监督"的干部打通使用，强化统一管理、统一培训、统筹培养。

培养精准思维　用好监督执纪"四种形态"

精准是监督的生命线，发现问题要精准，处置问题要精准，纠治整改措施也要精准。大水漫灌、"大呼隆"式的监督，既是对监督资源力量的浪费，某种程度上也是对党和人民不负责任。实施精准监督，关键是用活用好监督执纪"四种形态"这一有力武器。一方面，要在精准运用第一种形态上下功夫。有效运用日常谈话了解、线索处置、约谈提醒、谈话函询等措施手段，避免对问题线索过度依赖，综合发挥各种手段的优势和功能，取得抓早抓小、防微杜渐的效果。另一方面，要精准把握"四种形态"相互转化的尺度。严格依据纪法和事实这两个定量，充分考虑调查人的态度和认错悔错改错实际行动这个变量，避免主观片面、随意放大或缩小，做到宽严适度，实现政治效果、纪法效果、社会效果的有机统一。

坚持以人民为中心　打通监督"最后一公里"

开展监督工作，必须坚持以人民为中心的发展思想，贯彻群众路线，及时发现、解决基层反映强烈的突出问题，使群众感到纪委监委就在身边。一方面，力量要下沉、职能要延伸。基层党员和行使公权力的人员面广量大，与群众利益密切相关，监督力量必须跟上，监督工作必须加强。从浙江情况看，党的十八大以来，全省查处的领导干部违纪违法案件中，乡科级以下的占97.7%；处分的党员干部中，乡科级以下的占97.8%。这两个97%，充分印证了监督向基层延伸的重要性。近年来，浙江积极稳妥推进监察体系向基层延伸拓展，在全省实现乡镇（街道）监察办公室全覆盖，同时赋予乡镇（街道）监察办公室部分监察权限。另一方面，工作要规范、力量要统筹。针对基层纪检监察队伍人员和素质参差不齐的实际情况，要突出"制度、人员、设施"建设，提高基层纪检监察干部依规依纪依法开展监督的能力和水平。近年来，浙江紧紧抓牢规范化建设这一抓手，出台《乡镇纪检监察工作规程》，一体推进软硬件建设，通过片区协作机制实现集中会商、交叉检查、协同办案，充分发挥了"百姓家门口的纪委监委"作用，形成了纪检监察监督与基层治理良性互动的局面。

秉持创新思维　以"三项改革"激发监督活力

改革是坚持和完善党和国家监督体系、强化对权力运行制约监督的必由之路。要自觉将四中全会部署转化为推进"三项改革"的理念思路、制度机制和治理实践，在党中央确定的党和国家监督体系"四梁八柱"下，针对影响监督效能的瓶颈梗阻问题，自上而下地推进组织制度和方式方法创新。一方面，要在"形的重塑"上不断深化细化。目前纪检监察体制改革"形的重塑"基本完成，但从深度融合的实践效果看，监督仍是影响制度优势向治理效能转化的短板。要从监督工作的实际需要出发，进一步厘清纪委监委机关内设机构、派驻机构和高校、国企纪检监察机构间的职责定位、工作关系和业务流程，进一步加强高校、国企、基层纪检监察队伍建设，确保专职专用，强化监督力量。另一方面，要在"神的重铸"上不断加力续力。立足实现更高水平的党内监督和国家监察，聚焦解决同级监督乏力、执纪执法贯通尚有堵点等体制性障碍、机制性梗阻、政策性创新方面问题，吃透找准下一步深化改革的发力点、攻坚点，通过改革使监督制度日益健全、监督效能不断提升。近年来，浙江全面推行派驻机构与委机关干部选调录用、选拔任用、轮岗交流、教育培训、经费保障和党建工作"六个一体化"，派驻机构的使命感、归属感、责任感大大增强，开展监督的锐气、胆气、硬气全面提升。

强化责任担当　发挥"四责协同"联动效应

压紧夯实各监督主体的责任，是坚持和完善党和国家监督体系的重要内容和根本保障。党的十九届四中全会《决定》强调要完善和落实全面从严治党责任制度，强化了责任导向，释放了鲜明信号。走中国特色监督之路，必须继续抓牢"牛鼻子"，把党委的主体责任、党委书记的第一责任、班子成员的"一岗双责"和纪委监督责任"四责"协同起来，打造好"责任传动轴"，构建起"责任共同体"。协助党委扛起主责。"四责协同"不是简单叠加，也不是平均用力。其中，党委主体责任是起决定作用的"纲"。纪检机关要积极履行协助职责和监督责任，既主动为党委主体作用发挥提供有效载体、当好参谋助手，又加强督促推动，使主体责任和监督责任贯通协同、形成合力。推动党委书记履行好"第一责任"。巩固和深化党委书记向上一级纪委当面报告履行"第一责任"情况并接受评议等有效载体，推动党委书记当好"施工队长"，带动"四责协同"有序有效运行。督促班子成员落实"一岗双责"。建立更严格的督查督促制度，推动各地各部门领导班子成员把分管范围内的党员干部监督好、约束好，守土有责、守土尽责。切实担起监督责任。坚守"监督的再监督"定位，在更深层次、更高水平上深化"三转"，不断提升履职尽责水平。通过"四责协同"，带动所有监督主体各负其责、齐抓共管，推动中国特色监督之路越走越宽广、越走越坚实。

第三部分
坚持自我革命

一、坚持自我革命　全面从严治党 *

善于从实践探索中总结经验，是中国共产党政治上成熟的重要标志之一。习近平总书记在领导全党致力于伟大斗争、伟大工程、伟大事业、伟大梦想的历史进程中，始终坚持深化对执政规律和执政党建设规律的认识，重视总结新形势下坚持自我革命、全面从严治党的基本经验，提炼出一系列新的理论观点。蕴含其中的丰富内涵和核心要义，非常值得我们深入挖掘和深刻领会。

在十九届中央纪委二次、三次全会上，习近平总书记先后提炼的"六个相统一"和"五个必须"，已然成为中央纪委这两次全会的理论亮点。

习近平总书记关于坚持自我革命、全面从严治党基本经验的科学总结，将中国共产党对执政和执政党建设的规律性认识提升到全新高度，充分彰显了中国共产党自我净化、自我完善、自我革新、自我提高的高度自觉，对于取得全面从严治党更大战略性成果，巩固发展反腐败斗争压倒性胜利，实现新时代纪检监察工作高质量发展，具有重要指导意义。

"五个必须"与"六个相统一"是相互联系、
相互贯通的有机整体

比较是学习马克思主义的重要方法。习近平总书记总结的"五个必须"

***

＊　朱旭东，中央纪委研究室原主任。

与"六个相统一"，是坚持自我革命、全面从严治党中相互联系、相互贯通的有机整体。我们在学习习近平总书记重要讲话时，必须将二者结合起来，一体理解，一体贯彻。

两次重要论述各自的侧重点有所不同，但是探索总结新形势下管党治党规律是相互联系、相互贯通的。在中央纪委三次全会上总结的"五个必须"，习近平总书记着重从党在进行社会革命的同时必须不断进行自我革命入手，全面总结改革开放 40 年以来党进行自我革命、永葆先进性和纯洁性的宝贵经验。在中央纪委二次全会上总结的"六个相统一"，习近平总书记着重从新时代党的建设面临的若干重大关系入手，总结党的十八大以来全面从严治党的重要经验。

两次重要论述各自的侧重点有所不同，但是坚持贯彻党要管党、全面从严治党的工作方针是相互联系、相互贯通的。习近平总书记在"五个必须"中重申并强调的"坚持治国必先治党、治党务必从严"，是我们党进入新时期为加强自我革命、全面推进党的建设新的伟大工程而确定的重大战略思想。习近平总书记在中央纪委二次全会上总结的"六个相统一"，则是我们党进入新时代为坚持贯彻全面从严治党工作方针、继续全面推进党的建设新的伟大工程而确定的重要原则。

两次重要论述各自的侧重点有所不同，但是旗帜鲜明讲政治的根本要求是相互联系、相互贯通的。讲政治是我们党培养自我革命勇气、增强自我净化能力、提高政治免疫力的根本要求。习近平总书记在"五个必须"中强调的坚决维护、坚持从严治党、坚持以人民为中心、坚持改革创新、坚持正风反腐，体现了党进行自我革命的政治方向、政治立场、政治目标。习近平总书记总结的"六个相统一"，则体现了新时代全面从严治党的政治战略、政治策略、政治原则。

由此可见，"五个必须"与"六个相统一"虽然各自阐述的侧重点有所不同，但都是对改革开放条件下坚持自我革命、全面从严治党基本经验的科学总结，都是对中国共产党建设理论的丰富和发展，具有长远的指导作用。

重要的是掌握马克思主义的立场观点方法

学习习近平总书记的重要讲话，既要领会相关重要论断之间的内在联系，更要掌握贯穿其中的立场、观点和方法。

习近平总书记之所以强调全面从严治党必须以人民为中心，人民群众反对什么、痛恨什么，我们就要坚决防范和纠正什么，就是因为他懂得人民是历史创造者的马克思主义唯物史观，坚信历史是人民书写的，坚信人民是我们执政的最大底气。

习近平总书记之所以强调全面从严治党必须坚持改革创新，一体推进党的纪律检查体制改革、国家监察体制改革和纪检监察机构改革，一体推进不敢腐、不能腐、不想腐，一体推进追逃防逃追赃工作，就是因为他懂得世界是普遍联系的整体的唯物辩证法，坚信改革是一场革命，改的是体制机制，动的是既得利益，牵一发而动全身。

习近平总书记之所以强调新时代全面从严治党必须处理好六个重大关系，做到"六个相统一"，就是因为他懂得矛盾是客观普遍存在的，矛盾分析是唯物辩证法的根本方法，坚信发展起来以后的矛盾和问题并不比不发展时少，必须自觉主动地直面各种问题，积极提高全党解决矛盾的本领。

习近平总书记之所以强调全面从严治党必须保持战略定力，排除错误思想干扰，重整行装再出发，就是因为他懂得事物变化发展总是波浪式前进、螺旋式上升的规律，坚信发展仍是解决我国所有问题的关键，只要牢牢把握这把"总钥匙"，用发展的眼光看问题，在坚持中深化、在深化中发展，就一定能够不断增强党的创造力、凝聚力、战斗力，实现党内政治生态的根本好转。

很显然，习近平总书记提出的"五个必须"和"六个相统一"，充分体现了我们党长期坚持的辩证唯物主义和历史唯物主义的世界观和方法论。只有真正掌握马克思主义立场、观点、方法，才能学懂弄通习近平总书记的重要讲话精神，抓住实质举一反三，结合实际做实到位。

努力把学习成果转化为全面从严治党的自觉行动

习近平总书记关于坚持自我革命、全面从严治党的重要论述，是习近平新时代中国特色社会主义思想的重要组成部分，为推动新时代纪检监察工作高质量发展指明了方向。各级纪检监察机关要坚持以习近平新时代中国特色社会主义思想为指导，坚守协助党委推进全面从严治党的职责定位，深化对新形势下管党治党规律的认识，努力把学习成果转化为贯彻落实党中央重大决策部署的自觉行动，创造坚持自我革命、全面从严治党的新经验。

努力把学习成果转化为务实创新的思路举措，使各项工作思路举措更加科学、更加严密、更加有效。要坚持旗帜鲜明讲政治，坚决维护习近平总书记党中央的核心、全党的核心地位，坚决维护党中央权威和集中统一领导。要忠实履行党章和宪法赋予的职责，坚持党中央重大决策部署到哪里，监督检查就跟进到哪里，确保党中央政令畅通。要坚持以人民为中心的政治立场，持之以恒落实中央八项规定精神，整治群众身边腐败和作风问题，力戒形式主义、官僚主义，让人民群众有更多更直接更实在的获得感、幸福感、安全感。

努力把学习成果转化为制度体系的治理效能，使制度优势更加全面、更加充分、更加有效地发挥出来。要建立健全查办腐败案件以上级纪委领导为主的工作机制，完善巡视巡察战略格局，推进派驻机构体制机制创新，着力推动主体责任和监督责任形成合力。要持续深化国家监察体制改革，把法定监察对象全部纳入监督范围，着力增强对公权力和公职人员的监督全覆盖和有效性。要认真执行党纪处分条例，贯通运用监督执纪"四种形态"，着力在日常监督、长期监督上探索创新、实现突破。

努力把学习成果转化为纪委监委的深度融合，使纪检监察干部成为立场坚定、意志坚强、行动坚决的表率。要带头加强党的政治建设，带头自觉同以习近平同志为核心的党中央保持高度一致，带头建设让党中央放心、人民群众满意的模范机关。要坚持党管干部原则，优化干部结构，提高素质能力，严格执行监督执纪工作规则，把执纪执法权力关进制度的笼子。要健全内控机制，自觉接受监督，经常打扫庭院，清除害群之马，建设忠诚干净担当的纪检监察铁军，推动纪检监察工作取得新成效。

二、在新时代把党的自我革命推向深入 *

中国共产党自成立起就具有了自我革命的基因，所以能够一次次开展自我革命，能够坚持真理、修正错误，从而永葆党的先进性和纯洁性。

要把不忘初心、牢记使命作为加强党的建设的永恒课题，作为全体党员干部的终身课题，这要求中国共产党必须继续保持自我革命精神。

习近平总书记在中央政治局第十五次集体学习时强调，全党必须始终不忘初心、牢记使命，在新时代把党的自我革命推向深入。中国共产党是用马克思主义武装起来的政党，始终把为中国人民谋幸福、为中华民族谋复兴作为初心和使命，并一以贯之体现到党的全部奋斗之中。中国特色社会主义已经进入新时代，我们比历史上任何时期都更接近、更有信心和能力实现中华民族伟大复兴。船到中流浪更急、人到半山路更陡，我们正处在一个愈进愈难、愈进愈险，而又不进则退、非进不可的时候。因此，全党必须有强烈的自我革命精神，并在新时代把党的自我革命推向深入。

勇于自我革命、从严管党治党是中国共产党最鲜明的品格

党的十八大以来，习近平总书记多次强调党的自我革命问题。"勇于自我革命，是我们党最鲜明的品格，也是我们党最大的优势。""勇于自我革命，

＊　张荣臣、苟立伟，中共中央党校（国家行政学院）。

从严管党治党，是我们党最鲜明的品格。"中国共产党自成立起就具有了自我革命的基因，所以能够一次次开展自我革命，能够坚持真理、修正错误，从而永葆党的先进性和纯洁性。

大革命时期，国民党背叛了革命，发动了"四一二"反革命政变和"七一五"反革命政变，再加上当时中国共产党的领导人陈独秀犯了右倾机会主义错误，导致党的力量遭受重大损失。在革命的危急关头，中国共产党召开了八七会议，作出了武装反抗国民党反动派的总方针，靠自己的力量批判和纠正了陈独秀右倾机会主义错误，选出了新的临时中央政治局，向全党和全国人民指明了斗争方向，使党在革命中前进了一大步。

土地革命战争时期，由于王明、博古的"左"倾教条主义错误，导致了第五次反"围剿"失败，中央苏区大片土地丧失，党由此开始了战略大转移——长征。在长征初期，由于博古军事指挥上的错误，党和红军陷入了极度危难之中：红军从长征初期的8.6万人经过湘江战役后锐减到3万人。在生死存亡的关键时刻，中国共产党召开了遵义会议，结束了"左"倾教条主义在中央的统治，确立了毛泽东在党和红军中的领导地位，在中国革命最危急的关头挽救了党、挽救了红军、挽救了中国革命，成为中国共产党走向成熟的标志。

抗日战争时期，中国共产党开展了延安整风，反对主观主义以整顿学风、反对宗派主义以整顿党风、反对党八股以整顿文风，全党同志系统学习党的历史，系统总结大革命失败后党内重大历史问题的经验教训，通过了《关于若干历史问题的决议》，全党达到空前的团结和统一，为中国共产党夺取抗日战争和解放战争的胜利奠定了思想基础。

新中国成立后，毛泽东同志要求全党继续保持"过去革命战争时期的那么一股劲，那么一股革命热情，那么一种拼命精神，把革命工作做到底"。中国共产党进行了社会主义改造和建设，为当代中国一切发展进步奠定了根本政治前提和制度基础。

1978年，中国共产党召开了十一届三中全会，冲破了长期以来"左"的错误的严重束缚，重新确立了马克思主义的思想路线、政治路线、组织路线，决定将党和国家的工作重心转移到经济建设上来，作出了实行改革开放的伟大决策。

改革开放40多年的历程，也是中国共产党不断推进自我革命的历程。随着改革开放进程的推进，世情、国情、党情的变化对党的建设提出了更高要求，中国共产党深入探索如何进一步推进党的建设新的伟大工程，提出许多重要思想，作出许多重要部署。

党的十八大以来，以习近平同志为核心的党中央从党的建设面临的挑战出发，勇于面对党面临的重大风险考验和党内存在的突出问题，坚持全面从严治党，全面加强党的领导，坚决改变管党治党宽松软状况，党在革命性锻造中更加坚强，焕发出新的强大生机活力。

做到不忘初心、牢记使命，必须有强烈的自我革命精神

习近平总书记强调，做到不忘初心、牢记使命，并不是一件容易的事情，必须有强烈的自我革命精神。

中国共产党人的初心和使命是激励中国共产党人不断前进的根本动力。作为马克思主义政党，必须把初心和使命一以贯之地体现到党的全部奋斗中。但是，当前影响全党不忘初心、牢记使命的因素是多重的，因此，党必须具有强烈的自我革命精神，才能做到不忘初心、牢记使命。

从国际形势看，诚如习近平总书记所指出：放眼全球，我们正面临百年未有之大变局。无论国际风云如何变幻，中国维护国家主权和安全的信心和决心不会变，中国维护世界和平、促进共同发展的诚意和善意不会变。新世纪以来一大批新兴市场国家和发展中国家快速发展，世界多极化加速发展，国际格局日趋均衡，国际潮流大势不可逆转。中国共产党团结带领中国人民顽强奋斗、发愤图强，中华民族迎来了从站起来、富起来到强起来的伟大飞跃，中华民族伟大复兴展现出前所未有的光明前景。同时也对中国共产党应对重大挑战、抵御重大风险、克服重大阻力、解决重大矛盾的能力都提出了更高要求，必须以自我革命精神，不断进行革命性锻造，才能增强本领，抓住机遇，应对挑战。

从国内形势来看，中国特色社会主义进入新时代，中国正处于"两个一百年"奋斗目标的历史交汇期，中国共产党将团结带领全国各族人民决胜全面建成小康社会，开启全面建设社会主义现代化强国新征程，实现中华民族伟大复兴的中国梦。当前，我国社会主要矛盾已经转化为人民日益增长的美好生活需要和不平衡不充分的发展之间的矛盾。人民美好生活需要日益广泛，不仅对物质文化生活提出了更高要求，而且在民主、法治、公平、正义、安全、环境等方面的要求日益增长，发展不平衡不充分的问题凸显出来。因此，中国共产党必须以初心和使命凝聚全党力量，保持自我革命精神，矢志不渝地朝着既定目标前进。

从党内情况来看，党的十八大以来，以习近平同志为核心的党中央坚持党要管党、全面从严治党，党内风气明显好转，党的领导弱化、党的建设缺失问题也得到根本扭转，反腐败斗争取得压倒性胜利。但是，在长期执政条件下，各种弱化党的先进性、损害党的纯洁性的因素无时不有，各种违背初心和使命、动摇党的根基的危险无处不在，形势依然复杂严峻，如果不严加防范、及时整治，久而久之，必将积重难返，小问题就会变成大问题、小管涌就会沦为大塌方。因此，全面从严治党永远在路上，要把不忘初心、牢记使命作为加强党的建设的永恒课题，作为全体党员干部的终身课题，这就要求中国共产党必须继续保持自我革命精神。

牢记初心和使命，推进新时代党的自我革命

马克思主义政党区别于其他政党的一个鲜明特点就是勇于直面问题、勇于自我革命、勇于追求真理。习近平总书记指出："我们党之所以有自我革命的勇气，是因为我们党除了国家、民族、人民的利益，没有任何自己的特殊利益。不谋私利才能谋根本、谋大利，才能从党的性质和根本宗旨出发，从人民根本利益出发，检视自己；才能不掩饰缺点、不回避问题、不文过饰非，有缺点克服缺点，有问题解决问题，有错误承认并纠正错误。"

要坚持加强党的集中统一领导和解决党内问题相统一。"坚持党中央权

威和集中统一领导，是党的政治建设的首要任务。"习近平总书记深刻指出，"党政军民学，东西南北中，党是领导一切的。正是因为始终坚持党的集中统一领导，我们才能实现伟大历史转折、开启改革开放新时期和中华民族伟大复兴新征程"。在新时代，党所肩负的历史使命决定了必须加强党的集中统一领导，只有这样，才能提高党的创造力、凝聚力、战斗力，才能最终实现党的历史使命。对广大党员来说，针对党内出现的一些问题，要坚决做到党中央提倡的坚决响应，党中央决定的坚决照办，党中央禁止的坚决杜绝，坚决抵制破坏党的集中统一的行为，将加强党的集中统一领导和解决党内问题相统一。

要坚持守正和创新相统一。守正就是要坚守党的性质宗旨、理想信念、初心使命不动摇；创新就是要在尊重规律的基础上，以新的理念、思路、办法、手段解决好党内存在的各种矛盾和问题。在新时代，要把党的自我革命推向深入，就要把握好守正与创新的辩证关系，坚持守正为本、创新为要，坚持守正与创新并举，在守正的基础上创新，在创新的过程中守正，在守正中实现新发展，在创新中实现新突破。

要坚持严管和厚爱相统一。在党员干部管理工作中，"严管"和"厚爱"并不矛盾，而是辩证统一、相辅相成、缺一不可。所谓"严管"，就是要用铁的纪律和严的规矩管理干部；所谓"厚爱"，就是让广大党员干部感受到组织的温暖，对党员干部政治上激励、工作上支持、待遇上保障、心理上关怀，增强党员干部的荣誉感、归属感、获得感。对党员干部的成长来说，严管与厚爱就是一枚硬币的两面，缺一不可，而且两者在本质上是统一的，相互促进，最终都是为了实现党员干部的健康成长。

要坚持组织推动和个人主动相统一。邓小平指出："我们党经历过多次错误，但是我们每一次都依靠党而不是离开党纠正了自己的错误。"这说明党的自我革命的主体只能是自己，而不可能是别的政治力量。在实践中，各级党组织及其负责人都是党进行自我革命的责任主体，要做到守土有责，积极推动自我革命；从党员的角度来说，党员是党组织的崇高理想与目标的具体实践者，每一位党员都要将自我革命的精神落实到自身，要主动接受批评、改正错误，只有敢于"照镜子"，才能发现并改正自己身上的缺点和不足。

三、在新的起点上深入推进反腐败斗争[*]

坚决反对腐败是我们党一贯坚持的鲜明政治立场。以习近平同志为核心的党中央以强烈的历史责任感、深沉的使命忧患感、顽强的意志品质，深入推进党风廉政建设和反腐败斗争，经过不懈努力，夺取了反腐败斗争压倒性胜利。面向未来，全面从严治党依然任重道远，必须将"严"字长期坚持下去，不断推进党的自我革命，实现自我净化、自我完善、自我革新、自我提高，取得全面从严治党更大战略性成果，巩固发展反腐败斗争压倒性胜利。

对反腐败斗争取得的成效作出重要判断

反腐败斗争取得压倒性胜利，是坚定不移全面从严治党取得的新的重大成果。

反腐败斗争取得压倒性胜利，体现在惩治腐败上。党的十八大以来，以习近平同志为核心的党中央顺应党心民心，坚持无禁区、全覆盖、零容忍，坚持重遏制、强高压、长震慑，坚决遏制腐败现象蔓延势头，坚决查处大案要案，加大反腐败国际追逃追赃力度，坚决切断腐败分子的后路。严肃查处群众身边腐败问题，把全面从严治党覆盖到"最后一公里"，不断提升人民群众的获得感、幸福感、安全感。严肃查处用人腐败，坚持行贿受贿一起

---

* 刘伟。

查，严厉惩治"围猎"干部的行为。党中央推进反腐败的决心和力度史无前例，对腐败分子形成强大威慑，不敢、知止的氛围持续强化，以治标为治本赢得了时间和民心。

反腐败斗争取得压倒性胜利，体现在作风建设上。作风建设是全面从严治党的切入点、着力点。以习近平同志为核心的党中央从作风建设这一先手棋开始，严格落实中央八项规定精神，坚决反对"四风"，以问题为导向动真碰硬。抓正风肃纪突出"常""长"二字，一个节点接一个节点地抓，让好风气成为常态、使廉洁成为习惯。坚持完善机制和日常监管并重，抓常抓细抓长，作风建设驰而不息，刹住了许多人认为不可能刹住的歪风，党风政风为之一新，党心民心为之一振，党风民风向善向上。

反腐败斗争取得压倒性胜利，体现在制约监督权力上。制约监督权力是反腐败的关键。以习近平同志为核心的党中央改革创新，立"明规矩"、破"潜规则"，最大限度地减少了权力出轨、个人寻租的空间。加强和改进巡视工作，强化政治巡视，实现巡视全覆盖，充分发挥利剑作用。深化权力运行机制改革，形成了科学的权力结构和运行机制，清除了反腐败体制机制障碍。突出领导干部这个"关键少数"，加强监督管理，认真执行民主集中制，积极破解"一把手"监督难题，对权力更加严格监督和制约。

反腐败斗争取得压倒性胜利，体现在制度建设上。制度建设是反腐败的治本之策。以习近平同志为核心的党中央坚持依规治党和依法治国统筹推进、一体建设，不断扎紧扎牢制度的笼子。《中华人民共和国监察法》出台，为构建集中统一、权威高效的中国特色国家监察体制提供坚强法治保证；《中国共产党廉洁自律准则》《中国共产党纪律处分条例》对监督执纪明确规范；《中国共产党巡视工作条例》为政治巡视提供了重要遵循；《中国共产党纪律检查机关监督执纪工作规则》把监督权关进制度的笼子。制度的笼子越织越密、越扎越紧，党内法规制度体系不断完善，构成从严管党治党的"四梁八柱"，为反腐败斗争取得压倒性胜利提供了强有力的制度支撑。

根本上得益于党中央的坚强领导

反腐败斗争取得压倒性胜利来之不易，离不开党中央的坚强领导，离不开全党共同努力。

坚强领导擘画反腐大局。以习近平同志为核心的党中央准确把握反腐败斗争形势，坚定战略定力和政治定力，运筹帷幄，科学谋划，制定了目标明确、计划周密、程序科学、方法得当的反腐败顶层设计方案。反腐败斗争之所以取得压倒性胜利，从根本上说靠的是以习近平同志为核心的党中央旗帜鲜明、立场坚定，意志品质顽强，领导坚强有力。

优良传统奠定反腐根基。反对腐败、建设廉洁政治，始终是马克思主义政党一贯坚持的鲜明政治立场。我们党自成立起就高度重视廉洁问题，坚决反对腐败。邓小平同志曾明确指出，在整个改革开放过程中都要反对腐败，搞廉洁政治。今天我们取得反腐败斗争压倒性胜利，同我们党作为马克思主义政党的本质属性是分不开的，同我们党坚决与腐败作斗争的思想政治基础是分不开的。

全党支持铸就反腐大势。"抓好党风廉政建设和反腐败斗争，必须全党动手。"以习近平同志为核心的党中央铁腕反腐，赢得全党上下的坚决拥护、大力支持。几年来，中央以上率下，地方落实有力，纪检监察机关认真履职，司法机关依法办案，广大党员干部广泛参与，责任链条延伸，利剑震慑常在，汇聚起强大合力，铸就了反腐大势。

人心向背决定反腐成败。反腐败斗争能取得压倒性胜利，人民群众提供了最深厚、最强大、最持久、最坚决的支持力量。以习近平同志为核心的党中央把人心向背视作决定党和国家前途命运的关键，下大气力解决好消极腐败问题，确保党始终同人民心连心、同呼吸、共命运。我们党坚决反对腐败、建设廉洁政治的坚定立场、坚强决心，得到了人民群众的衷心拥护、大力支持。

坚决打好反腐败斗争攻坚战持久战

行程万里，不忘初心。当前，反腐败斗争形势依然严峻复杂，必须坚决打好反腐败斗争攻坚战、持久战，夺取反腐败斗争彻底胜利。

始终把党的政治建设摆在首位。党的政治建设是党的根本性建设，巩固反腐败斗争压倒性胜利，必须把政治建设摆在首位。全党要旗帜鲜明地讲政治，以党的政治建设为统领，坚决破除形式主义、官僚主义。要坚决落实"两个维护"，严明政治纪律和政治规矩，对"七个有之"问题高度警觉，坚决防止党内形成利益集团攫取政治权力。全面净化党内政治生态，发展积极健康的党内政治文化。

不断夯实反腐败斗争的思想基础。思想是行动的先导。要深入学习贯彻习近平新时代中国特色社会主义思想，经常对标对表，及时校准偏差。铸牢理想信念这个魂，在固本培元上下功夫，筑牢信仰之基、补足精神之钙、把稳思想之舵。坚定文化自信这个本，进一步增强廉洁文化的感染力和传播力，使廉洁成为全党全社会的自觉追求。用好党内教育这个策，教育引导党员干部不忘初心、牢记使命，筑牢拒腐防变的思想道德防线。

始终保持反腐败高压态势。反腐败斗争不可能毕其功于一役。要坚持靶向治疗、精确惩治，聚焦党的十八大以来反腐败工作重点，紧盯重大工程、重点领域、关键岗位，强化对权力集中、资金密集、资源富集部门和行业的监督，加大金融领域反腐力度，依法查处贪污贿赂、滥用职权、玩忽职守、徇私舞弊等职务违法和职务犯罪，坚决防范利益集团拉拢腐蚀领导干部，推动构建亲清新型政商关系。深度参与反腐败国际治理，一体推进追逃防逃追赃工作。发挥中央和各级反腐败协调小组作用，增强反腐败工作合力。

牢牢抓住作风建设这个着力点。巩固发展反腐败斗争压倒性胜利必须锲而不舍地推进作风建设。要巩固拓展落实中央八项规定精神成果，把刹住"四风"作为巩固党心民心的重要途径，对享乐主义、奢靡之风等露头就打，对"四风"隐形变异新动向时刻防范。各级领导干部要带头转变作风，教育引导党员干部增强群众感情，牢固树立宗旨意识。

　　压紧压实全面从严治党政治责任。全面从严治党是系统工程，要靠全党、管全党、治全党。各级党组织要扛起主体责任，进一步健全制度，压实责任，书记要切实履行第一责任人职责。各级纪检监察机关要聚焦党风廉政建设和反腐败斗争中心任务，按照政治过硬、本领高强要求，从严从实加强纪检监察队伍建设。

四、斗争精神是马克思主义者的基本精神底色[*]

习近平总书记在 2019 年秋季学期中央党校（国家行政学院）中青年干部培训班开班式上强调，广大干部特别是年轻干部要经受严格的思想淬炼、政治历练、实践锻炼，发扬斗争精神，增强斗争本领，为实现"两个一百年"奋斗目标、实现中华民族伟大复兴的中国梦而顽强奋斗。这是基于马克思主义基本精神得出的必然结论和提出的时代要求。正如马克思恩格斯在《德意志意识形态》中所指出的："实际上，而且对实践的唯物主义者即共产主义者来说，全部问题都在于使现存世界革命化，实际地反对并改变现存的事物。"斗争精神是马克思主义固有的理论品格，是马克思主义者的基本精神底色，是共产主义事业的生命力所在。

马克思主义者的崇高价值追求内在蕴含斗争精神

不忘初心，方得始终。中国共产党人的初心和使命，就是为中国人民谋幸福，为中华民族谋复兴。什么是初心？就是信仰和根本的价值追求。中国共产党人的信仰是马克思主义。正是基于这样的信仰，马克思主义天然具备为了人类解放而斗争的理论品格。

人的特性在于虽然生存于有限非要追问无限，虽然存在具有偶然性非要追问必然性，虽然生命是暂时的非要追问永恒的，这就是终极关怀。也就是

＊ 董振华，中共中央党校（国家行政学院）教授。

说，人类会立足于有限追求无限，有限的是现实生活，无限的是价值追求。那么，怎么通过有限的生命来通达无限的意义和价值呢？在承认生命是有限的前提下，不是枉费精力追求生命无限，而是追求生命的高度，也就是在有限的生命中追求无限的意义和价值。在这样的情况下，生命的长短已经不具备根本意义了。如果一个人的生命是有意义和价值的，即使是短暂的，但是这样的生命是有意义和价值的，也是灿烂的和值得的。如果一个人的生命没有意义和价值，即使能够活两百岁，那么和蝼蚁又有什么区别呢！人们会为了追求生命的意义和价值，追求生命能够达到的高度，甚至为了提升生命的高度缩短生命的长度。

假设我们要面对死亡了，我们回顾一下自己的一生，感到我们的生命是有意义和价值的，我们的选择是无悔的，如果让我们再重新度过一生的话，我们还会这么过。请问这个理由是什么？理由可以有很多，但是这些真正的理由都不可能建立在世俗的基础之上，因为在面向死亡的时候世俗的东西已经没有意义了。既然生命的本质是一个过程，那么，有意义的生命在于过程的精彩。什么样的生命过程才是精彩的呢？马克思告诉我们："尊严就是最能使人高尚起来、使他的活动和他的一切努力具有崇高品质的东西，就是使他无可非议、受到众人钦佩并高出于众人之上的东西。"也就是说，一个人应该有尊严地度过自己的一生，有尊严的生命才是值得的，才是精彩的，才是有意义和价值的。什么样的生命过程才是有尊严的呢？马克思说，因为你的生命得到了人们的尊重，达到了崇高。为什么会得到人们的尊重呢？马克思的回答是：因为你选择了最能为人类福利而劳动的职业。这样的生命价值追求难道不是具有理性的基础和道义的力量吗?!

在我们的现实生活中，马克思主义作为一面旗帜，时刻不忘人民，关怀人民，替人民着想。这样的一种价值追求并不是高不可攀的，而是可以通过自身的努力达到的。人的具体行为是和人的精神境界紧密联系的，只要我们始终把握住前行的核心动力——"选择最能为人类福利而劳动的职业"，就能够开辟出具有真理力量的社会主义发展道路。人民性这种价值追求有其广度和深度，这就必然要求一个又一个的阶段性奋斗和历史性实践，向光辉的彼岸不断前行。

正如习近平总书记在纪念马克思诞辰200周年大会上的讲话中指出："马克思主义是人民的理论，第一次创立了人民实现自身解放的思想体系。马克思主义博大精深，归根到底就是一句话，为人类求解放。在马克思之前，社会上占统治地位的理论都是为统治阶级服务的。马克思主义第一次站在人民的立场探求人类自由解放的道路，以科学的理论为最终建立一个没有压迫、没有剥削、人人平等、人人自由的理想社会指明了方向。马克思主义之所以具有跨越国度、跨越时代的影响力，就是因为它植根人民之中，指明了依靠人民推动历史前进的人间正道。"马克思主义的人民性，决定了马克思主义是以人民实现自身解放作为核心价值追求的思想体系，是为求得人类解放不懈奋斗的行动指南，这也就决定了马克思主义具有不懈奋斗的斗争精神这样的理论品格。

马克思主义的实践品格内在蕴含斗争精神

习近平总书记指出："马克思主义是实践的理论，指引着人民改造世界的行动。马克思说，'全部社会生活在本质上是实践的'，'哲学家们只是用不同的方式解释世界，问题在于改变世界'。实践的观点、生活的观点是马克思主义认识论的基本观点，实践性是马克思主义理论区别于其他理论的显著特征。马克思主义不是书斋里的学问，而是为了改变人民历史命运而创立的，是在人民求解放的实践中形成的，也是在人民求解放的实践中丰富和发展的，为人民认识世界、改造世界提供了强大精神力量。"实践性是马克思主义实现哲学革命的逻辑起点，也是马克思主义固有的理论品格，在实践基础上的理论创新，是保持马克思主义生命力的根本途径。马克思主义的实践性特点，决定了斗争精神是马克思主义的理论特质。

实践的观点是马克思主义哲学首要的、基本的观点。我们知道，哲学是在人类实践活动的基础上产生的，产生以后对实践也发生了反作用，即改变世界的作用。但马克思之前的哲学家们都是轻视实践、脱离实践的，哲学历来只是书斋里和学院里的东西，人们从来不知道哲学的实践意义，从来不把哲学自觉地用来指导自己的实践活动。马克思恩格斯自称为"实践的唯物主义者"，以区别于脱离实践的、停留于理论的旧唯物主义者，因此，他们的哲学也可称为"实践的唯物主义"。显然，实践性确实是马克思主义哲学区别于其他哲学的基本特点之一。因此，马克思主义哲学不是远离社会生活和脱离社会实践的书斋理论，而是深深地植根于实践、服务于实践又在实践中不断发展的理论。

马克思主义在指导无产阶级革命实践的过程中实现自己的历史使命，又在这种实践的过程中使自身不断经受检验，获得丰富和发展。也正是在这个意义上，马克思恩格斯多次指出，他们的理论不是教条，而是行动的指南；对他们理论中一般原理的实际运用"随时随地都要以当时的历史条件为转移"。列宁也指出，马克思的理论"所提供的只是总的指导原理，而这些原理的应用具体地说，在英国不同于法国，在法国不同于德国，在德国又不同于俄国"。马克思主义经典作家的这些论述告诉我们，他们的学说始终严格地以客观事实为根据，而实际生活总是在不停地变动之中。

马克思主义的实践性特点，从根本上决定了它与社会现实生活、与广大人民群众的社会实践以及与具体的时代条件的紧密联系。正是通过批判性的革命实践，马克思在事实和价值之间构建了一架彼此沟通的桥梁，从而在根本上解决了一直困扰西方哲学的难题，实现了哲学的革命。实践作为一种合规律性与合目的性相统一的人类社会活动，就是一个从此岸走向彼岸、从事实走向价值、从经验走向理念的主体性活动，是通过对"实有"的物质性否定走向对"应有"的物质性肯定的过程，其内在蕴含着马克思主义的科学性和价值性的统一，实现了"真"和"善"的实践性统一。

马克思主义的实践性，决定了中国共产党人必须通过发扬斗争精神做到知行合一，适应国内外形势新变化，顺应人民新期待，大胆探索，勇于开拓，积极吸收和借鉴人类社会创造的一切文明成果，坚决破除一切妨碍科学发展的思想观念和体制机制弊端，在理论和实践相统一的基础上不断进行理论创新和实践创新，在理论创新和实践创新的互动中不断开辟中国特色社会主义事业新局面。

马克思主义的批判革命品质内在蕴含斗争精神

马克思主义具有在实践中不断自我更新、自我完善的理论品质，也就是说，马克思主义是发展的，马克思主义的一些具体结论要以时间、地点、条件为转移，随着时代和实践的发展变化用符合新的实际的结论取代旧的过时的结论。马克思主义哲学是马克思主义全部理论的基础，马克思主义哲学的本质特征是实践性和在实践基础上的科学性和革命性的统一。实践性决定了马克思主义必然随着人类社会的发展、科学技术的进步而不断发展，实践性也决定了马克思主义哲学的科学性和革命性。

唯物辩证法的革命性和批判性要求马克思主义必须保持开放性的理论品格。马克思主义哲学的革命性在于它不把任何现存事物看成是永恒的、神圣的、不可侵犯的东西，不对任何迷信和谬误让步。马克思指出："辩证法，在其神秘形式上，成了德国的时髦东西，因为它似乎使现存事物显得光彩。辩证法，在其合理形态上，引起资产阶级及其夸夸其谈的代言人的恼怒和恐怖，因为辩证法在对现存事物的肯定的理解中同时包含对现存事物的否定的理解，即对现存事物的必然灭亡的理解；辩证法对每一种既成的形式都是从不断的运动中，因而也是从它的暂时性方面去理解；辩证法不崇拜任何东西，按其本质来说，它是批判的和革命的。"这段话精辟地阐明了马克思主义唯物辩证法的批判性和革命性的本质。

唯物辩证法的本质是革命的和批判的，革命性、批判性是马克思主义与时俱进的内在动力。因为这种革命性和批判性不仅仅是针对别的理论或别的事物的，而且还是指向自身的，要求马克思主义理论自身也要接受现实的批判和实践的检验，保持开放性，不断与时俱进，随着实践的发展而不断发展。这样的马克思主义理论和其指导下的实践的辩证发展，是人从人的现实到人的本质的必由之路，也是人从必然王国到自由王国的必由之路。

唯物辩证法的革命性、批判性有其特有的逻辑思路，这种思路不是旧有模式的简单重复，而是在更高层次上实现事物的发展。这就要求对于唯物辩证法本身所具有的扬弃特质予以足够充分的认知，何时扬弃、怎样扬弃将成为决定事物发展方向的重要因素。马克思充分阐释了社会形态发展所需要的关键条件：生产力发展到足够高的程度，人的交往成为足够全面的交往。与此同时，马克思指出无产阶级需要通过革命来争取彼此之间的真正自由的联合，并且随着现实的革命的发生，马克思在不断对革命的具体方式进行深刻的思考与完善，这也充分证明了无产阶级革命的理论是一个不断发展着的理论，是会随着革命的现实而不断完善的理论。正是因为我们坚持和发展了马克思主义，形成和确立了正确的思想路线，将马克思主义基本原理与中国具体实践相结合，不断探索和创新，才为改革开放提供了体现时代性、把握规律性、富于创造性的理论指导。

世界发展永无止境，矛盾和问题永无止境，解决问题和矛盾的斗争实践也永无止境。因此，各级领导干部要保持和发扬斗争精神，在自我革命的思想领域要始终坚持真理、修正错误，在社会革命的实践领域要勇于变革、勇于创新，永不僵化、永不停滞，不为任何风险所惧，不被任何干扰所惑，在深入研究新情况、不断解决新问题的实践中努力开创各项工作新局面。正如习近平总书记所指出的，社会是在矛盾运动中前进的，有矛盾就会有斗争。领导干部不论在哪个岗位、担任什么职务，都要勇于担当、攻坚克难，既当指挥员、又当战斗员，培养和保持顽强的斗争精神、坚韧的斗争意志、高超的斗争本领，要做敢于斗争、善于斗争的战士。

五、创造新的更大奇迹必须永葆斗争精神 *

在注定不平凡的 2019 年，"斗争精神"成为全党、全军和全国人民高度关注的一个词。1 月 21 日，习近平总书记在省部级主要领导干部坚持底线思维着力防范化解重大风险专题研讨班开班式上强调，防范化解重大风险，需要有充沛顽强的斗争精神。领导干部要敢于担当、敢于斗争，保持斗争精神、增强斗争本领，年轻干部要到重大斗争中去真刀真枪干。各级领导班子和领导干部要加强斗争历练，增强斗争本领，永葆斗争精神，以"踏平坎坷成大道，斗罢艰险又出发"的顽强意志，应对好每一场重大风险挑战，切实把改革发展稳定各项工作做实做好。在党和国家发展的关键时期深刻阐明、特别强调斗争精神，是习近平总书记对全党的一次再动员、再号召，是对领导干部投身具有许多新的历史特点的伟大斗争提出的明确要求、时代呼唤，为在新时代防范化解重大风险、进行伟大斗争提供了重要遵循，是创造中华民族新的更大奇迹、让世界刮目相看的更大奇迹的必然要求。

发扬斗争精神是人类社会进步的必然要求

矛盾无处不在、无时不有，人类社会是在矛盾运动中前进的，有矛盾就会有斗争。马克思早就指出，无产阶级革命"不能从过去，而只能从未来汲

---

* 朱继东，中国社会科学院国家文化安全与意识形态建设研究中心副主任兼秘书长、中国社会科学院马克思主义研究院研究员、中国历史唯物主义学会秘书长。

取自己的诗情。它在破除一切对过去的事物的迷信以前，是不能开始实现自身的任务的"。马克思毕生使命就是为全人类解放而斗争，为了实现人的自由全面发展而斗争，他是伟大的共产主义战士。恩格斯评价"马克思首先是一个革命家"，强调"斗争是他的生命要素。很少有人像他那样满腔热情、坚韧不拔和卓有成效地进行斗争"。

马克思主义是指引全世界劳动人民为实现共产主义理想而进行斗争的理论武器和行动指南，其最鲜明的特点就是科学性与革命性的统一，这正是源于辩证唯物主义和历史唯物主义的科学世界观和方法论。《共产党宣言》至少有 32 处用到了"斗争"一词，全篇充满了昂扬的革命斗志、伟大的斗争精神，是一部伟大斗争的宣言书。正如习近平总书记所指出的，"马克思的一生，是为推翻旧世界、建立新世界而不息战斗的一生"。我们党作为马克思主义政党，鲜明的阶级立场、坚定的革命意志、伟大的斗争精神是马克思主义者永远的宝贵品格。

"事者，生于虑，成于务，失于傲。"斗争精神也是中华民族的宝贵精神财富之一。"和合"理念深植于中华民族文化之中，这种理念同斗争精神并不矛盾，而是和谐统一、相互促进的。如果一味只讲"和合"、回避斗争、不敢斗争，就无法实现真正的"和合"。自强不息的民族精神最重要的内核、最直接的体现也是斗争精神，敢于斗争、善于斗争才能实现真正的"和合"。无数事实表明，和谐稳定从来不是无条件的，往往是在斗争中争取来的。单纯强调和，而回避斗争、不敢斗争，丢掉斗争精神，甚至将斗争精神视为"左"，问题只会越积越多、矛盾越来越尖锐。当然，发扬斗争精神绝不是逞强好斗、好勇斗狠，而是在坚定信仰、坚持原则、坚守底线的基础上扶正祛邪、惩恶扬善，切实维护党、国家和人民利益。

斗争精神是党的鲜明政治品格和优良革命传统

"为有牺牲多壮志，敢教日月换新天。"敢于斗争、善于斗争，是中国共产党人鲜明的政治品格和优良的革命传统。

我们党的历史就是一部敢于斗争、善于斗争的革命史，近百年来，我们党团结带领人民进行了艰苦卓绝的斗争，实现了从封建专制向人民民主的伟大飞跃，在伟大斗争中开始了社会主义革命和建设的伟大征程。特别是新中国成立70年来，我们党团结带领人民发扬斗争精神，完成社会主义革命，确立社会主义基本制度，推进社会主义建设，实现了中华民族有史以来最为广泛而深刻的社会变革，为当代中国一切发展进步奠定了根本政治前提和制度基础，实现了中华民族由近代不断衰落到根本扭转命运、持续走向繁荣富强的伟大飞跃。新时代，我们更是在进行具有许多新的历史特点的伟大斗争中迎来了从站起来、富起来到强起来的伟大转变。

在革命战争年代，我们党的主要任务是为谋求民族独立、人民解放和国家富强、人民幸福而斗争，阶级斗争是主要内容，武装斗争是主要形式。以毛泽东同志为主要代表的中国共产党人团结带领人民，找到了一条以农村包围城市、武装夺取政权的正确革命道路，进行了28年浴血奋战，通过革命斗争推翻了帝国主义、封建主义、官僚资本主义三座大山，打败了帝国主义侵略，推翻国民党反动派统治，建立了中华人民共和国，真正实现民族独立、人民解放、国家统一、社会稳定。

在社会主义革命、建设时期，以毛泽东同志为主要代表的中国共产党人在建设社会主义的伟大斗争中开启了新的伟大征程，从"以苏为师"到"以苏为鉴"，在以美国为首的西方资本主义阵营封锁和苏联撕毁合作协议的艰难条件下，团结带领全党、全军和全国各族人民，不仅以敢为人先的斗争精神完成了社会主义改造，而且以抗美援朝的伟大胜利、"两弹一星"的研制成功等，让中国人民扬眉吐气地站起来，建设一个赢得世界尊重、具有自身特色的社会主义新中国。我们党向全世界证明，中国共产党不但善于打破一个旧世界，而且善于建设一个新世界。

在改革开放进程中，我们党不仅以开拓精神推出一系列改革举措，在解放思想中一步步扩大对外开放，而且坚决与资产阶级自由化、帝国主义对中国的和平演变进行斗争，确保了党不变质、红色江山不变色。特别是党的十八大以来，以习近平同志为核心的党中央以开天辟地、敢为人先的精神扎实推进实践创新、理论创新，尤其是习近平总书记以上率下、敢于担当，勇于面对党面临的重大风险考验和党内存在的突出问题，恢复和发扬光大党的群众路线、实事求是光荣传统，以顽强意志品质正风肃纪、反腐惩恶，消除了党和国家内部存在的严重隐患，党内政治生活气象更新，党内政治生态明显好转，党在革命性锻造中更加坚强，为党和国家事业发展提供了坚强政治保证，推动中国特色社会主义进入了新时代。

进行伟大斗争要求我们必须永葆斗争精神

党的十八大以来，习近平总书记多次强调进行伟大斗争，发扬斗争精神，提高斗争本领。这是针对新时代一系列国际国内重大挑战提出的，这个斗争是具有许多新的历史特点的伟大斗争。

强调斗争就是警示全党，发展和完善中国特色社会主义是一项长期的艰巨的历史任务，我们党要团结带领人民有效应对重大挑战、抵御重大风险、克服重大阻力、解决重大矛盾，就必须努力进行具有许多新的历史特点的伟大斗争。我们必须充分认识伟大斗争的长期性、复杂性、艰巨性，坚决反对和摒弃任何贪图享受、消极懈怠、回避矛盾的思想和行为，时刻做好斗争准备、始终保持斗争精神、努力提高斗争本领，在事关党和国家前途命运的大是大非问题上头脑清醒、立场坚定，在意识形态领域斗争中敢于亮剑、善于斗争，在维护党和国家利益的斗争中毫不妥协、不怕牺牲，在改革发展稳定工作中攻坚克难、夺取更大胜利，坚决反对一切削弱、歪曲、否定党的领导和我国社会主义制度的言行，坚决反对一切损害人民利益、脱离群众的行为，破除顽瘴痼疾，战胜困难挑战，以大无畏的革命精神努力夺取新时代伟大斗争的新胜利。

没有斗争，就没有胜利。无论是当年与国民党反动派、日本帝国主义进行艰苦卓绝的斗争，还是新中国成立后在一穷二白的基础上使一个日益强大的社会主义中国屹立于世界东方，或是在进行具有许多新的历史特点的伟大斗争中推动中国特色社会主义进入新时代，中国共产党人一直牢记革命传统、保持斗争精神，努力做到敢于斗争、善于斗争、勇于胜利。斗争精神是我们党最宝贵的精神财富。新时代坚持和发展中国特色社会主义是一场伟大社会革命，我们必须清醒地认识摆在我们党面前错综复杂的重大挑战、重大风险、重大阻力、重大矛盾，勇于进行具有许多新的历史特点的伟大斗争，我们必须永葆斗争精神、增强斗争本领。

人在事上练，刀在石上磨。今天，我们比历史上任何时期都更接近、更有信心和能力实现中华民族伟大复兴的目标。伟大梦想不是等得来的，而是拼出来、干出来的。我们现在所处的，是一个船到中流浪更急、人到半山路更陡的时候，是一个愈进愈难、愈进愈险而又不进则退、非进不可的时候。我们必须深刻认识到，改革开放已走过千山万水，但仍需跋山涉水，摆在全党、全军和全国各族人民面前的使命更光荣、任务更艰巨、挑战更严峻、工作更伟大。新时代，不仅国内多个领域斗争依然复杂，在国际上也面临诸多考验，要应对国际国内一系列重大挑战，防范化解重大风险，我们必须增强忧患意识，勇于直面问题、正视困难，发扬共产党人一不怕苦、二不怕死的精神，提高斗争本领、讲究斗争艺术，既敢于斗争又善于斗争，统揽"四个伟大"，在彻底解决一系列问题的伟大斗争中创造新的更大奇迹。

六、以政治建设为统领　认真履行监督职责 *

　　中共中央印发的《关于加强党的政治建设的意见》（以下简称《意见》），对加强党的政治建设提出具体要求，也为做好新时代纪检监察工作提供了根本遵循。党的十八大以来，反腐败斗争取得压倒性胜利的根本原因是始终以党的政治建设为统领，坚持党对一切工作的领导。认真履行监督职责，进一步巩固发展反腐败斗争压倒性胜利，开启新时代纪检监察工作新局面，是纪检监察工作者必须思考和解决的重大政治课题。习近平总书记强调，"广大纪检监察干部要经得起磨砺、顶得住压力、打得了硬仗。要发扬光荣传统，讲政治、练内功、提素质、强本领，成为立场坚定、意志坚强、行动坚决的表率"。

立场坚定，根本在坚定政治信仰

　　《意见》指出，加强党的政治建设，必须坚持马克思主义指导地位，坚持用习近平新时代中国特色社会主义思想武装全党、教育人民，夯实思想根基，牢记初心使命，凝聚同心共筑中国梦的磅礴力量。加强党的政治建设，目的是坚定政治信仰，强化政治领导，提高政治能力，净化政治生态，实现全党团结统一、行动一致。纪检监察工作是政治工作，纪检监察干部的政治

---

　　* 吴星辰，天津市社会主义学院统一战线理论研究中心执行主任，副教授；连栋：天津市纪委监委驻市委统战部纪检监察组三级调研员。

信仰决定纪检监察工作的质效。习近平总书记强调，要强化理论武装，坚定理想信念，补好精神之"钙"，否则容易得"软骨病"。理论武装越彻底，理想信念就越坚定，坚持党的政治路线就越自觉，贯彻党的政治主张就越有力。推动新时代纪检监察工作高质量发展不是抽象的，而是要落实到具体行动上、体现到实际效果上，用行动和效果来检验信仰，用信仰立根固本。

纪检监察战线要真正成为立场坚定的表率，根本在坚定政治信仰，必须始终加强政治历练和政治修养，始终坚持党的领导，始终坚定崇高政治理想，始终坚持全面提高政治觉悟和政治能力，始终在政治立场、政治方向、政治原则、政治道路上同以习近平同志为核心的党中央保持高度一致，始终严明政治纪律和政治规矩，严守纪检监察工作纪律，真正做到有令必行、有禁必止，以统一的意志、坚决的行动履行好党和人民赋予的职责使命。坚持理论上自觉，坚持学习中实践，着力在学懂弄通做实上用心用力，铸牢坚守信仰的铜墙铁壁，锻造新时代纪检监察铁军。

意志坚强，关键在以自我革命推动社会革命

《意见》指出，发扬革命文化，传承红色基因，弘扬革命精神，教育党员干部正确处理公和私、义和利、是和非、正和邪、苦和乐的关系。习近平总书记在学习贯彻党的十九大精神研讨班开班式上强调："新时代中国特色社会主义是我们党领导人民进行伟大社会革命的成果，也是我们党领导人民进行伟大社会革命的继续，必须一以贯之进行下去。""要把新时代坚持和发展中国特色社会主义这场伟大社会革命进行好，我们党必须勇于进行自我革命，把党建设得更加坚强有力。"这些重要论述，进一步深化了对共产党执政规律、社会主义建设规律、人类社会发展规律的认识，对于进一步加强党的政治建设，持续巩固发展反腐败斗争压倒性胜利具有重大意义。事实证明，勇于自我革命是熔铸在中国共产党人血脉里的政治基因，是我们党永葆先进性和纯洁性的制胜法宝。

勇于自我革命，是我们党最鲜明的品格。纪检监察战线要真正成为意志

坚强的表率，关键在不断提升自我革命本领，以自我革命推动社会革命。提升自我革命的本领没有捷径，必须勤于学习、善于思考、勇于实践、敢于反省，同一切影响党的先进性、弱化党的纯洁性的问题坚决作斗争，关键是勇于直面自身不足与问题，以自我革命精神锻造和锤炼自己，不断实现自我净化、自我完善、自我革新、自我提高。在始终不忘党的性质宗旨的前提下，不断增强政治思维、辩证思维、创新思维、历史思维、底线思维，不断培养善于发现问题的锐利判断力、深刻洞察问题的思维辨别力、透过现象发现本质的缜密分析力，敢于直面自身存在的问题，运用马克思主义理论与方法不断提升自我革命的本领，在常学常新中加强理论修养，在知行合一中主动担当作为，不断解决实际问题，推动社会革命，勇做新时代党和人民的忠诚卫士。

行动坚决，首要在一以贯之践行"两个维护"

《意见》指出，事在四方，要在中央。坚决维护党中央权威和集中统一领导，最关键的是坚决维护习近平总书记党中央的核心、全党的核心地位。要教育引导党员干部从历史和现实、理论和实践、国内和国际的结合上深刻认识、强化认同，不断增强拥护核心、跟随核心、捍卫核心的思想自觉政治自觉行动自觉，始终同以习近平同志为核心的党中央保持高度一致，做到党中央提倡的坚决响应、党中央决定的坚决执行、党中央禁止的坚决不做。习近平总书记在十九届中央纪委三次全会上强调，增强"四个意识"、坚定"四个自信"、做到"两个维护"，是具体的不是抽象的，领导干部特别是高级干部必须从知行合一的角度审视自己、要求自己、检查自己。赵乐际同志在天津调研时强调，要认真落实中央纪委三次全会部署，一以贯之学习贯彻习近平新时代中国特色社会主义思想和党的十九大精神，一以贯之坚决做到"两个维护"，一以贯之贯彻全面从严治党方针和要求，保持战略定力，坚持稳中求进，坚持实事求是，坚持依规依纪依法，切实把正风肃纪反腐各项任务一抓到底、落地见效，为决胜全面建成小康社会提供坚强保障。

纪检监察战线要真正做行动坚决的表率，一以贯之践行"两个维护"。首要之举，就是用习近平新时代中国特色社会主义思想武装头脑，夯实"两个维护"的思想根基，广大纪检监察干部要着力解决好真学、真信、真用的问题，要"真学深学"，真正做到学深悟透、融会贯通；要"真信笃信"，做到虔诚而执着、至信而深厚；要"真用善用"，做到知行合一、践行笃行。真正把习近平新时代中国特色社会主义思想作为指引纪检监察工作的思想之旗，作为凝聚广大纪检监察干部勠力同心、奋勇前进的精神之魂。强化"两个维护"的行动自觉，把使命担当，体现在维护能力和维护效果上。把握"两个维护"的实践要求，切实在监督落实党的路线方针政策、党中央重大决策部署中发挥职能作用。提高"两个维护"的政治能力，紧盯重点领域、关键岗位，加大反腐力度，坚决抵制各种错误思想、错误观点、错误言论，坚决同破坏党的政治纪律和政治规矩的行为作斗争，克服一团和气，杜绝好人主义，真正当好党的政治建设的实践者、维护者、推动者。

七、用习近平新时代中国特色社会主义思想武装头脑在新起点上把国家监察体制改革推向前进*

深化国家监察体制改革，是以习近平同志为核心的党中央作出的重大决策部署，是事关全局、影响深远的重大政治体制改革，是新时代健全党和国家监督体系的重大战略举措。只有把习近平新时代中国特色社会主义思想学深悟透，才能搞清为什么改、怎么改、改成什么样，才能在新起点上继续深化国家监察体制改革。

深刻领会以习近平同志为核心的党中央深化国家监察体制改革的重大意义

坚持和加强党对反腐败工作的集中统一领导，是深化国家监察体制改革的根本目的。党的领导是中国特色社会主义最本质的特征，是中国特色社会主义制度的最大优势，是党和国家事业不断发展的"定海神针"。党管干部是坚持党的领导的必然要求和具体体现，是根本的政治原则，各级党组织既要选拔任用干部，更要管理监督干部。坚持和加强党对反腐败工作的领导，是落实党管干部原则的重要举措。深化国家监察体制改革，就是要整合行政监察部门、预防腐败机构和检察机关反腐败相关职责，重新组建与纪委合署办公的监察委员会，作为专门反腐败工作机构，通过组织和制度创新，把反腐败斗争的领导权牢牢掌握在党的手里，加强对所有行使公权力的公职人员

---

* 马森述，中央纪委国家监委法规室主任。

的监督，巩固发展反腐败斗争压倒性胜利，保证党中央大政方针贯彻落实，维护中国最广大人民的根本利益。

健全党和国家监督体系，探索党长期执政条件下强化自我监督的有效途径。我们党全面领导、长期执政，面临的最大挑战是权力能否得到有效监督、能否防止领导干部受到腐蚀。党的十八届六中全会总结党内监督理论和实践创新成果，制定了党内监督条例，确立了党内监督全覆盖的格局。在强化党内监督的同时，党中央作出深化国家监察体制改革重大决策部署，这是立足中国国情、扎根中国文化，对权力运行制约和监督体系的创新，实现了党内监督和国家监察全覆盖，旨在探索出一条党长期执政条件下强化自我监督、实现自我净化的有效路径，不断坚定"四个自信"。通过纪委监委合署办公，形成对全体党员和所有行使公权力的公职人员监督全覆盖的体制机制，让纪检、监察两项职责同向发力、优势互补，推动构建党统一指挥、全面覆盖、权威高效的监督体系，不断深化标本兼治，永葆党的先进性纯洁性，确保党和国家长治久安。

构建集中统一、权威高效的国家监察体系，推进国家治理体系和治理能力现代化。所有行使公权力的公职人员，其权力都由党和人民赋予，都要受党和人民监督。国家监察体制改革前，行政监察主要限于对行政机关及其工作人员的监督，监察范围过窄，存在监督空白；党的纪律检查机关和检察机关在查处职务犯罪中，存在着力量分散、职责交叉、职能重叠等问题。党中央坚持使命引领和问题导向相结合，坚持改革决策和立法决策相统一，坚持依规治党和依法治国相一致，在宪法修正案中确立监察委员会作为国家机构的法律地位，同时制定监察法，补上了反腐败国家专责机关和反腐败国家立法不完备的短板。依法将所有行使公权力的公职人员纳入监察范围；赋予监察机关必要的调查权限和手段，强调运用这些手段必须经过非常严格的审批，用留置取代"两规"，解决了长期想破解而未破解的法治难题；创制政务处分，弥补了纪、法中间的空白地带，既调查职务犯罪行为，又查处职务违法行为；规范工作流程，形成监察委员会调查、检察院起诉、法院审判的体制机制，使各环节相互衔接、相互制衡，进一步提升反腐败斗争法治化水平。

深化国家监察体制改革取得的成效

国家监察体制改革作为一项重大政治体制改革，始终由党中央领导、谋划、部署和推动。改革以来，各方面增强"四个意识"、坚定"四个自信"、做到"两个维护"，坚决贯彻落实党中央决策部署，服从服务大局，这么短的时间内将党中央确定的改革蓝图转化为具体生动的实践，充分证明党中央有权威、我们党有力量。改革历经三省市试点探索、试点工作在全国推开、国家监察体系总体框架初步建立三个阶段，取得了重大阶段性成果。

第一，加强了党对反腐败工作的集中统一领导。通过改革，从组织形式、职能定位、决策程序上将党对反腐败工作的统一领导具体体现出来，实现了全过程领导，各级党委全面从严治党政治责任进一步强化，党领导的反腐败工作体系更加科学完备。

第二，构建了集中统一、权威高效的监察体系。攥指成拳，整合反腐败工作力量，完成国家监委和省市县三级监委组建，建立起党统一领导下的国家反腐败机构。将监察对象扩展到所有行使公权力的公职人员。纪委监委统一设立、全面派驻纪检监察组，履行纪检、监察两项职责，分类施策推进监察职能向国有企业、金融企业、高校延伸，进一步落实了监督全覆盖要求。

第三，促进了机构、职能、人员的全面融合。纪委监委合署办公，共同设立内设机构，统筹人员调配使用，力量配备向监督检查和审查调查一线倾斜。以"形"的重塑、"神"的重铸为目标，加强思想政治工作，分层分批开展有针对性的学习培训，传承好传统、好经验、好作风，促进思想、理念、感情、工作深度融合，实现了全面融合和战略性重塑。

第四，建立了纪法贯通、法法衔接的工作机制。充分发挥合署办公优势，既坚持纪严于法、纪在法前，又注重纪法贯通、法法衔接，做到纪法双施双守。坚持"先立后破、不立不破"，在监察法颁布实施后，陆续出台了案件管辖、立案程序、审查调查措施使用、证据规范、审理流程、政务处分等20余项制度，确保各项工作在规范化、法治化轨道上运行。

第五，保持和强化了惩治腐败高压态势。各级纪委监委迅速依规依纪依法开展工作，深化运用"四种形态"，精准有效开展监督执纪问责和监督调查处置，持续强化不敢、知止的氛围，实现了减存量、遏增量全面推进，确保了反腐败斗争力度不减、节奏不变。以实践证明，全面从严治党永远在路上、反腐败斗争永远在路上。

第六，强化了纪检监察机关自我监督。践行"打铁必须自身硬"的要求，坚持刀刃向内，强化自我监督。党中央给纪检监察机关定制度、立规矩，制定《中国共产党纪律检查机关监督执纪工作规则》，健全内控机制。中央纪委牢固树立"四个意识"，坚决贯彻落实党中央要求，研究制定监察机关监督执法工作规定，完善执法程序。实行监督检查和审查调查职能分开、部门分设，把自身最重要的权力关进制度的笼子。经常打扫庭院、清理门户，对反映纪检监察干部的问题线索认真核查，对违纪违法的坚决查处、失职失责的严肃问责，坚决防止"灯下黑"。

新起点上深化国家监察体制改革面临的形势和任务

党的十八大以来，我们取得了反腐败斗争压倒性胜利，但反腐败斗争还没有取得彻底胜利。当前，反腐败斗争形势依然严峻复杂，呈现出新的阶段性特征，党内政治生态整体向上向好与局部问题突出并存，反腐败斗争成效显著与削减存量、遏制增量任务艰巨并存，整治群众身边腐败问题力度不断加大与基层腐败仍然量大面广并存，全面从严治党深入人心与党内外仍存在一些模糊认识并存。在新时代新起点上深化国家监察体制改革，必须以习近平新时代中国特色社会主义思想为指导，深入贯彻落实党的十九大精神和党中央各项决策部署，深入贯彻落实十九届中央纪委二次、三次全会精神，忠实履行党章和宪法赋予的职责，坚持稳中求进的工作总基调，持续加大改革创新力度。

第一，以习近平新时代中国特色社会主义思想为指导，贯彻落实党的十九大全面从严治党战略部署。要坚持用习近平新时代中国特色社会主义思想武装头脑，深刻领会习近平总书记关于全面深化改革、国家监察体制改革的重要思想，把蕴含的认识论、方法论运用到改革实践中。要切实担负起"两个维护"政治责任，确保党的路线方针政策和党中央重大决策部署落地见效。要坚决落实新时代党的建设总要求，优质高效做好深化国家监察体制改革、健全党和国家监督体系各项工作。

第二，坚持改革正确政治方向，推动落实全面从严治党主体责任。加强党的领导，特别是加强党中央集中统一领导，是深化改革的目的，也是检验成效的标准。各级党委要担负起全面从严治党主体责任，党委书记要继续当好深化改革的"施工队长"，做实党对反腐败工作的全过程领导。推进各级党委反腐败协调小组改革，充分发挥其在党委领导反腐败工作过程中，落实主体责任、横向协调各个单位和部门的作用。各级纪委监委要履行好监督责任和协助职责，协助党委推动管党治党责任全面覆盖、层层落实。

第三，把制度优势转化为治理效能，一体推进不敢腐、不能腐、不想腐。要坚持纪严于法、纪在法前，聚焦监督第一职责，强化政治监督，做实做细日常监督，惩前毖后、治病救人。要坚持纪法贯通、一体运行，推进纪检监察机关内部工作流程再造，健全统一决策、一体运行的工作机制。要坚持法法衔接、形成合力，加强监察机关与检察机关、审判机关、公安机关、应急管理部门、外交部门等在线索移交、调查措施使用、案件移送、追逃追赃等方面的协调衔接，深化反腐败国际合作。

第四，创新纪检监察体制机制，健全和完善监督体系。要进一步完善上级纪委监委对下级纪委监委的领导，在坚持各级纪委书记、副书记的提名和考察以上级纪委会同组织部门为主的基础上，落实查办案件以上级纪委监委领导为主的要求。要落实《关于深化中央纪委国家监委派驻机构改革的意见》，完善派驻监督体制机制，发挥派驻机构监察职能。推进日常监督同信访举报、巡视巡察、派驻监督协调衔接，把纪委监委监督与其他监督结合起来。

第五，加强配套党内法规和国家法律建设，提高反腐败工作法治化水平。要加强反腐倡廉党内法规建设，研究制定"纪检监察机关处理检举控告工作规则""中央纪委国家监委派驻机构工作规则和考核办法"等，扎紧制度笼子。要抓紧修改与宪法、监察法不一致、不协调的法律法规，维护法制统一。要完善监察法律体系，研究制定"政务处分法""监察官法"等配套法律法规，将监察法中原则性、概括性的规定具体化。

第六，按照政治过硬、本领高强要求，从严从实加强纪检监察队伍建设。纪检监察机关是党和国家监督专责机关，肩负着习近平总书记和党中央关于走出一条中国特色的自我监督道路的重任，责任重大、使命光荣。要始终牢记习近平总书记对纪检监察机关的要求，带头加强机关党的政治建设，增强"四个意识"、坚定"四个自信"、做到"两个维护"，自觉接受党委监督，以及人大监督、民主监督、社会监督、舆论监督等其他监督，强化自我监督，依规依纪依法履行职责，打造忠诚坚定、担当尽责、遵纪守法、清正廉洁的纪检监察铁军。

八、深化政治巡视　助推改革开放[*]

　　1978 年党的十一届三中全会以来，中国共产党以巨大的政治勇气，锐意推进经济体制、政治体制、文化体制、社会体制和党的建设制度改革，不断扩大开放，领导中国人民进行了波澜壮阔的改革开放新实践，开创和发展了中国特色社会主义，取得了举世瞩目巨大根本性成就。中国人民从站起来走向富起来、强起来，中华民族走向伟大复兴。在党领导的改革开放宏大征程中，党中央把巡视作为党内监督的战略性制度安排，深入推进巡视工作理论创新、实践创新、制度创新，不断赋予巡视制度新的活力，探索了一条实现党自我净化的有效途径，彰显了中国特色社会主义民主监督制度优势。党的十八大以来，中央深化政治巡视，巡视以习近平新时代中国特色社会主义思想为指导，把坚决维护习近平总书记核心地位，坚决维护党中央权威和集中统一领导作为根本政治任务，坚持"发现问题、形成震慑，推动改革、促进发展"的方针，围绕党的政治建设、思想建设、组织建设、作风建设、纪律建设，夺取反腐败斗争压倒性胜利开展巡视监督，加强对巡视整改情况的监督检查，为坚持和加强党的全面领导、加强党的建设、全面从严治党提供有力支持，为改革开放提供坚强政治保障。

＊　宁延令，中央第八巡视组组长。

聚焦坚持和加强党的全面领导，查找政治偏差，督促整改，保证改革开放持续推进

我国改革开放 40 多年来的根本性成就，是党领导人民在改革开放实践中创立了中国特色社会主义。中国特色社会主义最本质的特征是中国共产党领导，坚持和加强党的全面领导，改革开放就会不断深入、不断开创新局面。党的十八大以来，按照党中央的统一部署，中央巡视组忠诚履行党章赋予的职责，不断深化政治巡视，坚定政治方向、坚持问题导向、坚守价值取向，始终聚焦坚持和加强党的全面领导开展巡视监督，发现问题，查找政治偏差，督促整改、推动改革、促进发展，确保改革开放坚持正确方向，持续向前推进。

把坚持党的领导作为根本目的，把加强党的建设作为根本途径，以"四个意识"为政治标杆，以党章党规党纪为尺子，着力发现被巡视党组织在党的领导、党的建设方面存在的政治偏差和问题，督促整改，确保坚持改革开放不动摇。巡视紧盯被巡视党组织在党的领导、党的建设方面是否存在问题，着重看被巡视党组织是否坚持和加强党的全面领导，是否重视党的建设。看党员领导干部理想信念是否坚定，对党是否忠诚。巡视组坚持把政治纪律和政治规矩摆在首位，对照"七个有之"和"五个必须"，着力查找被巡视党组织和党员领导干部在政治忠诚、政治担当、政治生态等方面存在的深层次问题。巡视发现，有的被巡视党组织党的领导弱化，"四个意识"不够强，领导全面工作乏力；有的党员领导干部"四个自信"不够坚定，政治担当不足；有的地方和领域政治生态不良，圈子文化、好人主义盛行，等等。巡视发现，有的被巡视党组织党的建设缺失，重业务、轻党建，有的基层党组织政治功能弱化，有的党员组织观念淡薄、长期"失联"。督促被巡视党组织坚持和加强党的全面领导，增强"四个意识"，坚定"四个自信"，坚持改革开放正确方向；督促被巡视党组织加强理想信念宗旨教育，加强党对意识形态工作的领导，带领党员干部旗帜鲜明地同各种错误思潮作斗争；督促被巡视党组织和党员干部严守政治纪律和政治规矩，严肃党内政治生

活，净化党内政治生态。督促被巡视党组织加强党的建设，强化基层党组织政治功能，夯实党执政的政治基础。督促被巡视党组织紧密结合本地区、本单位、本部门工作实际，统筹推进"五位一体"总体布局，协调推进"四个全面"战略布局，持续推进改革开放，推动被巡视党组织带领党员干部群众坚持改革开放不动摇，坚持走中国特色社会主义道路不动摇。

把"两个维护"作为巡视监督的根本政治任务，着力发现被巡视党组织在"两个维护"方面存在的政治偏差和问题，督促整改，推动开创改革开放新局面。巡视紧盯被巡视党组织在"两个维护"方面是否存在问题，着重看被巡视党组织是否在思想上政治上行动上坚决维护习近平总书记核心地位、维护党中央权威和集中统一领导，是否紧密结合实际坚决贯彻落实习近平新时代中国特色社会主义思想，是否坚决贯彻落实习近平总书记对本地区、本单位、本部门工作的重要指示批示，是否坚持贯彻落实中央重大决策部署。巡视发现，有的被巡视地方党组织学习贯彻习近平新时代中国特色社会主义思想不够系统、结合实际不够紧密；有的被巡视党组织贯彻落实习近平总书记精准扶贫重要指示不到位，推进扶贫低保"两线合一"工作缓慢，等等。督促被巡视党组织提高政治站位，增强政治和行动自觉，在政治立场、政治方向、政治原则、政治道路上同党中央保持高度一致，坚决落实"两个维护"，全面深入学习贯彻习近平新时代中国特色社会主义思想，全面贯彻落实习近平总书记对有关本地区、本单位、本部门工作的重要指示批示，全面贯彻落实中央重大决策部署，在学懂弄通做实上下功夫，在结合实际贯彻落实上下功夫，夯实改革开放各项工作，推动被巡视党组织带领党员干部群众不断开创中国特色社会主义建设新局面。

把贯彻落实党中央重大改革开放举措情况作为巡视监督的重要内容，注意发现贯彻落实中的问题，提出标本兼治的整改意见，推动改革开放不断深化。巡视监督始终把被巡视党组织贯彻落实党中央重大改革开放举措情况作为重要内容，巡视组组织专人对被巡视地方、单位和部门党组织贯彻落实中央相关重大改革举措情况进行详细了解，形成专题报告向有关部门报送。同时，结合巡视中发现的影响改革开放的典型问题，从体制机制制度等方面查找深层次原因，提出用深化改革的办法解决问题的意见建议。近些年，先后对涉及司法体制、金融监管体制、教育体制、中央企业领导班子管理体制、行政审批制度改革和做好"一带一路"相关工作等提出意见建议，推动解决了有的地方领导干部"一家两制"，中央单位"红顶中介"，国有企业"靠啥吃啥"，高校校办企业管理混乱等共性问题。

聚焦全面从严治党，查找政治偏差，督促整改，为改革开放营造良好环境

改革开放给古老的中华民族带来了新的发展机遇和活力。同时，中国共产党也面临着"四大考验""四大危险"。党中央坚定不移推进全面从严治党，把巡视纳入全面从严治党战略部署，作为全面从严治党重要手段，党的十八大后首次实现一届任期内全覆盖，彰显巡视利剑作用，为改革开放营造良好环境。

坚决贯彻落实中央全面从严治党要求，着力发现被巡视党组织全面从严治党的不力问题，夯实全面从严治党主体责任和监督责任。巡视紧紧围绕全面从严治党主体责任和监督责任贯彻落实情况加强监督，着重看被巡视党组织是否认真履行全面从严治党主体责任，是否建立健全相应的领导体制和工作机制，是否全面推进党的政治建设、思想建设、组织建设、作风建设、纪律建设，把制度建设贯穿其中；是否坚持原则、敢于碰硬，是否敢抓敢管、真抓真管，特别是党委（党组）书记作为第一责任人是否严格履行全面从严治党主体责任，是否严于律己、以上率下，带头执行党的六项纪律，带头落实中央八项规定及实施细则精神；看纪委（纪检组）是否认真履行监督责任，充分发挥政治"探照灯""显微镜"作用，是否全面履行监督执纪问责职责，把监督责任落到实处。巡视发现，有的地方和单位党组织存在履行全面从严治党主体责任意识不够强，领导体制、工作机制不够健全，层层传导压力不足，党风廉政建设和反腐败斗争力度不够大等问题。发现有的地方和单位纪委（纪检组）履行监督责任能力不够强，对群众反映强烈的一些腐败案件查办不够及时等问题。督促被巡视党组织和相关纪检监察机构坚持全面从严治

党，切实履行全面从严治党主体责任和监督责任，进一步健全领导体制和工作机制，全面部署管党治党工作，层层传导压力、层层抓实工作，坚持严字当头、全面从严、一严到底，坚持无禁区、全覆盖、零容忍，坚持重遏制、强高压、长震慑，坚持行贿受贿一起查，保持惩治腐败高压态势，为改革开放营造良好廉洁氛围。

紧盯"关键少数"和重点领域，着力发现党员领导干部违反党的六项纪律方面的问题线索，形成反对腐败的强大震慑力。巡视紧紧围绕党风廉政建设和反腐败斗争开展情况加强监督，紧盯被巡视党组织和党员领导干部是否存在违反党的六项纪律方面问题。巡视组突出工作重点，抓住工程建设、土地出租、教育科研经费管理、国有资产流失、不良金融信贷、行政执法、行政审批等重点领域的突出问题，紧盯被巡视党组织领导班子成员和下一级主要负责人，拓宽信访渠道，创新方式方法，深入了解情况，发现问题线索。巡视组注意从人民群众来信来电来访中了解情况，注意从网络舆情、社会热点问题中了解情况，注意从"点穴式""下沉式"调研中了解情况，还注意通过询问，从留置、在押人员中了解情况，深入发现了一批问题线索。巡视组及时向被巡视党组织和纪检监察机构移交相关问题线索，督促依纪依法严肃查处。一批问题线索经纪检监察机构和司法机关核查已成为惩治腐败大案，一批违纪违法领导干部受到党纪国法严惩，使纪律真正成为"带电的高压线"。巡视组及时揭露重点领域存在的突出问题，督促被巡视党组织专项治理，工程建设、土地出租等一些重点领域的突出问题得到解决，一些影响改革开放的不良风气得到纠正。

坚决贯彻落实中央八项规定精神，着力发现并督促被巡视党组织查处本地区、本单位、本部门违反中央八项规定及实施细则精神方面的典型问题，驰而不息反"四风"，为改革开放营造良好社会风气。巡视紧盯被巡视党组织是否存在"四风"方面的问题，围绕被巡视党组织贯彻落实中央八项规定及实施细则精神情况深入开展监督。巡视发现，一些被巡视地方、单位和部门领导干部超标准配备和使用办公用房、超标准公务接待、公款送礼，超标准配置和使用公车，以及收送红包、公款聚餐、公款旅游、滥发福利津贴、到私人会所奢靡享乐等问题比较突出。督促被巡视党组织立行立改，按照越往后执纪越严的要求，快查快结快处，刹住了多年禁而不绝的吃喝风，管住了收送红包礼金的手。巡视还发现一些地方领导干部为自身所谓"政绩"寅吃卯粮，大搞政绩工程、形象工程等问题，督促被巡视党组织坚决反对形式主义、官僚主义、享乐主义和奢靡之风，坚持不懈地抓，一个节点一个节点坚守，一个问题一个问题解决。一些地方和单位长期存在的"门难进、脸难看、事难办"的问题基本得到解决，改革开放的环境更加宽松、成效更加明显。

聚焦选人用人问题，查找政治偏差，督促整改，为改革开放汇集优秀干部和人才提供政治保证

党的干部是推进改革开放的中坚力量。巡视聚焦选人用人问题，督促被巡视党组织认真整改，为改革开放汇集优秀干部和各类人才畅通渠道，提供坚强政治保证。

注意发现被巡视党组织是否坚持党管干部原则，突出政治标准，严格按照党的干部工作原则、程序、纪律选拔干部。巡视紧紧围绕《党政领导干部选拔任用工作条例》贯彻落实情况加强监督。巡视发现，有的被巡视党组织主要负责人在选拔任用干部上搞"一言堂"，事先不与班子成员酝酿沟通；有的重用老乡、同学、熟人。有的被巡视党组织存在任用干部廉洁把关不严，事先不征求纪检监察机构意见等问题。督促被巡视党组织坚持党管干部原则，严格遵守《党政领导干部选拔任用工作条例》，严格政治标准，严把廉洁关，严格按组织程序选拔忠诚干净担当的优秀干部，为改革开放提供优秀干部支撑。

注意发现被巡视党组织及党员领导干部是否存在"带病提拔"、跑官要官、买官卖官、拉票贿选等问题。巡视组紧盯被巡视党组织选人用人是否存在风气不良的问题开展监督。巡视发现，有的被巡视地方政治生态不良，跑官要官、买官卖官盛行，"小圈子"问题突出，个别地方拉票贿选问题严重。有的领导干部不信组织信关系，热衷于投机钻营，为接近上级领导谋求晋升，不惜拿国家和人民利益做交易。巡视组及时将拉票贿选、买官卖官等问

题线索移交有管辖权的党组织和纪检监察机关严肃查处。督促被巡视党组织坚持党性原则，坚决同搞人身依附、投机钻营的行为作斗争，集中解决了一批违规用人、"带病提拔"、跑官要官、买官卖官、拉票贿选等问题，为改革开放需要的优秀干部和各类人才脱颖而出畅通渠道。

注意发现被巡视党组织在机构编制和干部管理、人才聚集方面是否存在突出问题。巡视紧盯党政机关和企事业单位机构编制、干部管理和人才聚集方面的漏洞和问题。巡视发现，有的被巡视地方"三超两乱"问题突出，有的被巡视单位干部档案造假问题严重，有的被巡视部门干部违规兼职问题比较普遍，个别地方和单位干部"裸官"问题突出，有的被巡视单位人才流失严重，群众反映强烈。巡视组将这些问题线索及时移交被巡视党组织，推动深入开展"三超两乱"、档案造假等问题专项治理，并举一反三，建立健全干部日常监督管理和约束机制制度。推动被巡视党组织加强党对人才工作的领导，进一步创新培养、用好和吸引人才的机制，让人才引得进、留得住、用得好，为改革开放增强内生动力。

注意发现被巡视地方和单位党员领导干部是否存在不担当、不作为问题。巡视紧盯被巡视地方和单位党员领导干部不担当、不作为问题开展监督。巡视发现，有的领导干部处理本地方意识形态领域突出问题不敢碰硬、能绕就绕，有的领导干部抓开放型试验区不力、推进缓慢，有的处理重大突发事件靠前指挥不够、关键时刻不担当，有的只揽权、不担责，有的推动发展敷衍了事，等等。巡视组将这些问题线索及时移交被巡视党组织，督促被巡视党组织加强干部作风建设，教育引导领导干部认真履行职责，严肃追究不担当、不作为领导干部责任，促进领导干部勇于担当、勇于负责，锐意改革开放。

聚焦贯彻落实以人民为中心的发展思想，查找政治偏差，督促整改，让人民群众有更多改革开放的获得感

党的十八大以来，中央巡视组始终注意发现人民群众反映强烈的突出问题，督促被巡视党组织全面贯彻落实以人民为中心的发展思想，推动查处群

众身边的腐败和干部作风问题，推动解决人民群众反映强烈、侵蚀党的执政基础的突出问题，让改革发展成果更多更公平地惠及全体人民。

注意发现被巡视党组织是否牢固树立全心全意为人民服务的宗旨，纠正政治偏差，推动解决人民群众反映强烈的突出问题。巡视紧盯被巡视党组织结合实际贯彻落实全心全意为人民服务宗旨方面是否存在问题。巡视组将被巡视党组织和党员领导干部是否坚守初心和使命，满足人民群众在就业、教育、医疗、社会保障、生态环境等方面的新需求，解决群众反映强烈的突出问题作为重要情况了解。巡视发现，有的被巡视地方党员领导干部对群众缺乏感情，有的领导干部解决群众反映强烈的教育、医疗、环保、征地拆迁、涉法涉诉等问题不作为、慢作为、乱作为，有的领导干部解决群众反映强烈的信访问题层层批转，久拖不决，个别领导干部甚至冷硬横推、压制群众。巡视组畅通信访渠道，对群众来信来电来访中反映的问题应收尽收，及时移交被巡视党组织处理。督促被巡视党组织和党员领导干部进一步强化宗旨意识，认真贯彻落实以人民为中心的发展思想，始终把人民放在心中最高位置，用深化改革的办法解决发展不平衡、不充分等方面的问题，下大力气从根本上解决人民群众反映强烈的突出问题，厚植党执政的群众基础。督促被巡视党组织对信访件要做到"事事有人管、件件有着落"，明确专人负责、及时办理、化解矛盾、解决问题，推动解决了一大批人民群众反映强烈的突出问题。

督促被巡视党组织严肃查处群众身边的腐败和作风方面的突出问题，切实维护人民群众利益。巡视紧盯发生在群众身边的腐败和作风方面的突出问题。巡视发现，一些地方扶贫领域的腐败问题突出，有的侵占挪用扶贫资金，有的在落实扶贫政策中优亲厚友等；一些地方黑恶势力欺压群众问题突出，有的基层干部充当黑恶势力"保护伞"；一些地方惠民政策落实中腐败问题突出，有的基层干部"小官巨贪"、吃拿卡要、克扣强占；有的基层干部作风漂浮、工作不实，在脱贫攻坚、打击黑恶势力、落实惠民政策等方面不担当、不作为。巡视组及时向被巡视党组织移交收到的反映基层腐败和干部作风问题的举报和反映，督促被巡视党组织加大力度严肃查处扶贫领域腐败问题，集中力量惩治黑恶势力及其"保护伞"，严肃查处惠民政策落实中的腐败问题，并对群众身边的腐败典型案例进行曝光，让人民群众感受到了全面从严治党就在身边，正风反腐就在身边。

督促被巡视党组织建立发现和解决人民群众身边腐败和作风方面的突出问题常态化工作机制，切实保障人民群众从改革开放中有更多获得感。巡视重视发生在人民群众身边的腐败和作风问题，以及涉及人民群众利益突出问题的持续解决。巡视组将建立健全领导干部解决群众反映问题常态化工作机制，作为一条建议写入巡视反馈意见，督促被巡视党组织建立健全常态化发现和解决问题的机制制度，高度重视人民群众反映，定期深入基层、深入群众，了解情况、发现问题、解决问题，并以人民满意不满意、高兴不高兴作为衡量解决问题成效的标准。在巡视组推动下，有的地方省级领导带头领办群众信访件，定期深入基层、联系群众，面对面听取意见、推动解决问题，一些多年解决不了的、群众反映强烈的"老大难"问题得到了解决，人民群众的获得感增强。

第四部分
总结历史经验

一、新中国成立70年来反腐败斗争的经验与启示*

必须坚定反腐败的政治立场

中国共产党的性质和宗旨，决定了党同各种腐败现象水火不容。70年来，我们党始终坚定政治立场、保持政治定力，把反腐败作为严肃政治斗争摆在突出位置，紧紧抓住不放。

新中国成立不久，针对各地陆续暴露出党政机关内部的贪污、盗窃国家资财肆意挥霍现象和官僚主义问题，党中央作出《关于实行精兵简政、增产节约、反对贪污、反对浪费和反对官僚主义的决定》，开展"三反"斗争。毛泽东同志指出："必须毫不迟疑地开除一批丧失无产阶级立场的贪污蜕化分子出党，撤销一批严重的官僚主义分子和那些居功自傲、不求上进、消极疲沓、毫不称职的分子的领导职务（其中有些也应当开除出党），对于开除这些人出党和撤销这一些人的职务，不应当有可惜的观点。"特别是在处决刘青山、张子善的问题上，他强调，只有处决他们，才可能挽救二十个、两百个、两千个、两万个犯有各种不同程度错误的干部。

改革开放以来，腐败问题有了新的滋生蔓延的土壤和条件。邓小平同志指出："这股风来得很猛。如果我们党不严重注意，不坚决刹住这股风，那末，我们的党和国家确实要发生会不会'改变面貌'的问题。这不是危言耸听。"党的十四大鲜明提出反腐败斗争的重大战略，并把"党坚持不懈地反

---

* 江金权，中共中央政策研究室副主任。

对腐败"写进党章。1993 年 8 月召开的十四届中央纪委二次全会，首次作出"反腐败斗争的形势是严峻的"重大判断。党的十六大指出，不坚决惩治腐败，党同人民群众的血肉联系就会受到严重损害，党的执政地位就有丧失的危险，党就有可能走向自我毁灭。

党的十八大闭幕后，习近平总书记在与中外记者见面时深刻指出，"新形势下，我们党面临着许多严峻挑战，党内存在着许多亟待解决的问题。尤其是一些党员干部中发生的贪污腐败、脱离群众、形式主义、官僚主义等问题，必须下大气力解决。全党必须警醒起来"。他在十八届中央政治局第一次集体学习时再次强调，"反对腐败、建设廉洁政治，保持党的肌体健康，始终是我们党一贯坚持的鲜明政治立场"。党中央认真兑现对全党全国人民的铮铮誓言和庄重承诺，保持惩治腐败的高压态势，严肃查处一大批高级干部严重违纪违法问题，再次宣示我们党反腐败的立场、决心。反腐败斗争从量的积累迈向质的转变，取得压倒性胜利，保证了党和国家事业取得历史性成就、发生历史性变革。

最非凡的成就，不是超越别人而是战胜自己；最可贵的坚持，是虽久经磨难却能永葆初心。

70 年反腐败斗争实践启示我们：保持党的先进性和纯洁性，必须旗帜鲜明地反对腐败。这是党心民心所向，是把我们党建设成为始终走在时代前列、人民衷心拥护、勇于自我革命、经得起各种风浪考验、朝气蓬勃的马克思主义执政党的内在要求。中国特色社会主义决不容忍腐败现象，我们党完全有信心有能力解决腐败问题。在新时代，必须始终保持冷静清醒，以永远在路上的坚韧和执着把反腐败斗争进行到底，坚决打赢这场输不起也决不能输的政治斗争。

必须审时度势科学制定反腐败斗争方略

70 年来，在历史方位转换、体制转轨、环境转变中，我们党不断深化对反腐败规律的认识把握，客观分析不同时期、不同阶段腐败形势变化，正确处理治标和治本、惩治和预防的关系，制定科学的反腐败斗争方略，确保反腐败斗争有力有效。

新中国成立初期，为了抑制腐败滋生蔓延的趋势，我们党实际上采取侧重治标惩处的方略，组织开展"三反"斗争，坚决打掉来势凶猛的腐败。党中央确定了着重打击大贪污犯、对中小贪污犯则采取教育改造不使重犯的方针策略。党的八大对党执政后地位的变化和可能出现的问题，从理论上政治上作了深刻分析，继续坚持之前确立的反腐败方略，要求全党同志必须谦虚谨慎，正确运用手中权力，防止脱离人民群众。

党的十一届三中全会后，我们党在转换体制、打开国门等新的历史条件下，再次面临腐败的严峻考验。邓小平同志强调，坚持一手抓改革开放、一手抓惩治腐败，围绕贯彻落实党的基本路线开展反腐败斗争。十四届中央纪委二次全会提出，"惩治腐败，要作为一个系统工程来抓，标本兼治，综合治理，持之以恒"。党的十五大提出"坚持标本兼治，教育是基础，法制是保证，监督是关键"。党的十六大强调"标本兼治、综合治理"。党的十六届四中全会提出"标本兼治、综合治理、惩防并举、注重预防"的反腐败方针。党的十七大把反腐倡廉建设纳入党的建设总体布局，强调更加注重治本、更加注重预防、更加注重制度建设。

党的十八大后，以习近平同志为核心的党中央冷静分析反腐败形势，指出"反腐败形势依然严峻复杂"，提出"坚持标本兼治，当前要以治标为主，为治本赢得时间"。我们党以不负14亿人民的鲜明态度，集中削减腐败存量，坚决遏制腐败增量，有力遏制了腐败蔓延势头，为完善制度、筑牢思想防线创造条件，为深化标本兼治夯实基础。在依法严厉惩治、形成不敢腐的惩戒机制的同时，注重深化标本兼治，坚持思想建党和制度治党紧密结合，完善法规制度、形成不能腐的防范机制，加强思想教育、形成不想腐的自律防线，着力营造不敢腐、不能腐、不想腐的氛围，反腐败形势逐渐发生变化，从"腐败和反腐败呈胶着状态"，到"反腐败斗争压倒性态势正在形成"，再到"反腐败斗争压倒性态势已经形成"。党的十九大提出，"巩固压倒性态势、夺取压倒性胜利的决心必须坚如磐石"，要求继续保持惩治腐败高压态势，继续坚持无禁区、全覆盖、零容忍，坚持重遏制、强高压、长震慨。2018 年 12 月，十九届中央政治局研究反腐败形势时指出，反腐败斗争取得压倒性胜利，但重申"反腐败形势依然严峻复杂，全面从严治党依然任重道远"。习近平总书记在十九届中央纪委三次全会上强调，"要深化标本兼治，夯实治本基础，一体推进不敢腐、不能腐、不想腐"。

70 年反腐败斗争实践启示我们：制定反腐败斗争的正确方略，必须对形势作客观准确的判断。只有认清大势、把握规律，找准病灶、靶向治疗，才能药到病除、妙手回春。开展反腐败斗争，必须坚持问题导向和目标导向相结合，把握好治标与治本、惩治与预防、阶段性与连续性的关系，既要有战略上的谋划，又要有战术上的部署。

必须不断完善反腐败斗争的体制机制

体制机制是持之以恒反腐败、落实反腐败斗争方略的基本保障，是影响反腐败成效的关键问题。70 年来，我们党根据反腐败斗争形势和任务，不断建立健全体制机制，为反腐败斗争提供可靠保障。

党内反腐败体制机制保持与时俱进。1949 年 11 月，党中央决定成立中央及各级党的纪律检查委员会，负责检查中央直属部门和各级党的组织及党员违犯党的纪律的行为。1955 年 3 月，党的全国代表会议决定成立中央和地方各级党的监察委员会，代替各级纪委，加强对党内各种违法乱纪现象的斗争。各级监委在各级党委指导下进行工作；下级监委向上级监委报告工作。党的八大将这一体制写入党章，但规定各级监委在各级党委的领导下工作，建立了各级监委同时接受同级党委和上级监委领导的双重领导体制。1962 年，党的八届十中全会通过《关于加强党的监察机关的决定》，从组织和制度方面进一步健全了党的监察机构。

党的十一大在党章中恢复了设立党的纪律检查委员会的条款，党的十一届三中全会选举产生了新的中央纪委，各地也抓紧组建纪委。随后纪律检查工作双重领导体制重新确立。党的十二大通过的党章专设"党的纪律"和"党的纪律检查机关"两章，对纪检机关的产生、领导体制、任务和职权等根本性问题作出规定，奠定了改革开放以来党的纪律检查工作的制度基础。党的十三届四中全会后，颁布了《关于中央纪委派驻纪检组和各部门党组纪检组（纪委）若干问题的规定（试行）》，加强对各部门党组的监督。1993年2月党中央作出中央纪委、监察部合署办公的重大决定，极大地增强了监督合力。2004年4月，中央纪委监察部全面实行对派驻机构的统一管理，将派驻机构由中央纪委监察部和驻在部门双重领导改为由中央纪委监察部直接领导。党的十五大后，反腐败工作开始形成党委统一领导、党政齐抓共管、纪委组织协调、部门各负其责、依靠群众支持和参与的领导体制和工作机制。

党的十八届三中全会对改革反腐败体制机制进行了全面部署，主要是加强党对党风廉政建设和反腐败工作的统一领导，明确落实党风廉政建设责任制，党委负主体责任、纪委负监督责任；查办腐败案件以上级纪委领导为主，纪委书记、副书记的提名和考察以上级纪委会同组织部门为主；全面落实中央纪委向中央一级党和国家机关派驻纪检机构；改进中央和省区市巡视制度，做到对地方、部门、企事业单位巡视全覆盖。

党领导下的国家反腐败机构不断改革创新。在执掌全国政权的历史条件下，中央人民政府委员会第三次会议决定成立政务院人民监察委员会。1954年，根据宪法和国务院组织法，政务院人民监察委员会改为国务院监察部；1959年，监察部因国家管理体制调整被撤销；1986年底，全国人大常委会决定设立监察部，作为政府部门独立行使监察权的专门机构；行政监察法规定县级以上各级监察机关根据工作需要，可以向政府所属部门派出监察机构或者监察人员，对派出的监察机关负责并报告工作。1995年1月，最高人民检察院反贪污贿赂总局成立。2007年国家预防腐败局成立。机构多了，体制弊端也显现出来了，如反腐败力量分散，对行使公权力人员的监督存在盲区，等等。

党的十八大以来，党中央立足国情、坚持问题导向，启动了国家监察体制改革，整合行政监察部门、预防腐败机构和检察机关反腐败相关职责，组建与纪委合署办公的监察委员会。2016年11月，中央决定在北京市、山西省、浙江省开展国家监察体制改革试点。党的十九大后修改宪法，制定监察法，组建国家、省、市、县监察委员会。监委是依据宪法和监察法成立的国家专门监督机关，具有权威高效的优势；与同级纪委合署办公，加强了党对反腐败工作的集中统一领导，实现了党内监督和国家机关监督、纪律检查和国家监察有机统一，实现了对所有行使公权力的公职人员监察全覆盖，健全了反腐败斗争的体制机制，提升了法治化、规范化水平。

70年反腐败斗争实践启示我们：反腐败斗争的体制机制必须与时俱进、因势而变，实现对所有公职人员的日常、严格、系统监督。完善反腐败斗争的体制机制，必须牢牢把握深化标本兼治的改革目标，健全党统一领导、全面覆盖、权威高效的监督体系，把增强对公权力和公职人员的监督全覆盖、有效性作为着力点，建立完善的监督管理机制、有效的权力制约机制、严肃的责任追究机制，推进反腐败工作法治化、规范化。

必须扎牢扎紧制度的笼子

制度具有根本性、全局性、稳定性和长期性的特点，党规党纪和法律法规是防腐、治腐的利器。70年来，我们党不断深化对制度反腐作用的认识，不断总结实践的经验教训，最终实现制度治党、依规治党，切实把权力关进制度的笼子。

新中国成立后，我们党对如何执好政问题进行了艰辛探索，通过建章立制确保党对国家的全面领导、保持自身的廉洁。党章和宪法法律成为新中国成立后党和国家反腐败斗争的主要依据。党的十一届三中全会后，在总结正反两方面经验教训的基础上，以制定党内政治生活准则为起点，一系列基础性党内法规制度相继建立。党的十八大以来，以习近平同志为核心的党中央把党内法规制度建设作为完善和发展中国特色社会主义制度、推进国家治理体系和治理能力现代化的重要组成部分，明确提出"制度治党""依规治党"的新要求，加快构建内容科学、程序严密、配套完备、有效管用的反腐败制度体系，加强反腐败国家立法，使党内法规与国家法律协调衔接、依规治党与依法治国相互促进，让党内法规和法律制度刚性运行，开启了制度治党、依规治党新的时代。

反腐败制度不断健全。1952年4月公布实施的《惩治贪污条例》，是新中国成立后第一部反腐败国家立法。之后，从改革开放到党的十三大期间，党中央根据党员违纪状况、发展趋势以及执纪中亟待解决的问题，先后制定了党员严重官僚主义、经济方面违纪违法、违犯外事纪律、违反社会主义道德等8个方面的党纪处分规定，以及案件检查、案件审理、控告申诉等3个方面的程序性条例，进一步明确了党组织和党员的行为规范，统一了量纪标准，严格了办案程序，提高了纪检工作规范化程度。党的十四大、十五大期间，制定《行政监察法》《党纪处分条例（试行）》《党员领导干部廉洁从政若干准则（试行）》《关于党政机关县（处）级以上领导干部收入申报的规定》《关于领导干部报告个人重大事项的规定》等，法规制度体系进一步健全。党的十六大、十七大期间，颁布实施《党内监督条例（试行）》《巡视工作条例（试行）》，修订党纪处分条例，建立健全民主生活会、述职述廉、诫勉谈话、党内询问和质询等制度。党的十八大以来，以习近平同志为核心的党中央坚持全面从严治党、依规治党，大力加强党内法规制度建设，其中，将党员《领导干部廉洁从政若干准则》修订为《廉洁自律准则》，为党员干部树起行为的高标准；两次修订党纪处分条例，为党员干部划清行为的"红线""底线"；制定《新形势下党内政治生活若干准则》，制定并修订问责条例，修订党内监督条例，颁布实施作为反腐败国家立法的监察法，刑事法律体系完善了惩治腐败犯罪的法律规定，行政法律体系约束规范行政权力的行使，公务员法等明确了公职人员行为准则及惩戒规定，等等，制度的笼子越织越密，全面提升了反腐败斗争的制度化、规范化水平。

70年反腐败斗争实践启示我们：制度治党、依规治党是运用法治思维和法治方式反腐败的必然要求。巩固和发展中国特色社会主义制度的政治优势，必须适应社会主义现代化国家建设进程和反腐败斗争发展要求，坚持以党章和宪法为根本遵循，不断健全党内法规制度体系和国家法律制度体系。

必须构建以党内监督为主导的监督体系

70年来，我们党不断探索完善党内监督与人民群众监督相结合的监督体系，有效规范和监督权力运行，有效消除影响党的先进性纯洁性因素，确保党经受住"四大考验""四大危险"，始终保持立党为公、执政为民、清正廉洁。

新中国成立以来，我们党坚持把强化党内监督作为党的建设重要内容，使积极开展监督、主动接受监督成为全党的自觉行动。改革开放以来，我们党更好发挥各级纪检机关在党内监督中的专责作用，不断完善监督体系，注重把党内监督同国家机关监督、民主监督、司法监督、群众监督、舆论监督贯通起来，逐步形成强有力的监督体系。党的十三届四中全会后，我们党重点抓好对领导干部的监督，实施党风廉政建设责任制，强化对权力运行的制约和监督。党的十六大后，中央政治局率先垂范，向中央全会报告工作并主动接受监督。党的十八大后，我们党不断创新完善监督方式，强化自上而下的组织监督，改进自下而上的民主监督，发挥同级的相互监督作用，强化纪律监督、监察监督，完善派驻监督、巡视监督，形成了"四个全覆盖"的权力监督格局，使党内监督不留死角、没有空白，效果越来越好。以巡视监督为例，巡视制度实施之初，其指导思想、工作定位、巡视内容尚未明确，有一段时期甚至偏离主业，有的重点巡视经济社会发展方面的问题，党风廉政建设方面的内容反而成了陪衬，存在着表面化、形式化、泛化等问题。党的十八大以来，我们党改进和深化巡视工作，两次修订巡视工作条例，制定中央巡视工作五年规划，聚焦全面从严治党，深化政治巡视，定位越来越清晰、指向越来越精准，聚焦党风廉政建设和反腐败斗争，解决了任务宽泛、内容发散问题，并在党的历史上首次实现一届任期内巡视全覆盖，指导督促市县党委建立巡视巡察制度，建立上下"一盘棋"的巡视工作格局。党的十八大以来，各级纪检监察机关审查调查的案件中，相当大比例的问题线索来自巡视。

70 年反腐败斗争实践启示我们：加强监督是防止权力腐败的重要举措。要保证我们党长期执政，必须通过加强监督来提升自我净化、自我完善、自我革新、自我提高的能力。要从党的高级干部抓起、从规范权力运行做起，不断创新方式方法，将监督的关口前移，以党内监督带动人民群众监督，形成强大的监督合力，最大限度地释放监督效能。

必须正确处理"树木"与"森林"的关系

开展反腐败斗争，必须准确把握主流与支流、一般与个别、整体与局部的关系，既见"树木"又见"森林"。也就是说，既要及时治"病树"、拔"烂树"，又要用纪律管全党，维护整个"森林"的健康。70年来，我们党坚持辩证唯物主义的世界观和方法论，既坚决拔"烂树"、治"病树"，又精心养护"森林"，维护整个党员队伍的纯洁健康，保证了党和国家事业蓬勃发展。

新中国成立之初，我们党严惩刘青山、张子善等极少数干部，教育挽救了大多数干部。改革开放后，我们党注重从高级干部抓起，整顿党风、严惩腐败。面对西方敌对势力对我国的反腐败斗争蓄意诋毁、造谣惑众，我们党理直气壮地肯定主流是好的，我们党完全有能力解决腐败问题，引导广大干部群众认清形势，坚定反腐败必胜信心。党的十八大以来，以习近平同志为核心的党中央坚持全面从严治党，狠抓党风廉政建设，从落实中央八项规定精神破题，从解决"四风"问题和领导干部不严不实问题延伸开来，用纪律规矩约束全体党员。同时，严惩腐败分子，净化党员干部队伍，实现了拔"烂树"、治"病树"与正"歪树"、护"森林"有机结合，反腐败斗争成效显著。

监督执纪"四种形态"是正确处理"树木"与"森林"关系的有益探索。党的十八大以来，党中央在全面从严治党、反腐败斗争中提出监督执纪"四种形态"，并通过党章、党内监督条例等党内法规固化下来。监督执纪"四种形态"的要义是，经常开展批评和自我批评、约谈函询，让"红红脸、出出汗"成为常态；党纪轻处分、组织调整成为违纪处理的大多数；党纪重处分、重大职务调整的成为少数；严重违纪涉嫌违法立案审查的成为极少数。这体现了惩前毖后、治病救人的方针，体现了党的政策和策略的统一，是全面从严治党的具体举措，也是对"树木"和"森林"关系的科学把握。

70年反腐败斗争实践启示我们：正确把握"树木"与"森林"的关系，用纪律管住"大多数"，就能防止更多人滑入"极少数"；严厉惩治"极少数"，又能对"大多数"起到警示作用。只有坚持惩前毖后、治病救人的方针，在运用监督执纪"四种形态"中体现严管和厚爱结合、激励和约束并重，才能实现政治效果、纪法效果和社会效果的有机统一。

必须坚持党对反腐败斗争的全面领导

党是最高的政治领导力量，是中国特色社会主义事业的坚强领导核心。70年来，我们党不断完善党对反腐败斗争的领导体制，无论是设立党的纪律检查委员会，还是设立党的监察委员会；无论是在政府设立行政监察机关、在检察机关设立反贪机构，还是设立国家监察委员会，坚持党对反腐败斗争的领导始终是根本原则、根本方向，保证了反腐败斗争始终沿着正确的政治方向发展。

党的十八大以来，以习近平同志为核心的党中央深化对马克思主义政党执政规律的认识，旗帜鲜明地提出"党是我们各项事业的领导核心""中国特色社会主义最本质的特征是中国共产党领导，中国特色社会主义制度的最大优势是中国共产党领导"等重要论断。我们党把坚持党对一切工作的领导作为坚持和发展新时代中国特色社会主义的首条基本方略，把形成总揽全局、协调各方的党的领导体系作为深化党和国家机构改革的重要目标，把坚持和加强党的全面领导作为新时代加强党的建设的根本原则，把全面从严治党、抓好党风廉政建设和反腐败斗争作为党委的主体责任。党的十八届三中全会明确，在党风廉政建设和反腐败斗争中，党委履行主体责任，纪委履行监督责任，党中央领导反腐败斗争的体制更加明确。党的十九大通过的党章总纲规定"强化管党治党主体责任和监督责任"。党的十九届三中全会对改革创新反腐败体制机制、深化党和国家机构改革作出部署，决定组建国家、省、市、县监察委员会，与同级纪委合署办公，形成了党领导下的"横到边、纵到底、无盲区"的反腐败斗争工作格局和科学完备的工作体系，实现党对反腐败斗争全面领导有了更加可靠的体制机制保障。

坚持党对反腐败斗争的全面领导，必须落实管党治党的主体责任和监督责任，建立和实行责任制。党的十八大以来，习近平总书记在总结改革开放以来推行党建工作责任制经验的基础上，结合全面从严治党新的实践，深刻指出：不明确责任，不落实责任，不追究责任，全面从严治党是做不到的。建立严格的责任制，就抓住了管党治党的"牛鼻子"。"动员千遍，不如问责一次。"我们党制定、修订问责条例，并通报曝光典型案例，起到问责一个、警醒一片的效果，以强有力问责推动责任担当。

70年反腐败斗争实践启示我们：党的坚强领导是推进反腐败斗争的根本政治保证。只有坚持党的全面领导，才能确立正确的反腐败指导思想、工作原则和领导体制，作出正确的战略决策和工作部署，才能有效形成反腐败斗争合力。新时代深化反腐败斗争，必须始终坚持党的全面领导，发挥好党总揽全局、协调各方的作用，有效动员组织全党全社会力量反对腐败，建立健全责任落实机制和问责机制，为夺取反腐败斗争彻底胜利提供坚强保证。

二、坚定走中国特色执政党自我监督之路 *

——改革开放以来特别是党的十八大以来加强
党内监督的实践和特点

如何在长期执政条件下有效监督权力，这是我们党面临的历史性课题。改革开放以来，我们党高举中国特色社会主义伟大旗帜，积极探索长期执政条件下自我监督的有效途径。特别是党的十八大以来，以习近平同志为核心的党中央从所处的新方位、面临的新形势、肩负的新使命出发，以坚定决心、顽强意志和空前力度推进全面从严治党这场伟大的自我革命，坚持不懈加强、改进党的监督，在自我净化、自我完善、自我革新、自我提高上取得历史性突破，有力回答了如何跳出"历史周期率"的"窑洞之问"，使我们党在革命性锻造中更加坚强，焕发出新的强大生机活力，为新时代坚持和发展中国特色社会主义提供了强有力的政治和纪律保证。

监督理念：科学把握自我监督的根本性质，
以自我革命精神抓监督

勇于自我革命是我们党最鲜明的品格，是保持党的先进性和纯洁性、巩固党的执政地位的必然要求，也是我们党应对国际国内风险考验、实现"两个一百年"奋斗目标的客观需要。邓小平同志指出，我们党经历过多次

---

* 叶怀贯，浙江省纪委常委、省监委委员。

194

错误，但是我们每一次都依靠党而不是离开党纠正了自己的错误。习近平总书记指出，对我们党来说，外部监督是必要的，但从根本上讲，还在于强化自身监督。历史经验教训告诉我们，要实现长期执政，必须破解兴衰治乱的历史性命题。只有以强烈的自我革命精神，坚持不懈同自身存在的问题和错误作斗争，才能跳出"历史周期率"。改革开放以来，我们党科学把握执政规律，建立起一整套自我革新的内部体制机制。特别是党的十八大以来，在习近平新时代中国特色社会主义思想指导下，我们党秉持自我革命精神，直面管党治党宽松软问题，严肃党内政治生活，加强党内监督，不断提高排毒杀菌、强身健体的政治免疫力，全面从严治党成效卓著。

一是始终把强化党的领导作为根本任务。中国特色社会主义最本质的特征是中国共产党领导。改革开放以来，我们党在这个重大问题上旗帜鲜明、立场坚定，积极探索监督体制改革与完善，设立行政监察机构，实行党的纪检机关与行政监察机关合署办公，坚决反对搞西方的"三权分立"。党的十八大以来，以习近平同志为核心的党中央审时度势，以深远的政治眼光、强烈的政治责任推进国家监察体制改革，并坚持和发展纪委和监委合署办公体制，履行纪检和监察两项职能，通过法律把党对反腐败工作的集中统一领导体制固定下来，走出了一条具有中国特色的监督道路。

二是始终把强化党内监督摆在首要位置。我们党的执政地位，决定了党内监督在党和国家各种监督形式中是最基本的、第一位的。长期以来，我们党高度重视党内监督，采取了有力措施，取得了显著成绩。党的十八届六中全会审议通过《中国共产党党内监督条例》，对强化新形势下的党内监督作出顶层设计，为加强和规范党内监督提供了基本遵循。近些年来，我们党高度重视管党治党，认真落实党内监督各项制度，有效解决和防范了党内存在的突出问题和矛盾，有效化解了党面临的重大挑战和危险。

三是始终把健全领导体制作为重要举措。领导体制在实现自我监督中处于基础地位、具有决定性作用。改革开放以来，纪检工作领导体制随着实践的需要不断地调整、改革、完善，经历了由同级党委领导，到同级党委和上级纪检机关双重领导、以同级党委领导为主，再到同级党委和上级纪检机关双重领导的变化。党的十八大后，为增强各级纪委监督权的相对独立性和权威性，明确了"查办腐败案件以上级纪委领导为主"和"各级纪委书记、副书记的提名和考察以上级纪委会同组织部门为主"的要求，加强上级纪委对下级纪委的领导，改革和完善纪检监察派驻机构，既坚持了党对反腐败工作的有力领导，又提升了权力制约和监督效果，是自我监督的一项有效制度设计。

监督体系：科学把握集中统一的目标要求，建立权威高效监督体系

建立权威高效的监督体系是我们党一直不懈努力的方向。从毛泽东同志回答"窑洞之问"，到邓小平同志提出的加强制度体系建设，到江泽民同志提出的加强权力运行制约和监督体系建设，再到胡锦涛同志提出的推动反腐败制度化、法制化，都强有力地推动了我们党一个时期的监督体系建设。习近平总书记指出，要完善监督制度，做好监督体系顶层设计，既加强党的自我监督，又加强对国家机器的监督。党的十八大以来，在以习近平同志为核心的党中央强有力领导下，着力构建党统一指挥、全面覆盖、权威高效的监督体系，打出监督"组合拳"，形成党内监督、国家监督、舆论监督、群众监督的强大合力。

一是强化党委（党组）全面监督作用。充分发挥党委（党组）在各级组织中发挥总揽全局、协调各方的领导核心作用，加强对领导干部的日常管理监督，组织实施各项监督制度，抓好督促检查。特别是狠抓主体责任这个"牛鼻子"，通过明责、督责、追责等一系列举措，层层传导压力，把党委（党组）全面监督责任落到实处。

二是强化纪委专责监督作用。纪委是党内监督的专责机关，是管党治党的重要力量，履行监督执纪问责职责。特别是党的十八大以来，各级纪委通过深化"三转"，大幅度减少参与的议事协调机构，从既当"裁判员"又当"运动员"的角色中转换出来，从冲到执纪执法一线抽离出来，聚焦主责主业，发挥"监督的再监督"作用，纪检监察机关专责监督的权威性、严肃性得到

充分彰显。

三是构建"四个全覆盖"监督体系。积极探索纪律监督、监察监督、派驻监督、巡视巡察监督"四个全覆盖"的监督体系建设，形成了一套管用、协调、高效的工作机制。改革开放以来，随着形势变化和实践发展，基于党内监督和反腐败工作的现实需要，巡视制度逐步得到恢复，从1996年中央纪委第一次开展巡视，到党的十六大提出建立和完善巡视制度，到党的十七大把这项制度写入党章，再到2009年中央颁布《中国共产党巡视工作条例（试行）》，巡视工作的地位、作用逐步强化。特别是党的十八大以来，党中央把巡视作为党内监督战略性制度安排，强化政治巡视定位，抓住不放，持续发力，不断赋予巡视制度新的活力，利剑作用充分彰显。

监督对象：科学把握"关键少数"和"绝大多数"的辩证关系，不留监督死角和盲区

提高监督实效，必须坚持唯物辩证法，既讲"两点论"又讲"重点论"，以重点突破带动整体推进，在整体推进中破解重点难题。习近平总书记指出，坚持抓"关键少数"和管"绝大多数"相统一。改革开放以来，我们党准确把握"树木"和"森林"的关系，既突出抓"关键少数"，努力破解一把手监督难题，又坚持抓监督全覆盖，使党内监督不留死角、没有空白，真正做到治"病树"、正"歪树"、拔"烂树"、护"森林"。

一方面，始终突出"关键少数"。领导干部责任越重大、岗位越重要，就越要加强监督。习近平总书记强调，领导干部是党的执政骨干，只有管住"关键少数"特别是高级干部和各级主要领导干部，全面从严治党才有震慑力和说服力。改革开放以来，我们党始终把破解领导干部特别是一把手监督难题摆在突出位置来抓，反复强调党内监督要向领导干部特别是一把手聚焦聚力，督促领导干部特别是一把手站在守纪律的最前沿，做自觉接受监督的表率。特别是党的十八大以来，以习近平同志为核心的党中央从抓"关键少数"破题，突出"关键少数"这个重点，以身作则、以上率下，严明纪律、

严格要求，不断推动全面从严治党向纵深发展。近年来，有的地方出台规范省管领导干部谈话函询办法等，及时发现处置苗头性、倾向性问题，取得了较好监督效果。

另一方面，逐步实现监督全覆盖。习近平总书记指出，广大党员是党的队伍主体，管住这个"绝大多数"，全面从严治党才能保持良好氛围和环境。改革开放以来，我们党不断创新监督机制，逐步实现监督全覆盖。根据党的十一大通过的党章关于"设立纪律检查委员会"的规定，恢复重建中央和地方各级纪律检查机关，并逐步推进纪检工作向农村基层、党和国家机关单位延伸，不断加强乡镇（街道）纪检组织规范化建设，逐步实现向党和国家机关派驻纪检机构全覆盖，把党的监督延伸到各个层级、各个领域，覆盖到每个党组织、每名党员，实现了党内监督全覆盖。与此同时，为解决行政监察覆盖范围过窄、监督力量分散等问题，深入开展国家监察体制改革试点，组建各级监察委员会，并赋予派驻机构部分监察职能，推动乡镇（街道）监察机构全覆盖，对党内监督达不到的地方，或者对不适用执行党的纪律的公职人员，依法实施全面监察，实现了对所有行使公权力的公职人员监察全覆盖。

监督思路：科学把握纪在法前、纪严于法的基本原则，始终把纪律挺在前面

纪律严明是党的光荣传统和独特优势。全党纪律严明，朝气蓬勃，我们党就能够从胜利走向新的胜利。习近平总书记指出，党要管党、从严治党，靠什么管，凭什么治？就要靠严明纪律。无数案例证明，党员"破法"，无不始于"破纪"。为此，党的十八大以来，我们党坚持把纪法分开、纪在法前、纪严于法的原则贯穿党和国家监督始终，前移关口，抓早抓小，让监督工作既有力度又有温度，实现政治效果、纪法效果和社会效果的最大化。

一是聚焦"六项纪律"抓监督。在自我革命伟大实践中，创造性地提出政治纪律、组织纪律、廉洁纪律、群众纪律、工作纪律和生活纪律"六项纪

律"。党内监督条例确定的党内监督八项主要内容，都是围绕"六项纪律"展开的。近年来，通过信访举报、巡视巡察、派驻监督等多种手段，发现并严肃处理一批党员干部违反"六项纪律"的问题，使推进党内监督的过程成为加强纪律建设的过程。

二是聚焦"四种形态"抓监督。习近平总书记指出，党内监督要坚持惩前毖后、治病救人，立足于小、立足于早。分析多年来查处的典型腐败案件，都是一个从量变到质变、小过到大错的过程。改革开放以来，我们党一直在探索解决新的历史条件下监督手段比较单一的问题。党的十八大以来，我们党吸收近些年来管党治党的新理念新经验，提出党内监督的"四种形态"，在监督理论、实践、制度上取得重大突破，开辟了党内监督的新境界。各地按照中央部署，深化运用"四种形态"，着力做好抓早抓小、防微杜渐的文章。近年来，运用"四种形态"处理人数逐年递增，"四种形态"比例日趋合理。

三是聚焦"严管厚爱"抓监督。监督必须实事求是，要坚持严管和厚爱结合、激励和约束并重，既要敢于亮剑、敢当"包公"，防止搞纪律"松绑"，又要体现人文关怀，传递组织的关爱。改革开放以来，我们党始终坚持把对干部的监督和关爱统一起来，注重保护干部干事创业的积极性。党的十八大以来，中办出台《关于进一步激励广大干部新时代新担当新作为的意见》，注重把握"三个区分开来"要求，既旗帜鲜明为敢于担当的干部担当，为敢于负责的干部负责，又准确把握政策界限和适用情形，防止混淆问题性质，拿关爱、容错、激励当保护伞，真正实现纪法约束有硬度、批评教育有力度、组织关怀有温度。

监督制度：科学把握依规治党的具体路径，
扎紧扎密扎牢制度的笼子

依靠制度建设推进反腐败斗争，是坚持依规治党、依法治国的必然要求。邓小平同志指出，制度好可以使坏人无法任意横行，制度不好可以使好人无法充分做好事，甚至会走向反面。制度问题更带有根本性、全局性、稳定性和长期性。改革开放以来，我们党深刻总结历史经验教训，把制度建设摆在更加突出的位置来强调，奠定了各方面党内监督的制度基础。习近平总书记指出，把权力关进制度的笼子里，就是要依法设定权力、规范权力、制约权力、监督权力。党的十八大以来，以习近平同志为核心的党中央接过历史的接力棒，以创新精神继续推进制度建设，搭架子、定规矩、划边界，切实把权力关进制度的笼子里，取得了显著成效。

一方面，狠抓制度建设，让监督有规可依。改革开放以来，我们党按照党要管党、从严治党的方针，围绕提高党的领导水平和执政水平、提高拒腐防变和抵御风险能力这两大历史性课题，不断制定、充实和调整党员领导干部廉洁从政的行为准则以及其他反腐倡廉的党内法规，注意把党风廉政建设方面的新鲜经验上升为法规制度，从理论和实践的结合上研究制定了一系列党纪条规。特别是党的十八大以来到党的十九大，从出台中央八项规定开始，相继制定和修订廉洁自律准则、党内问责条例、党内监督条例、党纪处分条例、巡视工作条例等90余部党内法规，形成严密、管用的党内法规制度体系的"四梁八柱"，制度之笼越扎越紧、越扎越密。党的十九大召开后不久，第十三届全国人大一次会议通过了《中华人民共和国监察法》，为开展国家监察工作发挥了统领性和基础性作用，开启了国家反腐败立法大踏步向前的新征程。近年来，有的地方结合当地实际，出台主要负责同志"五不直接分管"和末位表态、党员领导干部防止利益冲突办法等一系列制度，有效加强了对权力运行的监督制约。

另一方面，狠抓制度执行，让制度"长牙"、纪律"带电"。制度的价值在于贯彻，制度的生命力在于执行。改革开放以来，我们党坚持一手抓制度建设、一手抓制度执行，两手抓、两手都要硬，强化对制度落实情况的监督检查，对有令不行、有禁不止、随意变通等严重破坏制度的行为，发现一起查处一起。特别是党的十八大以来，我们党言出必行、言出纪随，将制度执行情况纳入履行主体责任情况报告、责任制检查和巡视巡察的重要内容，持续狠抓中央八项规定精神等一揽子制度的贯彻落实，建立追责问责和点名道姓通报曝光制度，防止制度成为"稻草人""纸老虎""橡皮筋"，让"铁规"发力，让"禁令"生威，有力维护了制度的严肃性和权威性。

三、从三大里程碑看坚持
和加强党的全面领导[*]

　　壮阔的历史长河奔腾不息，总有潮头掀起的波澜引领前进的方向。习近平总书记在庆祝改革开放40周年大会上的重要讲话中指出："建立中国共产党、成立中华人民共和国、推进改革开放和中国特色社会主义事业，是五四运动以来我国发生的三大历史性事件，是近代以来实现中华民族伟大复兴的三大里程碑。"回顾党史国史，这三件大事成就了中国巨大发展进步的辉煌伟业，铸成了永载史册的巍峨丰碑，为中华民族作出了伟大历史贡献。

　　正如习近平总书记所说："坚持党的领导，全面从严治党，是改革开放取得成功的关键和根本。"追根溯源，中国共产党自诞生起，就团结和带领中国人民不懈奋斗，领导中国人民完成新民主主义革命，建立了中华人民共和国，确立了社会主义基本制度，进行改革开放新的伟大革命，从而实现了中国人民从站起来到富起来、强起来的伟大飞跃。这深刻改变了近代以后中华民族发展的方向和进程，深刻改变了中国人民和中华民族的前途和命运，也深刻改变了世界发展的趋势和格局，创造了人类社会发展史上惊天动地的发展奇迹，使中华民族焕发出新的蓬勃生机。

中国共产党始终是中国人民和中华民族的主心骨

　　九层之台，起于累土；千里之行，始于足下。改革开放40年来，中国

---

　　* 王向明，中国人民大学习近平新时代中国特色社会主义思想研究院副院长、教授、博士生导师。

人民进行了感天动地的不懈奋斗，谱写了气壮山河的胜利赞歌，取得了光耀日月的伟大成就。而建立中国共产党，则是这一切成就的历史源头。

中国共产党成为中国人民和中华民族的主心骨，有着深刻的历史逻辑。没有共产党就没有新中国，没有共产党就没有中国的现代化。这一重大结论不是书本里的概念，不是政治上的宣传，而是最真切的历史结论。回望百年沧桑岁月，鸦片战争以后的中国逐渐沦为半殖民地半封建社会。为了挽救民族危机，实现救亡图存，不同阶层的中国人进行了各种尝试。但无论是太平天国的揭竿而起，还是洋务运动的自强求富；无论是戊戌维新的百日惨变，还是辛亥革命的武昌风云，最终都以失败告终。而建立中国共产党这一开天辟地的大事件后，我们才能在中国共产党领导下"唤起工农千百万"，真正实现中华民族的觉醒、国家的独立和人民的解放。

中国共产党是中国人民和中华民族的主心骨，还有着清晰的实践逻辑。1921年7月，当南湖红船载着年轻的中国共产党起航时，全中国仅有50多名共产党员。面对着当时国内外极为强大的敌人，几乎没有人能够预料，这个党能够在28年时间，实现从井冈山的"星星之火"到天安门广场的"风展红旗如画"。其中的根本原因，就是中国共产党"全心全意为人民服务"根本宗旨的确立和实践；是中国共产党矢志不渝的共产主义信念和根据时代特征进行的奋斗实践；是中国共产党极为严密的组织架构、严明的纪律和作风要求、严格的基层组织建设；是中国共产党卓越的理论创新能力和组织动员能力，以及进行自我革命、自我净化的勇气和机制。这些构成了中国共产党的独特气质，使之成为在中国有能力领导中国人民实现伟大复兴的唯一政治力量。

历史是现实的镜子，现实是历史的延续。如果没有中国共产党，当今世界1/5的人口就可能还生活在充满苦难的阴郁状态之中。而如果不坚持中国共产党的领导，人民创造的这一切成果也将失去。中国共产党领导是中国特色社会主义最本质的特征，是中国特色社会主义制度的最大优势。我们应当把维护党的领导和团结统一作为永不动摇的坚定信念，作为我们继续推动改革开放和中国特色社会主义事业不断前进的根本保障。正如习近平总书记所说的，在坚持党的领导这个决定党和国家前途命运的重大原则问题上，全党全国必须保持高度的思想自觉、政治自觉、行动自觉，丝毫不能动摇。

成立新中国为当代中国发展进步奠定了
根本政治前提和制度基础

纵观近代以来的世界历史，任何一个民族的发展进步都是在民族国家的历史范畴中实现的。国家政权是推动和保障一个国家和民族进步发展的基本条件。

新中国的成立，确立了社会主义基本制度，成功实现了中国历史上最深刻最伟大的社会变革，为当代中国一切发展进步奠定了根本政治前提和制度基础。新中国成立之初，毛泽东同志最先提出了"在几个五年计划之内，将我们现在这样一个经济上文化上落后的国家，建设成为一个工业化的具有高度现代文明程度的伟大的国家"的设想。按照这个部署，党中央在1953年提出了要实现工业、农业、交通运输业和国防四个现代化的任务，并在1956年写进八大党章。1964年召开的第三届全国人大一次会议，具体确定了在20世纪内实现四个现代化的目标，其中把交通运输现代化改为科学技术现代化。1975年周恩来总理在第四届全国人大政府工作报告中重申了实现四个现代化的奋斗目标。

经过艰苦努力，我们国家在一穷二白的条件下建立了社会主义的政治经济制度，建立了独立自主的国民经济体系，取得了"两弹一星"等重大成就。毛泽东同志还提出了要实现马克思主义与中国实际的"第二次结合"的主张，在《论十大关系》《关于正确处理人民内部矛盾的问题》等重要著作中提出了"统筹兼顾、协调发展"和"调动一切积极因素"等重要观点。尽管由于种种原因，我们的现代化建设经历了严重挫折，但中国共产党人实现现代化的决心从来没有改变，这一时期中国社会主义现代化建设的实践和探索取得的独创性理论成果和巨大成就，甚至也包括其间经历的挫折和教训，都"为在新的历史时期开创中国特色社会主义提供了宝贵经验、理论准备、物质基础"。

坚持和不断完善我们的社会主义制度，万分珍视和竭力巩固我们的社会主义制度，是我们不断推动社会主义现代化事业向前发展的根本政治前提和制度基础。

改革开放是当代中国最显著的特征、最壮丽的景象

实行改革开放是近百年来中国发展进步的第三个里程碑。如同习近平总书记所说：40 年的实践充分证明，改革开放是党和人民大踏步赶上时代的重要法宝，是坚持和发展中国特色社会主义的必由之路，是决定当代中国命运的关键一招，也是决定实现"两个一百年"奋斗目标、实现中华民族伟大复兴的关键一招。

历史唯物主义基本原理告诉我们，人类社会的发展，从来都是生产力和生产关系、经济基础和上层建筑矛盾运动的结果，都是人类能动地变革不适应生产力和经济基础的生产关系和上层建筑，使逻辑和历史不断统一的自然历史过程。

社会主义社会的发展同样如此。诚如恩格斯所说："所谓'社会主义社会'不是一种一成不变的东西，而应当和任何其他社会制度一样，把它看成经常变化和改革的社会。"1978 年，党的十一届三中全会以来，我们始终坚持以经济建设为中心，不断解放生产力、发展生产力。在这个过程中，我们就必须对阻碍生产力发展的各种不合理的具体政治经济制度和机制、不适应发展的思想观念、行为模式等进行全面改革。

从本质上讲，改革是中国的第二次革命。这首先是从解放生产力、扫除发展生产力的障碍这个意义上说的。邓小平同志曾精辟地指出："革命是解放生产力，改革也是解放生产力。推翻帝国主义、封建主义、官僚资本主义的反动统治，使中国人民的生产力获得解放，这是革命，所以革命是解放生产力。社会主义基本制度确立以后，还要从根本上改革束缚生产力发展的经济体制，建立起充满生机和活力的社会主义经济体制，促进生产力的发展，这是改革，所以改革也是解放生产力。"1978 年，我国开始进行农村改革；

1984年，我国开始城市改革；1992年，我国明确提出建立社会主义市场经济体制……中国走上了一条波澜壮阔的改革开放之路。在改革推动下，中国在短短40年间发生了翻天覆地的巨大变化。现在，我国是世界第二大经济体、制造业第一大国、货物贸易第一大国、商品消费第二大国、外资流入第二大国，我国外汇储备连续多年位居世界第一，中国人民在富起来、强起来的征程上迈出了决定性的步伐！

历史雄辩地证明，实行改革开放是社会主义中国的强国之路，是决定当代中国命运的历史性决策。完全可以这样说，改革开放是新时期中国最显著的特征、最壮丽的景象。

习近平总书记指出："建成社会主义现代化强国，实现中华民族伟大复兴，是一场接力跑，我们要一棒接着一棒跑下去，每一代人都要为下一代人跑出一个好成绩。"三大历史里程碑，就是这样一个伟大的接力。我们要深刻认识三大里程碑的重大意义，始终坚持和加强党的全面领导，坚定走中国特色社会主义道路，坚持中国特色社会主义制度，以更全面更深化的改革开放促进中国发展进步。

四、坚持党的建设与改革开放同步推进 *

办好中国的事情，关键在党，关键在坚持党要管党、全面从严治党。历史启示我们，坚持党对一切工作的领导，始终加强和改善党的领导，不断提高党的领导水平和执政能力，既是改革开放取得成功的根本政治保证，也是推动新时代改革开放行稳致远的根本保证。

以党的十一届三中全会为标志，我们党开启了党的建设新的伟大工程和改革开放新的伟大实践。40 年来，二者始终紧密相连、相互促进、相得益彰，共同统一于坚持和发展中国特色社会主义的伟大事业之中。一方面，改革开放新的伟大实践为党的建设新的伟大工程提出了新课题、注入了新动力；另一方面，党的建设新的伟大工程为改革开放新的伟大实践提供了"导航仪"和"定盘星"。在新时代继续把改革开放推向前进，必须坚持党的建设和改革开放同步推进，既确保改革开放沿着正确方向继续推进，又不断提高党领导改革开放的水平，切实把党的建设的政治优势转化为推进改革开放的发展优势。

抓好党的建设是推进改革开放的根本政治保证

党的建设是我们党克敌制胜的一大法宝，也是推进改革开放的一大法宝。40 年前，我们党以重新确立党的正确思想路线为前提，作出了实行改

---

* 吴桂韩、龚鹭杰。

革开放的伟大决策，开启了改革开放的伟大征程。之后，我们党坚持解放思想、实事求是，进一步制定了党在社会主义初级阶段的基本路线。40年来，我们党深入研究和解决"执政党应该是一个什么样的党，执政党的党员应该怎样才合格，党怎样才叫善于领导"等一系列问题，积极应对在长期执政和改革开放条件下党面临的各种风险考验，一以贯之推进党的建设新的伟大工程，使党成为改革开放的坚强领导核心。回顾40年极不平凡的历程，可以发现我们党之所以能够在改革开放的惊涛骇浪中"任凭风浪起，稳坐钓鱼船"，就是因为我们党始终高度重视党的长期执政能力建设、先进性和纯洁性建设，从而团结带领全国人民开创了中国特色社会主义事业的崭新局面。

历史启示我们，推进改革开放，离不开坚持和加强党的建设，党的建设是推进改革开放新的伟大实践的根本保障。如果没有党的正确思想路线的确立，就没有改革开放；如果没有党的建设的持续推进，就没有改革开放的顺利推进，就不会有今天举世瞩目的辉煌成就。只有在领导改革开放和社会主义现代化建设伟大社会革命的同时，坚定不移推进党的伟大自我革命，把党建设好、建设强，才能确保改革开放这艘航船沿着正确航向破浪前行。

提高领导改革开放水平是抓好党的建设的重要目标

党的建设必须按照党的政治路线来进行、围绕党的中心任务来展开、朝着党的建设总目标来加强，这是党的建设的重要方向。

40年前，我们党在开启改革开放新征程时，就确立了党的建设必须紧密结合党的基本路线的重要认识，规定了党的各项工作必须服从和服务于党的基本路线，提出了坚持围绕实现党的基本路线来加强党的建设和党的领导。坚持改革开放，是党的基本路线的基本组成部分，是当代中国最鲜明的特点。改革开放的伟大实践，使我们党从受到外部封锁和实行计划经济条件下领导国家建设的党，成为在对外开放和发展社会主义市场经济条件下领导国家建设的党。这种深刻变化，要求党必须主动面向改革开放的主战场，紧跟时代潮流，以改革创新精神不断加强自身建设，推动党的建设始终体现时代性、把握规律性、富于创造性。

40 年来，我们党紧密结合改革开放新的时代条件，深入探索共产党执政规律、社会主义建设规律、人类社会发展规律，科学回答了"什么是社会主义、怎样建设社会主义，建设什么样的党、怎样建设党，实现什么样的发展、怎样发展，新时代坚持和发展什么样的中国特色社会主义、怎样坚持和发展中国特色社会主义"等重大理论和实践问题，党的执政能力不断增强，领导改革开放水平不断提高。

回顾 40 年极不平凡的历程，可以发现正是因为我们党主动把握历史发展大势和历史变革时机，主动把握改革实践中提出的新要求、解决实践中反映的新问题，不断提高党领导改革开放的水平，才使党在革命性锻造中坚定走在时代前列。历史启示我们，党的建设具有时代性和实践性，必须立足实践、面向实践，在实践的基础上有的放矢、与时俱进地推进党的建设；改革开放是完成党的中心任务的重要方面，党的建设必须朝着不断提高党领导改革开放水平的方向努力。

以党的坚强有力领导引领新时代改革开放行稳致远

办好中国的事情，关键在党，关键在坚持党要管党、全面从严治党。改革开放是很大的试验，是全新的事业，我国的社会主义性质决定了推进改革开放必须坚持四项基本原则，特别是要坚持和加强党的全面领导。历史启示我们，坚持党对一切工作的领导，始终加强和改善党的领导，不断提高党的领导水平和执政能力，既是改革开放取得成功的根本政治保证，也是推动新时代改革开放行稳致远的根本保证。在改革开放初期，邓小平同志就提出在坚持党的领导的同时还必须改善党的领导，使党能够提高领导改革开放的实际水平。回顾改革开放 40 年的历程，习近平总书记突出强调："坚持党的领导，必须不断改善党的领导，让党的领导更加适应实践、时代、人民的要求。"在当代中国，一方面，改革开放的崭新实践能否顺利推进，很大程度上取决于党是否具有领导这场伟大实践的能力和水平；另一方面，衡量党的领导水平和执政能力高低的一个重要方面是看党是否具有推动改革开放的能力。因此，党的领导水平和执政能力，必须放到改革开放的具体实践中来增强。在新时代继续把改革开放推向前进，必须坚持和加强党的全面领导，坚决维护习近平总书记党中央的核心、全党的核心地位，坚决维护党中央权威和集中统一领导，把党的领导贯彻和体现到一切工作之中，不断改善党的领导方式和执政方式，不断增强党的政治领导力、思想引领力、群众组织力、社会号召力，努力为改革开放提供坚强的政治保证和组织保证；必须不断推进党的建设新的伟大工程，坚持用时代发展要求审视自己，以强烈忧患意识警醒自己，以改革创新精神加强和完善自己，在应对风险挑战中锻炼提高，在解决党内存在的突出矛盾和问题中净化纯洁，把党建设得更加坚强、更加有力，推动党成为始终走在时代前列、人民衷心拥护、勇于自我革命、经得起各种风浪考验、朝气蓬勃的马克思主义执政党，为继续推进改革开放营造海晏河清的政治生态；必须坚持解放思想、实事求是、与时俱进、求真务实，增强战略思维、辩证思维、创新思维、法治思维、底线思维，及时回答时代之问、人民之问，使党的理论和路线方针政策顺应时代潮流、体现人民意志、符合客观规律，推动新时代改革开放的道路越走越宽广。

五、需要一代一代共产党人
继续作出回答的重大课题*

——学习《习近平新时代中国特色社会主义思想学习纲要》体会

为了让广大党员干部群众更好地理解把握习近平新时代中国特色社会主义思想，中共中央宣传部组织编写了《习近平新时代中国特色社会主义思想学习纲要》（以下简称《纲要》）。其中，《纲要》第六部分强调指出："中国共产党人能不能在日益复杂的国际国内环境下坚持住党的领导、坚持和发展中国特色社会主义，这个还需要一代一代共产党人继续作出回答。"这是"中国共产党领导是中国特色社会主义最本质的特征"的集中体现。

为什么中央一再强调坚持党的领导

党的领导是战胜一切困难和风险的"定海神针"。习近平总书记讲过，当前我们正面临两个"大局"，一个是实现中华民族伟大复兴的战略全局，再一个是世界百年未有之大变局。对于已经执政 70 年的中国共产党而言，没有任何时期比现在更接近、更有信心和能力实现中华民族伟大复兴的目标，也没有任何时期遇到现在这么多的挑战与困难。我们党正在进行新的历史条件下的伟大斗争，其艰巨复杂程度超乎寻常、世所罕见，给我们党带来

---

* 朱旭东，中央纪委研究室原主任。

的严峻考验前所未有、世所罕见。《纲要》指出："中国共产党人能不能打仗，新中国的成立已经说明了；中国共产党人能不能搞建设搞发展，改革开放的推进也已经说明了；中国共产党人能不能在日益复杂的国际国内环境下坚持住党的领导、坚持和发展中国特色社会主义，这个还需要一代一代共产党人继续作出回答。"中国共产党能不能"坚持住党的领导"，实现长期执政，既是中国特色社会主义事业向我们党提出的时代之问，也是国际共产主义运动向我们党提出的世纪课题。

党的执政地位是由我国宪法以国家根本法的形式所确认的。党的执政地位必须通过国家根本法予以确立，这是坚持党的领导的法律基础。苏联1918年宪法规定苏联社会主义的国体和政体，1936年斯大林宪法补充"共产党是一切社会团体和国家机关的领导核心"。1991年，戈尔巴乔夫通过修宪公然取消宪法第六条关于共产党领导的规定，从而否定了以宪法形式确认共产党的执政地位，犯了颠覆性的错误。新中国成立之初，毛泽东要求在京中央政治局委员认真学习研究苏俄1918年宪法和1936年斯大林宪法。我国"五四宪法"和"八二宪法"，通过序言体现党的领导的宪法原则。2018年通过的宪法修正案，则在《宪法》第一条增加了"中国共产党领导是中国特色社会主义最本质的特征"的表述，从而以清晰的法律条文落实宪法序言提出的根本原则。这是我们党吸取苏共教训、坚持党的领导、防止敌对势力颠覆图谋而采取的重大战略举措。

党的领导必须是全面的、系统的、整体的。《纲要》指出："加强党对一切工作的领导，这一要求不是空洞的、抽象的，要落实到改革发展稳定、内政外交国防、治党治国治军等各领域各方面各环节。哪个领域、哪个方面、哪个环节缺失了弱化了，都会削弱党的力量，损害党和国家事业。"党的十八大以来，习近平总书记对坚持党的领导旗帜鲜明、立场坚定，从根本上扭转了党的领导弱化、党的建设缺失、全面从严治党不力的状况，"澄清了模糊认识，夺回丢失的阵地，把走弯了的路调直"，"校正了党和国家事业前进的航向"。可见，坚持党的领导不只是一个重大的理论问题，也是一个重大的实践问题。

坚持党的领导必须做到"两个维护"

什么是"两个维护"？即"坚决维护习近平总书记党中央的核心、全党的核心地位，坚决维护党中央权威和集中统一领导"。2016 年 10 月召开的党的十八届六中全会，全会正式确立习近平总书记党中央的核心、全党的核心地位。一年后，2017 年 10 月召开的党的十九大把习近平总书记党中央的核心、全党的核心地位写入党章。2018 年 8 月新修订的《中国共产党纪律处分条例》，将"两个维护"作为严明政治纪律和政治规矩的"出发点和落脚点"。

《纲要》指出，我们这样一个有着九千多万名党员的大党，必须有一个坚强的领导核心。习近平总书记党中央的核心、全党的核心地位，是在新的伟大斗争实践中形成的。他在领导新时代中国特色社会主义事业的历史进程中，展现出坚定信仰信念、鲜明人民立场、非凡政治智慧、顽强意志品质、强烈历史担当、高超政治艺术，赢得了全党全国各族人民衷心拥护，赢得了国际社会高度赞誉。确立习近平总书记党中央的核心、全党的核心地位，是历史和人民的共同选择、郑重选择、必然选择。《纲要》并指出，坚决维护党中央权威和集中统一领导，是党的领导的最高原则。如果党中央没有权威，党的理论和路线方针政策可以随意不执行，党就会变成一盘散沙，就会成为自行其是的"私人俱乐部"。因此，"维护党中央权威和集中统一领导，决不是一般问题和个人的事，而是方向性、原则性问题，是党性，是大局，关系党、民族、国家前途命运。"

如何做到"两个维护"，确保党的领导更加坚强有力

增强拥护核心、跟随核心、捍卫核心的思想自觉、政治自觉、行动自觉。《纲要》指出："服从核心、维护核心就是服从大局、维护大局，就是最大的政治。"要教育引导党员干部从历史和现实、理论和实践、国内和国际

的结合上深刻认识、强化认同，不断增强拥护核心、跟随核心、捍卫核心的思想自觉、政治自觉、行动自觉，始终同以习近平同志为核心的党中央保持高度一致，做到"党中央提倡的坚决响应、党中央决定的坚决执行、党中央禁止的坚决不做"。

以实际行动维护党中央一锤定音、定于一尊的权威。《纲要》指出："党中央是大脑和中枢，党和国家大政方针的决定权在党中央。"地方和部门的权威来自党中央权威，地方和部门的工作是对党中央决策部署的具体落实。并指出："维护党中央权威、向党中央看齐，这个逻辑不能层层推下去。"层层提权威、要看齐，党中央权威、向党中央看齐就会被虚化、弱化，这在政治上是错误的，甚至是有害的。"核心只有党中央的核心，看齐只能向党中央看齐。"又强调："坚持党中央权威和集中统一领导，不是说不要民主集中制了，不要发扬党内民主了，而是体现了充分发扬民主基础上的正确集中，把这两者对立起来是不对的、有害的。"

处理好党政关系，要坚持党的领导。《纲要》指出："国家治理体系是由众多子系统构成的复杂系统，这个系统的核心是中国共产党，人大、政府、政协、监委、法院、检察院、军队，各民主党派和无党派人士，各企事业单位，工会、共青团、妇联等群团组织，都要坚持中国共产党领导。"并强调指出："处理好党政关系，首先要坚持党的领导，在这个大前提下才是各有分工，而且无论怎么分工，出发点和落脚点都是坚持和完善党的领导。"这个重要论述是对一个时期以来党的建设实践经验的重要总结，讲得很深刻、很透彻、很到位。

建立健全坚持和加强党的全面领导的制度体系，确保党的领导全覆盖。首先，建立健全党对重大工作的领导体制和机制。这套体制机制包括：一是中央委员会、中央政治局、中央政治局常委会，是党的领导决策核心。二是党中央决策议事协调机构在中央政治局及其常委会领导下开展工作。三是其他方面的议事协调机构，要同党中央决策议事协调机构的设立调整相衔接，保证党中央令行禁止和工作高效。四是党中央作出的决策部署，所有党组织都要贯彻落实。五是强化党的组织在同级组织中的领导地位，理顺党的组织同其他组织的关系。

其次，深化党和国家机构改革。从 2018 年开始，中央用短短一年多时间，推进中央和地方各级各类机构改革，健全党的领导体系、政府治理体系、武装力量体系、群团工作体系，初步建立适应新时代要求的党和国家机构职能体系主体框架。习近平总书记指出，这是我们"打的一次全面深化改革的战略性战役"，使"加强党的全面领导得到有效落实，维护党的集中统一领导的机构职能体系更加健全"，"为完善和发展中国特色社会主义制度、推进国家治理体系和治理能力现代化提供了有力组织保障"。

最后，严格执行请示报告制度。一是中央政治局全体同志每年向党中央和总书记书面述职。二是中央书记处和中央纪律检查委员会、全国人大常委会党组、国务院党组、全国政协党组、最高人民法院党组、最高人民检察院党组每年向中央政治局常委会、中央政治局报告工作。三是各地区各部门党委（党组）加强向党中央报告工作。四是研究涉及全局的重大事项或作出重大决定要及时向党中央请示报告，执行党中央重要决定的情况要专题报告。五是遇有突发性重大问题和工作中重大问题要及时向党中央请示报告。六是党员、领导干部在涉及重大事项、重要工作、个人有关事项时，要按规定按程序向组织请示报告。七是要把请示报告和履职尽责统一起来，该请示的必须请示，该报告的必须报告，该负责的必须负责，该担当的必须担当。

六、40 年来党风廉政建设和反腐败
斗争的宝贵经验 *

中国共产党的性质和宗旨，决定了党同各种消极腐败现象是水火不相容的。坚决反对腐败、建设廉洁政治，保持党的肌体健康，是我们党一贯坚持的鲜明政治立场。改革开放以来，面对世情国情党情的深刻变化，我们党始终把党风廉政建设和反腐败斗争作为关系党和国家生死存亡的大事来抓，取得了重大成效，积累了宝贵经验，体现了鲜明特色。深刻把握改革开放以来我们党开展党风廉政建设和反腐败斗争的主要特点和宝贵经验，对全面贯彻落实党的十九大关于新时代党的建设总要求，推动全面从严治党向纵深发展，夺取反腐败斗争压倒性胜利，具有重要的现实意义。

坚持以发展着的马克思主义指导党风廉政建设
和反腐败斗争实践

没有革命的理论，就不会有革命的运动。改革开放以来，我们党坚持以中国特色社会主义理论体系指导党风廉政建设和反腐败斗争实践，用辩证唯物主义和历史唯物主义来观察和分析问题，确保了党风廉政建设和反腐败斗争在复杂的国内外环境中沿着正确的政治方向推进，为保持党的先进性和纯洁性发挥了重大作用，为改革开放和社会主义现代化建设提供了有力保证。党的十八大以来，以习近平同志为主要代表的中国共产党人，顺应时代发

＊ 范季海，中国纪检监察学院副院长。

展，从理论和实践结合上系统回答了新时代坚持和发展什么样的中国特色社会主义，怎样坚持和发展中国特色社会主义这个重大时代课题，创立了习近平新时代中国特色社会主义思想，这是马克思主义中国化最新成果，从根本上引领党和国家事业全面开创新局面，推动党和国家取得了历史性成就、发生了历史性变革。习近平总书记就党风廉政建设和反腐败斗争作出了一系列重要论述，提出了一系列新思想新观点新论断，深刻回答了在新的历史条件下"为什么要开展党风廉政建设和反腐败斗争、怎样开展党风廉政建设和反腐败斗争"等一系列重大理论和实践问题，是习近平新时代中国特色社会主义思想的重要组成部分，是深入推进全面从严治党、党风廉政建设和反腐败斗争的强大思想武器和行动指南。实践证明，党的十八大以来党风廉政建设和反腐败斗争的每一步探索、每一项成就，根本在于以习近平同志为核心的党中央的坚强领导，在于习近平新时代中国特色社会主义思想的科学指导。

坚持党对党风廉政建设和反腐败斗争的
集中统一领导

中国共产党领导是中国特色社会主义最本质的特征。坚持党的领导是当代中国最高政治原则。改革开放以来，我们始终坚持党对党风廉政建设和反腐败斗争的集中统一领导，并根据不同时期特点，确立了党风廉政建设和反腐败斗争的基本原则、工作方针、工作格局、体制机制，积极探索新的历史条件下开展党风廉政建设和反腐败斗争的有效路径。党的十八大以来，以习近平同志为核心的党中央，始终坚持和加强党的全面领导，切实把党的领导落实到改革发展稳定、内政外交国防、治党治国治军等各领域各方面各环节，为夺取新时代中国特色社会主义伟大胜利提供根本政治保证。党中央把党风廉政建设和反腐败斗争紧紧抓在手上，旗帜鲜明、立场坚定、意志品质顽强、领导坚强有力，坚持使命引领和问题导向相结合，标本兼治，既从顶层设计上统筹谋划全局，又从举措方法上聚焦突出问题，既拿出当下

"改"的办法，又推进长久"立"的机制，打出一整套"组合拳"，推出一系列战略举措，积极构建不敢腐、不能腐、不想腐的有效机制，推动全面从严治党、党风廉政建设和反腐败斗争不断向纵深发展，努力实现干部清正、政府清廉、政治清明，通过不懈努力换来海晏河清、朗朗乾坤。充分发挥党的组织优势，形成了全党动手一起抓的良好局面。党中央明确了党委的主体责任和纪委的监督责任，从中央部委和省一级抓起，层层传导压力，并以强有力的问责，推动各级党组织切实履行职责。各级党组织提高政治站位，增强"四个意识"，在思想认识和方法措施上跟上全面从严治党要求，把党中央的决策部署落到实处。各级纪检监察机关认真履行职责，强化监督责任，忠诚干净担当。深化纪律检查体制改革，深化国家监察体制改革，加强党对反腐败工作的集中统一领导。经过不懈努力，夺取了反腐败斗争压倒性胜利。

把党风廉政建设和反腐败斗争置于党和
国家工作全局中来谋划和推进

党风廉政建设和反腐败斗争是党和国家工作的重要组成部分。改革开放以来，我们始终坚持党的基本路线不动摇，坚持两手抓、两手都要硬，一手抓改革开放、一手抓惩治腐败。始终坚持党风廉政建设和反腐败斗争紧紧围绕经济建设这个中心，服从和服务于改革发展稳定大局，确保党中央决策部署落到实处。作出军队、武警部队和各级政法机关与所办经营性企业彻底脱钩、实行收支两条线、改革行政审批制度等重大举措，积极探索从源头上防治腐败的途径。党的十八大以来，以习近平同志为核心的党中央，紧密结合伟大斗争、伟大事业、伟大梦想的实践，努力推进党的建设新的伟大工程，以党的自我革命推动党领导人民进行的伟大社会革命。统筹推进"五位一体"总体布局，协调推进"四个全面"战略布局，把党风廉政建设和反腐败斗争与中心工作一起谋划、一起部署、一起推进。与伟大工程相适应，以政治建设为统领，把反腐败斗争与党的政治建设、思想建设、组织建设、作风建设、纪律建设一起推进，相互联系、相互作用、相互贯通、相得益彰。深刻把握坚持党的领导、加强党的建设、全面从严治党、党风廉政建设和反腐败斗争的内在逻辑，深入推进全面从严治党，坚持思想从严、管党从严、执纪从严、治吏从严、作风从严、反腐从严，严肃党内政治生活，净化党内政治生态，同一切影响党的先进性、弱化党的纯洁性的问题作斗争，坚决扭转党的领导弱化、党的建设缺失、全面从严治党不力的状况，使党内政治生活出现新气象，党内政治生态明显好转，党群关系明显改善，党风廉政建设和反腐败斗争具有了坚实政治基础。

把维护最广大人民根本利益作为根本出发点和落脚点

民心是最大的政治。维护最广大人民的根本利益，是我们党开展党风廉政建设和反腐败斗争的根本目的。改革开放以来，我们党始终坚持立党为公、执政为民，着力解决群众反映强烈的突出问题，坚决维护人民群众的切身利益。反腐败为了人民、反腐败依靠人民。我们发挥人民群众监督作用，把群众举报和专门机关依法查处结合起来，积极探索不搞群众运动但又充分依靠人民群众有效开展反腐败的路径。党的十八大以来，以习近平同志为核心的党中央，坚持以人民为中心的理念，把群众高兴不高兴、满意不满意、答应不答应作为检验标准，凡是群众反映强烈的问题都严肃认真对待，凡是损害群众利益的行为都坚决纠正，及时回应了人民群众的期盼，提升了人民群众对党的信心、信任和信赖。深入开展党的群众路线教育实践活动，集中整治"四风"问题，坚决反对特权思想和特权现象，严厉整治发生在群众身边的不正之风和腐败问题，创新开展市县巡察，推动全面从严治党向基层延伸，让人民群众真正感受到正风肃纪反腐就在身边，不断增强人民群众的获得感、幸福感、安全感。把党的群众路线贯彻到治国理政全部活动之中，鼓励群众参与到全面从严治党实践中来，坚持开门反腐，让群众监督便捷有效，形成无处不在的监督网。人民群众的广泛支持和参与，是开展党风廉政建设和反腐败斗争的重要群众基础和力量源泉。

保持惩治腐败高压态势，坚决遏制腐败现象蔓延势头

坚定不移惩治腐败，是我们党有力量的表现，也是广大人民群众的共同愿望。改革开放以来，我们党充分认识反腐败斗争的长期性、复杂性、艰巨性，既树立持久作战思想，又注重打好阶段性战役，加大反腐败斗争力度，严肃查处违纪违法案件，严厉惩处腐败分子，维护了党纪国法的权威，保证了改革开放和现代化建设的顺利进行。党的十八大以来，以习近平同志为核心的党中央，面对严峻复杂的反腐败斗争形势，以刀刃向内的自我革命精神，坚持有腐必反、有贪必肃，坚决遏制腐败现象蔓延势头，决不让腐败分子在党内有任何藏身之地。坚持无禁区、全覆盖、零容忍，坚持重遏制、强高压、长震慑，坚持受贿行贿一起查，坚决减存量、重点遏增量，重点查处党的十八大以来不收敛、不收手，问题线索反映集中、群众反映强烈，政治问题和经济问题交织的腐败案件，违反中央八项规定精神的问题。坚定不移"打虎""拍蝇""猎狐"，严厉整治发生在群众身边的腐败问题，加大国际追逃追赃力度，筑牢防逃堤坝，决不让腐败分子逍遥法外。在坚决惩治腐败的同时，持之以恒正风肃纪，以抓铁有痕、踏石留印的劲头，抓常抓细抓长，加大惩戒问责力度，坚决查处违反中央八项规定精神问题，及时查处顶风违纪行为。把纪律建设摆在更加突出位置，纳入党的建设总体布局，坚持纪严于法、纪在法前，把纪律挺在前面，严格执行纪律，使纪律真正成为带电的高压线。坚持惩前毖后、治病救人，创造性提出监督执纪"四种形态"并写入十九大党章，抓早抓小，防微杜渐，持续强化不敢、知止氛围，让党员干部知敬畏、存戒惧、守底线。

坚持思想建党和制度治党相统一，
努力构筑拒腐防变的思想防线和制度防线

党风廉政建设和反腐败斗争，既要解决思想问题，又要解决制度问题。

改革开放以来，我们党把思想建设放在重要位置，大力恢复党的优良传统，大力开展理想信念和党性党规党纪教育，引导党员干部牢固树立正确的世界观、人生观、价值观，提高廉洁从政和拒腐防变的自觉性。加强制度建设，制定出台一系列党纪条规和法律法规，着力规范党员干部廉洁从政行为。党的十八大以来，以习近平同志为核心的党中央，坚持依规治党和以德治党有机结合，思想建党和制度治党同向发力，既注重解决思想问题、拧紧"总开关"，固本培元，又注重解决制度问题，上紧制度规矩发条，释放制度蕴含的力量，强化刚性约束。我们把坚定理想信念作为党的思想建设的首要任务，坚持用习近平新时代中国特色社会主义思想武装全党，教育全党牢记党的宗旨，不忘初心、牢记使命，自觉做共产主义远大理想和中国特色社会主义共同理想的坚定信仰者和忠实实践者。开展党的群众路线教育实践活动、"三严三实"专题教育，推进"两学一做"学习教育常态化制度化，使党员干部思想受到洗礼，灵魂受到触动。加强党性教育和道德教育，引导广大党员干部不断改造主观世界，明大德、守公德、严私德，做廉洁自律、廉洁用权、廉洁齐家的模范。我们坚持用制度治党、管权、治吏，与时俱进推进制度创新，把管党治党创新成果固化为法规制度，努力形成系统完备的法规制度体系。狠抓制度执行，确保各项法规制度落地生根，真正让铁规发力、让禁令生威。开展法规制度宣传教育，形成尊崇制度、遵守制度、捍卫制度的良好氛围。通过这些举措，扎牢了不能腐的笼子，增强了不想腐的自觉，奠定了党风廉政建设和反腐败斗争的思想基础和制度基础。

完善党和国家监督体系，积极探索自我监督的有效途径

不受监督的权力，往往容易导致滥用，产生腐败。加强对权力运行的监督制约，保证把人民赋予的权力用来为人民服务，始终是我们党面临的一个重大课题。改革开放以来，我们党高度重视监督问题，在拓宽监督渠道、完善监督制度、健全监督机构、深化监督机制等方面作出积极探索。党的十八大以来，以习近平同志为核心的党中央，从党和国家全局的战略高度出发，

着力构建党统一指挥、全面覆盖、权威高效的监督体系，作出了重大探索，取得了重大成效。我们党坚持党内监督没有禁区、没有例外，强化自上而下的组织监督，改进自下而上的民主监督，发挥同级相互监督作用，让日常管理监督与党员领导干部如影随形。修改党内监督条例，建立健全党中央统一领导，党委（党组）全面监督，纪律检查机关专责监督，党的工作部门职能监督，党的基层组织日常监督，党员民主监督的党内监督体系。加强和改进巡视工作，深化政治巡视，坚持发现问题、形成震慑不动摇，建立巡视巡察上下联动的监督网，实现巡视全覆盖，发挥巡视监督利剑作用。深化派驻机构改革，完善派驻监督体制机制，实现派驻全覆盖，发挥派驻监督探头作用，使党内监督不留死角、不留空白。深化国家监察体制改革，成立各级监察委员会，实现对所有行使公权力的公职人员监察全覆盖。以党内监督带动其他监督，把党内监督同国家机关监督、民主监督、司法监督、群众监督、舆论监督贯通起来，形成监督合力。纪委监委切实加强自身监督，做到打铁必须自身硬。通过党的十八大以来监督体制机制的重大创新，形成了发现问题、纠正偏差、惩治腐败的有效机制，为推动全面从严治党向纵深发展、确保党和国家长治久安提供了重要保障。

七、对 40 年管党治党和反腐败实践的思考 *

1978 年 12 月召开的党的十一届三中全会，选举产生了中央纪律检查委员会，开启了我们党 40 年管党治党和反腐败的光辉历程。改革开放初期，全党认真落实《关于党内政治生活的若干准则》，搞好党风，严肃党纪，治愈"文化大革命"给党造成的创伤，保证我国从农村到城市、从经济领域到各条战线改革的顺利进行。邓小平同志南方谈话和党的十四大后，党中央作出了加大反腐败斗争力度的决策，坚决遏制腐败现象滋生蔓延的势头，保证从计划经济体制向社会主义市场经济体制顺利转换。党的十六大后，我们党加大惩治和预防腐败力度，着力解决市场化城镇化中损害群众利益的突出问题，为完善社会主义市场经济体制提供有力保证。党的十八大以来，以习近平同志为核心的党中央作出了全面从严治党的战略决策，坚持反腐败无禁区、全覆盖、零容忍，推动党和国家事业发生历史性变革。值此改革开放40 周年之际，思考我们党管党治党和反腐败的实践，主要有以下启示。

坚持和加强党的全面领导

回望建党 97 年，总结改革开放 40 年，一条管党治党和反腐败的根本启示是：任何时候任何情况下都要坚持和加强党的全面领导，在这个问题上犯错误往往是灾难性的、颠覆性的。革命战争年代，毛泽东同志在《井冈山

---

* 孙志勇。

的斗争》中指出："连有支部，班有小组。红军所以艰难奋战而不溃散，'支部建在连上'是一个重要原因。"十一届三中全会后，党中央拨乱反正，在《关于建国以来党的若干历史问题的决议》中指出："党的领导不会没有错误，但是党和人民的亲密团结必定能够纠正这种错误，任何人都不能用党曾经犯过错误作为削弱、摆脱甚至破坏党的领导的理由。"改革开放初期，邓小平同志告诫全党："如果没有共产党的领导，不搞社会主义，不搞改革开放，就呜呼哀哉了，哪里能有现在的中国？"进入中国特色社会主义新时代，习近平总书记指出："办好中国的事情，关键在党。中国特色社会主义最本质的特征是中国共产党领导，中国特色社会主义制度的最大优势是中国共产党领导。坚持和完善党的领导，是党和国家的根本所在、命脉所在，是全国各族人民的利益所在、幸福所在。"党的十八大以来，以习近平同志为核心的党中央采取一系列重大措施，纠正了一个时期以来的模糊和错误认识，扭转了一些地方和部门存在的党的领导弱化、党的建设缺失现象，使"党的领导"没有成为"一句空话"。这些年来，各级党组织自上而下地压紧压实、强化细化管党治党和反腐败的政治责任，取得了正风肃纪、反腐惩恶的卓著成效，消除了党和国家内部存在的严重隐患。实现"两个一百年"奋斗目标，我们不知还要爬多少坡、过多少坎，只要全党紧密地团结在以习近平同志为核心的党中央周围，牢固树立"四个意识"，坚决做到"两个维护"，就一定能形成万众一心、无坚不摧的磅礴力量。

坚持以人民为中心，管党治党和反腐败必须顺乎民心、取信于民

党的十一届三中全会后，中央纪委成立伊始，在"积案如山""积信如山"的情况下，发扬对党对人民高度负责的精神，对经济领域中"走后门"、领导干部特殊化等问题进行通报，要求各单位依靠群众找出纠风整纪重点，办一件，成一件，巩固一件。进入21世纪，我们党紧紧抓住群众反映最强烈的征用土地、城镇拆迁、企业重组改制和破产、环境保护等问题，坚决维护

人民群众的根本利益。党的十八大以来，以习近平同志为核心的党中央，把人民对美好生活的向往作为奋斗目标，坚持以人民为中心，践行全心全意为人民服务的根本宗旨，把党的群众路线贯彻到全面从严治党和反腐败斗争之中。从落实中央八项规定入手，纠正"四风"，坚决反对特权思想和特权现象；坚持"老虎""苍蝇"一起打，加大整治群众身边腐败问题力度，严肃查处贪污挪用、截留私分、优亲厚友、虚报冒领，雁过拔毛、强占掠夺等问题，对扶贫领域的违纪违法行为严惩不贷。党的十八大以来全面从严治党和反腐败斗争试出了人心向背。以新时代的历史担当和宽阔视野，党的十九大报告指出："我们党来自人民、植根人民、服务人民，一旦脱离群众，就会失去生命力"，号召全党"凡是群众反映强烈的问题都要严肃认真对待，凡是损害群众利益的行为都要坚决纠正"。改革开放 40 年走过的道路启示我们，人民群众反对什么、痛恨什么，我们就要坚决防范和纠正什么。要把人民拥护不拥护、赞成不赞成、高兴不高兴、答应不答应作为衡量工作的根本标准。要落实以人民为中心的发展思想，研究新时代我国社会主要矛盾的变化，切实解决群众身边的腐败和作风问题，把全面从严治党的思路举措搞得更加科学、更加严密、更加有效，不断增强人民群众的获得感、幸福感、安全感。

深化标本兼治、破立并举，既要坚决减存量遏增量，又要与时俱进推进制度改革创新

改革开放之初，同志们就认识到：整顿党风如同医生医病一样，不能光治标不治本，治标同治本要结合起来。20 世纪 90 年代，党中央作出了加大反腐败斗争力度的重大决策，正式提出"惩治腐败，要作为一个系统工程来抓，标本兼治，综合治理，持之以恒"。在较长时间的标本兼治实践里，各地区各部门通过狠抓领导干部廉洁自律、查办违纪违法案件、纠正群众反映强烈的不正之风，筑起思想道德和党纪国法两道防线，同时从腐败多发领域入手推进行政审批、财政管理和干部人事等制度改革，对教育、制度、监

督、改革等治本措施进行探索，取得了成效和进展，但也出现了纪检监察力量发散、反腐败的主责主业不聚焦等问题和不足。党的十八大以来，我们党深化对标本兼治的认识和实践，在治标方面提出"当前要以治标为主，为治本赢得时间"，充分发挥以霹雳手段惩治腐败的震慑作用。在治本方面，全面深化改革的同时，从加强党的领导和党的建设出发赋予治本更新更实更为根本的内容。比如，把政治建设作为解决党内各种问题的根本性建设；把加强思想建设、作风建设和纪律建设，规范党内政治生活，净化党内政治生态等作为治本之策；健全党和国家监督体系，把制度建设贯穿于党的各项建设之中，不断扎紧制度笼子等。在标本兼治方面，提出"标本兼治，关键在治，治是根本"。从党中央到省市县党委，从中央部委党组（党委）到基层党支部，紧紧抓住"治"这个要害，认真落实全面从严治党的主体责任和监督责任，推动建立不敢腐、不能腐、不想腐的有效机制。党的十八大以来深化标本兼治的实践，对于从严管党治党和反腐败起到了正本清源、拨正船头的历史作用。成功的实践启示我们，要保持战略定力，深化标本兼治，兴利除弊、破立并举，既要从具体问题入手，始终保持惩治腐败高压态势，坚决遏制腐败蔓延势头，又要与时俱进推进制度改革创新，把权力关进制度笼子，巩固发展反腐败斗争压倒性胜利。

从严管党治党和反腐败一刻不能松，
全面从严治党永远在路上

1982 年，面对十年内乱造成党纪废弛的情况，党的十二大提出："要在今后五年内，实现国家财政经济状况的根本好转，实现社会风气的根本好转，实现党风的根本好转。"后来我们党逐渐认识到，"党风建设是一项长期的任务"，要贯彻"一要坚决，二要持久"的方针；党风建设必须持之以恒，作为经常工作，不采取搞运动、搞突击的办法。党的十四大确定了社会主义市场经济体制改革目标后，有的同志认为，再用上 10 年、20 年的工夫，等社会主义市场经济体制建立完善了，易发多发的腐败问题就会迎刃而解。历史的逻辑往往有违人们善良的愿望。这是因为没有考虑到，建立完善社会主义市场经济体制是一项前无古人的开创性事业，解决许多极其复杂问题绝非十几年之功；也没有考虑到，我国党风廉政建设和反腐败斗争具有长期性复杂性艰巨性，不能企望有短跑便可完胜的捷径。党的十八大以来，以习近平同志为核心的党中央，以反腐败永远在路上的坚韧和执着，坚持抓思想从严、抓管党从严、抓执纪从严、抓治吏从严、抓作风从严、抓反腐从严，推动党和国家事业取得历史性成就、发生历史性变革。40年实践证明，全面从严治党永远在路上，决不能跌入"抓一抓、松一松，出了问题再抓一抓、又松一松"这样的循环，必须从人民群众的支持和监督中汲取力量，在全面从严治党的长跑中取得最终胜利。

坚持走中国特色反腐倡廉道路

建党97年特别是改革开放40年的历程表明：中国共产党与腐败水火不相容，中国特色社会主义拥有战胜腐败的最大制度优势，中国特色反腐倡廉道路是取得成功的必由之路。以毛泽东同志为主要代表的中国共产党人，确立全心全意为人民服务的宗旨，形成了党的三大优良作风等，成为中国共产党区别于其他政党的根本标志，为中国特色反腐倡廉理论奠定了基础。以邓小平同志为主要代表的中国共产党人，果断把全党工作重心转移到以经济建设为中心上来，提出"执政党的党风问题是有关党的生死存亡的问题""两手抓、两手都要硬""整个改革开放过程中都要反对腐败"等，在开创中国特色社会主义道路的同时，创造性地提出了中国特色反腐倡廉理论。以江泽民同志为主要代表的中国共产党人，深刻把握社会主义市场经济体制条件下党风廉政建设和反腐败的特点和规律，提出"治国必先治党，治党务必从严"，以及反腐败三项工作格局等，丰富了中国特色反腐倡廉理论。以胡锦涛同志为主要代表的中国共产党人，提出了党面临的"四大考验"和"四种危险"，不断提高反腐倡廉建设科学化水平，对长期执政条件下开展党风廉政建设和反腐败斗争进行深入有效的探索，深化了中国特色反腐倡廉理论。

以习近平同志为主要代表的中国共产党人，引领中国特色社会主义进入新时代，作出了全面从严治党的战略部署，提出了一系列全面从严治党的新理念新举措新部署，深化、丰富、发展了中国特色反腐倡廉理论，全面从严治党取得了历史性成就，极大地增强了人民群众对我们党的信心、信赖，厚植了党执政的政治基础。改革开放以来，我们党管党治党和反腐败取得重大成果的根本原因是有中国特色社会主义理论体系的指导，特别是党的十八大以来形成了习近平新时代中国特色社会主义思想，为全党提供了强大思想武器。

以守法崇德向善为导向矫治社会风气

反腐败与群众生活息息相关，任何时候都需要全社会的共同参与。改革开放 40 年正风反腐的实践表明，无论是反对"请客送礼""走后门"，还是惩治受贿行贿，都应注意矛盾运行的两个方面，一手抓公权力的腐败治理，一手抓社会风气的矫治。社风民风是由党风政风决定的，但有其自身发展范式，反过来影响党风政风。党的十八大以来，以习近平同志为核心的党中央，提出构建亲清新型政商关系；把培育文明道德风尚作为重要着力点，坚持正确的价值取向、舆论导向等，这些对促进全面从严治党、净化全社会风气起到了重要的建设性作用。在实现中华民族伟大复兴的征程中，反腐败斗争迈步向前，不仅要把党员干部锻造为"金刚不坏之身"，增强拒腐防变的免疫力，还要营造公平清爽的营商环境，倡导守法崇德向善的社会风尚，使中国的各类企业、社会组织拥有更纯粹更真实的社会责任和商业道德，使中国社会正气不断上扬，正义更加彰显，正道越走越宽广。

八、练就中国共产党人自我净化的"绝世武功"*

——改革开放以来党内监督途径探索历程回顾

　　中国共产党是一党长期执政，制度优势已经充分显现，但也面临风险和挑战，最大的挑战就是对权力的有效监督。早在延安时期，毛泽东同志就提出跳出"历史周期率"的重大课题。中华人民共和国成立以后，以毛泽东同志为代表的老一辈无产阶级革命家遵循马列主义建党学说，勇于实践，大胆探索，初步确立中国共产党党内监督的基本格局。党的十一届三中全会标志着党和国家进入新的历史时期。继续探索如何在执政条件下强化党内监督、实现自我完善的有效途径，这是推进新时期党的建设伟大工程必须回答和解决的重大课题，也是贯穿新时期党的纪律检查工作的逻辑主线。经过40多年实践探索，特别是党的十八大以来，中国共产党破解一系列监督难题，取得历史性进展，开辟一党长期执政条件下强化党内监督的有效途径，为推进当代马克思主义执政党建设提供"中国方案"。

党在十一届三中全会以后对党内监督有效途径的重要探索

　　党的十一届三中全会以后，以邓小平同志为核心的党的第二代中央领导集体坚持以马列主义、毛泽东思想为指导，深刻总结历史经验教训，结合新时期党的建设新的实际，着手探索中国共产党在执政和改革开放条件下加强

党内监督的有效途径。

端正党风是端正社会风气的关键。邓小平同志赞成陈云同志提出的"执政党的党风问题是有关党的生死存亡的问题"的重要论断，提出要端正党风，纠正不正之风，打击经济犯罪。抓党风、社会风气好转，要从高级干部抓起，从具体事件抓起。1983 年至 1987 年的整党，是我们党在执政和改革开放条件下加强自我监督的一次重要探索和实践。

坚决防止党内高层腐败现象。邓小平同志指出：从实行对外开放和对内搞活经济两个方面的政策以来，不过一两年时间，就有相当多的干部被腐蚀了。这股风来得很猛。要坚持一手抓改革开放、一手抓惩治腐败，在整个改革开放的全过程中都要反腐败。

靠教育靠制度，搞制度靠得住些。邓小平同志指出：克服特权等腐败现象，既要解决思想问题，又要解决制度问题。针对党内生活新情况新问题，党中央制定《关于党内政治生活的若干准则》《关于高级干部生活待遇的若干规定》等重要法规。

坚持民主集中制。邓小平同志指出：民主集中制的贯彻执行，这也是一种监督。对领导人最重要的监督来自党委会本身。各级党委实行集体领导和个人分工负责相结合的制度。凡属重大问题都要由党的委员会民主讨论，作出决定。党组织讨论决定问题，必须执行少数服从多数原则。不允许任何领导人实行个人专断和把个人凌驾于组织之上。

建立群众监督制度。邓小平同志讲过：由于我们党的执政党地位，一些同志很容易沾染上主观主义、官僚主义和宗派主义的习气。他强调：凡是搞特权、特殊化，经过批评教育而又不改的，人民就有权依法进行检举、控告、弹劾、撤换、罢免，要求他们在经济上退赔，并使他们受到法律、纪律处分。

要有好的机制体制保障。邓小平同志提出：加强党内监督，最重要的是要有专门的机构进行铁面无私的监督检查。国要有国法，党要有党法。党章是最根本的党规党法。没有党规党法，国法就很难保障。各级纪律检查委员会的任务不只是处理案件，更重要的是维护党规党法，切实把我们的党风搞好。党的十二大通过的党章规定："党的中央纪律检查委员会在党的中央委员会领导下进行工作。党的地方各级纪律检查委员会在同级党的委员会和上级纪律检查委员会的双重领导下进行工作。"

党在十三届四中全会以后对党内监督有效途径的重要探索

党的十三届四中全会以后，面对风云变幻的国际形势和国内"政治风波"的影响，面对消极腐败现象在一些地方和领域滋生蔓延的形势，以江泽民同志为核心的党的第三代中央领导集体提出"治国必先治党，治党务必从严"的重要论断，要求全党聚精会神抓党的建设，继续探索党在执政和改革开放条件下加强党内监督的有效途径。

重点抓好对领导干部的监督，强化领导集体内部的监督作用。江泽民同志指出：各级领导班子要牢固树立马克思主义的世界观、人生观、价值观，开展批评和自我批评，及时纠正各种不正确的思想和行为。1998 年至 1999年，党中央在县级以上领导干部中开展以"讲学习、讲政治、讲正气"为主要内容的党性党风教育活动。

坚持党要管党、从严治党，开展党风廉政建设和反腐败斗争。江泽民同志指出：抓住作风建设就抓住了新形势下全面推进党的建设的一个十分重要的环节。同时，要坚持标本兼治，综合治理，加大从源头上预防和治理腐败的力度，包括加强教育，健全法制，强化监督，深化改革。通过深化改革，不断铲除腐败现象滋生蔓延的土壤。

建立思想道德和党纪国法两道防线，加强主动监督。江泽民同志指出：教育是基础，法制是保证，监督是关键。要加大监督力度，特别要加强主动监督，把监督的关口往前移，加强事前防范。1997 年初，党中央针对新情况新问题，及时制定《中国共产党党员领导干部廉洁从政若干准则（试行）》和《中国共产党纪律处分条例（试行）》。这两部基础性法规是我们党在建立社会主义市场经济体制初期为强化党内监督、抵御道德风险所做的重要制度探索。

建立起一整套便利、管用、真正有约束力的制度和机制。实行党风廉政建设责任制，建立和完善巡视制度，实行领导干部述职述廉制度；健全重大事项报告制度、质询制度和民主评议制度；发挥司法机关和行政监察、审计等职能部门的作用；对行政性收费和罚没收入实行"收支两条线"管理；推行政务公开制度，加强组织监督和民主监督，发挥舆论监督作用，等等。这些制度和改革措施的实施，对于加强对权力运行的制约起到一定作用。

在党委统一领导下，组织协调各方面的力量形成合力。江泽民同志提出：充分发挥各级纪律检查机关在党内监督中的作用，党委领导同志要自觉接受同级纪委的监督。同时，要把党内监督同群众监督、舆论监督、民主监督和无党派人士的监督结合起来，把自上而下和自下而上的监督结合起来，逐步形成强有力的监督体系。

党在十六大以后对党内监督有效途径的重要探索

党的十六大以后，党的建设进入新世纪新阶段，面临着新的形势和任务。以胡锦涛同志为总书记的党中央围绕加强党的执政能力建设和先进性建设这个主题，全面推进党的建设新的伟大工程，进一步探索在执政和改革开放条件下加强党内监督的有效途径。

用党的创新理论武装头脑，保持共产党员的先进性。以胡锦涛同志为总书记的党中央号召全党大力弘扬求真务实精神、大兴求真务实之风，大力倡导八个方面的良好风气，坚持权为民所用、情为民所系、利为民所谋。同时，按照立党为公、执政为民的要求，先后开展保持共产党员先进性教育活动和学习实践科学发展观活动，努力解决党员干部党性党风党纪方面群众反映强烈的突出问题，以党风建设带动政风和社会风气的好转。

中央领导集体率先垂范，接受监督。在党的十六届三中全会上，胡锦涛同志代表中央政治局向中央全会报告工作，接受全会的监督。党的十七大决定："建立健全中央政治局向中央委员会全体会议、地方各级党委常委会向委员会全体会议定期报告工作并接受监督的制度。"这是改革开放以来中国共产党在扩大民主、加强监督方面作出的一项重大决策。党中央以身作则，以上率下，要求全党加强对领导机关、领导干部特别是各级领导班子主要负责人的监督，加强对重点环节和重点部位权力行使的监督。

逐步建立思想道德教育的长效机制、反腐倡廉的制度体系、权力运行的监控机制。坚持标本兼治、综合治理、惩防并举、注重预防的方针，在坚决惩治腐败的同时，更加注重治本，更加注重预防，更加注重制度建设；坚持统筹推进，把改革的推动力、教育的说服力、制度的约束力、监督的制衡力、惩治的威慑力结合起来，增强反腐倡廉建设的整体性、协调性、系统性、实效性。

大力推进党内监督制度化、规范化、程序化。改革开放以来，在党中央领导下，各地各部门积极探索建立集体领导和分工负责、重要情况通报和报告、述职述廉、民主生活会、信访处理、巡视、谈话和诫勉、舆论监督、询问和质询、罢免或撤换等制度，为推动党内监督规范化制度化奠定了重要基础。2003 年 12 月，党中央认真总结党内监督制度创新成果，颁布实施《中国共产党党内监督条例（试行）》。这是我们党第一部党内监督专门法规，标志着党内监督进入规范化制度化的新阶段。

努力完善中国特色社会主义监督体系。胡锦涛同志提出，要把党内监督与人大监督、政府专门机关监督、政协民主监督、民主党派监督、司法监督、群众监督、舆论监督等很好地结合起来，形成监督合力，提高监督效果。他指出，在整个监督体系中，党内监督是最重要的监督。要以扩大党内民主带动人民民主，以强化党内监督带动各方面的监督，从而使中国特色社会主义的监督体系日益完善。

党在十八大以后对党内监督有效途径的重要探索

党的十八大以后，世情、国情、党情继续发生深刻变化，我们面临的发展机遇和风险挑战前所未有。以习近平同志为核心的党中央围绕加强党的长期执政能力建设、先进性和纯洁性建设这条主线，坚持和加强党的全面领导，坚持党要管党、全面从严治党，进一步拓展长期执政条件下加强党内监督的有效途径。

必须把强化党内监督作为党的建设重要基础性工程。党内监督是党的建设的重要内容，也是全面从严治党的重要保障。长期以来，党内不愿监督、不敢监督、抵制监督等现象不同程度地存在。党内监督缺位，必然导致党的领导弱化、党的建设缺失、全面从严治党不力。习近平同志指出：党内监督是永葆党的肌体健康的生命之源。要勇于直面问题，敢于刮骨疗毒，不断增强向体内病灶开刀的自觉性，使积极开展监督、主动接受监督成为全党的自觉行动，从根本上解决管党治党主体责任缺失、监督责任缺位的问题。

必须首先从高级干部抓起。全面从严治党，既对广大党员提出普遍性要求，又对"关键少数"特别是高级干部提出更高更严的标准，进行更严的管理和监督。高级干部特别是中央领导层组成人员，必须对党绝对忠诚，模范遵守党章，严格按党的制度和规矩办事，夙兴夜寐为党和人民工作，任何时候都不搞特殊，都不破坏党的制度和规矩。习近平同志强调：必须破解一把手监督难题。党内不允许有不受制约的权力，也不允许有不受监督的特殊党员。党内监督没有禁区、没有例外。

必须坚持完善落实民主集中制。坚持民主集中制是强化党内监督的核心。强化党内监督必须严格党内政治生活，把民主基础上的集中和集中指导下的民主有机结合起来，把上级对下级、同级之间以及下级对上级的监督充分调动起来，确保党内监督落到实处、见到实效，净化党内政治生态。习近平同志指出：民主生活会要及时召开，遇到重要问题或普遍性问题，需要集体批评和自我批评的，就要召开民主生活会，把事情说清楚、谈透彻，让大家习惯于在相互提醒和督促中修正错误、共同进步。

必须落实党内监督责任。党内监督是全党的任务。党委负主体责任，不能当"甩手掌柜"。书记是第一责任人，既要挂帅又要出征。纪委是党内监督的专责机关，要负监督责任。全党要建立党中央统一领导、党委（党组）全面监督、纪检机关专责监督、党的工作部门职能监督、党的基层组织日常监督、党员民主监督的党内监督体系。习近平同志强调：要紧紧咬住"责任"二字，抓住"问责"这个要害。健全制度、细化责任，层层传导压力，强化责任担当。整合问责制度，健全问责机制，坚持有责必问、问责必严。

必须把纪律和规矩挺在前面。习近平同志指出：加强纪律建设是全面从严治党的治本之策。要坚持纪严于法、纪法协同，把执法、执纪贯通起来，实现监督全覆盖。要坚持用党章党规党纪管住全体党员。要依据宪法法律管好所有行使公权力的公职人员。要实现对中央一级党和国家机关派驻纪检机构全覆盖，使党内监督不留死角、没有空白。要把巡视作为党内监督的战略性制度安排，发现问题、形成震慑，建立巡视巡察上下联动的监督网，将监督触角向基层延伸。党内监督要坚持惩前毖后、治病救人，运用监督执纪"四种形态"，抓早抓小、防微杜渐，重在日常、贵在有恒，最大限度地防止党员干部出问题。

必须坚持高标准和守底线相结合。习近平同志指出：既要注重规范惩戒、严明纪律底线，更要引导人向善向上，坚守共产党人精神追求，筑牢拒腐防变思想道德防线。中央开展党的群众路线教育实践活动和"三严三实"专题教育，推进"两学一做"学习教育常态化制度化，就是要"把合格的标尺立起来，把做人做事的底线划出来，把党员的先锋形象树起来，用行动体现信仰信念的力量"。既树立高尚的道德情操，又严明党的纪律戒尺，这就是把党章权威树起来、立起来。

必须让人民来监督权力。习近平同志指出：要坚持党内监督和人民群众监督相结合，让人民群众不断看到实实在在的成效和变化。要锲而不舍落实中央八项规定精神，严厉整治形式主义、官僚主义、享乐主义和奢靡之风。要坚决反对特权思想、特权现象，着力解决人民群众反映最强烈、对党的执政基础威胁最大的突出问题。要坚持反腐败无禁区、全覆盖、零容忍，坚定不移"打虎""拍蝇""猎狐"，探索建立不敢腐、不能腐、不想腐的有效机制。作风是否确实好转，要以人民满意为标准；群众不满意的地方，就要及时整改。

必须把权力关进制度笼子。习近平同志指出：把权力关进制度的笼子里，就是要依法设定权力、规范权力、制约权力、监督权力。党的十八大以来，中央制定和修订《关于新形势下党内政治生活的若干准则》《中国共产党廉洁自律准则》《中国共产党纪律处分条例》《中国共产党党内监督条例》《中国共产党巡视工作条例》《中国共产党问责条例》等党内重要法规，修改宪法部分内容，制定颁布《中华人民共和国监察法》，使纪律和法律的尺度更加明确，制约权力的制度笼子越扎越紧，监督权力的制度优势充分释放。习近平同志强调，坚持依法治国与制度治党、依规治党统筹推进、一体建设，推动党的制度优势更好转化为治国理政的实际效能。

必须健全党和国家监督体系。习近平同志指出：监督国家公务员正确用权、廉洁用权，是党内监督的题中应有之义。要做好监督体系顶层设计，既加强党的自我监督，又加强对国家机器的监督。组建国家监察委员会，加强党对反腐败工作的集中统一领导，实现对所有行使公权力的公职人员监察全覆盖。他指出：构建党统一指挥、全面覆盖、权威高效的监督体系，把党内监督同国家机关监督、民主监督、司法监督、群众监督、舆论监督、审计监督等贯通起来，增强监督合力，推进国家治理体系和治理能力现代化。

必须强化纪委监督执纪问责职责。习近平同志指出：纪委是党内监督的专责机关，是管党治党的重要力量。监督执纪问责是党章赋予纪律检查机关的根本职责。要把维护党的政治纪律放在首位，坚决维护党中央权威和集中统一领导。要推动党的纪检工作双重领导体制具体化、程序化、制度化，强化上级纪委对下级纪委的领导，保证各级纪委监督权的相对独立性和权威性。党的十八届三中全会决定：查办腐败案件以上级纪委领导为主，线索处置和案件查办在向同级党委报告的同时必须向上级纪委报告；各级纪委书记、副书记的提名和考察以上级纪委会同组织部门为主；全面落实中央纪委向中央一级党和国家机关派驻纪检机构，实行统一名称、统一管理。纪委要转职能、转方式、转作风，认真履行监督执纪问责职责，切实加强自身建设，为推动全面从严治党、协调推进"四个全面"战略布局提供坚强纪律保证。

40 年的改革开放推动中国共产党党内监督发生历史性变化

改革开放以来，历届中央领导集体都高度重视党的监督问题，从不间断对党内监督有效途径的实践探索。特别是党的十八大以来，党内监督的思路、格局、体制等都发生了重大变化，习近平新时代中国特色社会主义思想为新时代开展党内监督指明了前进方向。

改革开放特别是党的十八大以来，党内监督思路发生重大变化。在监督原则上，更加强调坚持和加强党的全面领导，强化责任担当，强调"有权必有责、有责要担当，用权受监督、失责必追究"。在监督任务上，强调重点解决党的领导弱化、党的建设缺失、全面从严治党不力，党的观念淡漠、组织涣散、纪律松弛，管党治党宽松软问题。在监督内容上，将维护党中央集中统一领导、落实全面从严治党责任等情况摆在更加突出的位置。在监督制度上，对党的中央委员会、中央政治局、中央政治局常委会以及中央委员、中央政治局委员的监督职责作出全面规定，充分体现党中央和中央领导同志以身作则、以上率下，党内监督没有禁区、没有例外。2016年10月修订颁布的《中国共产党党内监督条例》，系统梳理、总结、提炼党的十八大以来推进党内监督的新鲜经验和管用实招，标志着新时代中国共产党党内监督实践理论制度的全面创新。

改革开放特别是党的十八大以来，党内监督格局发生重大变化。在纪律监督方面，坚持纪严于法、纪在法前，立足抓早抓小、防微杜渐，用党章党规党纪管住全体党员。在监察监督方面，将行政监察上升为国家监察，把执法与执纪贯通起来，依据宪法法律管好所有行使公权力的公职人员。在派驻监督方面，推进各级纪委监委向同级党和国家机关"全面派驻"纪检监察组，解决"监督盲区"问题。在巡视监督方面，加大授权力度，使其真正成为发现问题、形成震慑、解决突出问题的"党之利器"。实践证明，巡视是实现党内监督和群众监督相结合的有效方式，是实现执政党自我监督和自我净化的有效途径。伴随着40年来纪检监察体制改革的不断深化，我们党已经形成纪律监督、监察监督、派驻监督、巡视监督"四个全覆盖"的权力监督格局。

改革开放特别是党的十八大以来，党内监督体制发生重大变化。首先，纪委的产生机构发生变化。40年前，恢复重建的中央纪委由党的中央委员会全体会议选举产生。从党的十二大开始改由党的代表大会选举产生，一直延续至今。纪委在执政党内的地位之高，在马克思主义执政党中并不多见。

其次，纪委监督权的相对独立性和权威性得到有力提升。党的十八届三中全会决定实行"两个为主"，强化上级纪委对下级纪委的领导，进一步完善地方纪委双重领导体制。再次，进入新时代，纪律检查与国家监察合署办公的监督体制横空出世。2018 年 3 月，由我国最高权力机构选举产生国家监委，中央纪委与国家监委合署办公。这是我们党为破解长期执政条件下党内监督的体制障碍作出的重大战略决策，具有重要的现实意义和深远的历史意义。

2018 年年初，习近平同志在十九届中央纪委二次全会上的重要讲话中指出：自我监督是世界性难题，是国家治理的"哥德巴赫猜想"。我们要通过行动回答"窑洞之问"，练就中国共产党人自我净化的"绝世武功"。习近平同志的这一重要论断，集中反映我们党对强化自我监督的高度自觉，充分表达我们党对破解自我监督难题的坚定自信。

毫无疑问，党的十一届三中全会以来特别是党的十八大以来，我们党坚持不懈地探索一党长期执政条件下强化党内监督的有效途径，破解长期想解决而没有解决的监督难题，消除党和国家内部存在的严重隐患，就是中国共产党带领全党和全体人民在新的历史条件下鲜明回答"窑洞之问"的实际行动。对此，全党同志和人民群众给予充分肯定，国际社会也给予高度评价。

中国共产党是世界上最大的政党。大就要有大的样子。40 年成功实践向世人表明，我们党在自我净化的道路上已经迈出实质性步伐，走在世界马克思主义执政党的前列。尽管在前进的道路上面临重大风险考验，党内监督依然任重道远，但是，只要我们高举中国特色社会主义伟大旗帜，坚定地走中国特色执政党自我监督之路，就一定能够练就中国共产党人自我净化的"绝世武功"。

九、改革开放以来党的纪律检查工作特点 [*]

改革开放 40 年来,伴随经济社会发展,党风廉政建设和反腐败工作不断深入。特别是党的十八大以来,各级纪检监察机关全面履行党章赋予的职责,以顽强意志品质正风肃纪、反腐惩恶,同时以深化改革为动力,坚定不移全面从严治党,推进纪律检查体制和国家监察体制改革,着力完善反腐败体制机制,实现"形"的重塑、"神"的重铸,为开创中国特色社会主义事业新局面作出重要贡献。

工作体制:深化纪检监察体制改革,完善监督体制机制,加强党对反腐败工作集中统一领导

党和国家机构改革,根本目的在于坚持和加强党的全面领导、不断提升党的长期执政能力。纵观改革开放以来的纪检监察机构改革,纪检和监察合署办公是总方向,加强党对反腐败工作集中统一领导是总目标,具有鲜明的时代特色。

改革开放以来至党的十八大召开,纪检监察机关的机构设置经历了三个阶段:一是纪律检查机关的恢复重建;二是行政监察机关的设立和恢复;三是纪检监察机关合署办公。第一个阶段,党的十一届三中全会提出恢复重建党的纪律检查机关,十二大后县级以上地区和单位基本都建立了纪检机构。

---

[*] 刘海涛,江苏省连云港市委常委、市纪委书记、市监委主任。

第二个阶段，为填补行政监察工作的长期空白，1986 年 12 月六届全国人民代表大会常务委员会决定恢复重建国家行政监察体制，到 1988 年县以上大多数地方组建了行政监察机关。第三个阶段，针对纪检和监察监督对象高度重合的实际情况，为集中力量抓好党风廉政建设，避免工作交叉和重复。1992 年 10 月，中共中央、国务院决定中央纪委与监察部合署办公，各地纪委、监察部门随之合署办公，履行党的纪律检查和行政监察两项职能。

经过 20 多年实践，合署办公模式使监督整体合力得到增强。但不可否认，行政监察覆盖范围过窄，反腐败机构众多、职能分散，难以形成查办案件的合力等问题显现，纪检监察体制机制难以适应新形势下党风廉政建设和反腐败工作需要的问题越来越突出。党的十八大以后，适应全面从严治党新任务新要求，为进一步整合反腐败资源力量，形成集中统一、权威高效的反腐败体制，党中央决定推进国家监察体制改革，探索对所有行使公权力的公职人员监察全覆盖。党的十九大后，国家监察体制改革试点工作在全国推开，国家、省、市、县四级监察委员会相继组建。通过深化监察体制改革，实行纪委监委合署办公，实现了党内监督和国家机关监督、党的纪律检查和国家监察有机统一，进一步加强了党对反腐败工作的集中统一领导，推动了国家治理体系和治理能力现代化。

职责定位：以党章为根本遵循，转职能转方式转作风，聚焦主业主责，切实履行监督责任

定位准才能责任清。各级纪委由同级党的代表大会选举产生，其职权是党章赋予的，这是职责定位的根本依据。历史表明，纪检机关监督的功能、监督范围，是随着党的中心任务的变化而有所变化，这是党的自身建设规律的反映。

党的十一届三中全会以来，随着反腐败斗争形势任务的变化发展，纪检监察工作职能也在调整和深化。邓小平同志在党的十一届三中全会上指出：各级纪律检查委员会和组织部门的任务不只是处理案件，更重要的是维护党

规党法，切实把我们的党风搞好。十二大党章规定，党的中央和地方各级纪律检查委员会的主要任务是：维护党的章程和其他重要的规章制度，协助党的委员会整顿党风，检查党的路线、方针、政策和决议的执行情况。十四大党章对纪律检查机关的任务有所修改，将"维护党的章程和其他重要的规章制度"改为"维护党的章程和其他党内法规"。十六大党章再作修改，增加"协助党的委员会加强党风建设和组织协调反腐败工作"。

党的十八大之后，习近平总书记从党和国家事业全局出发，把党章赋予纪委的职责高度凝练成"监督执纪问责"六个字，强调纪检监察机关必须坚守职责定位，强化监督、铁面执纪、严肃问责。直指过去多年存在的职能泛化、职责发散、战线过长等问题。以 2014 年 5 月中央纪委召开"三转"专题研讨会为标志，各级纪检监察机关回归党章，从"包打天下"到聚焦主业主责，着力推进转职能、转方式、转作风。当前，随着国家、省、市、县四级监委相继组建并与同级纪委合署办公，纪检监察机关的职能定位有了新的变化，把党章赋予纪委的监督执纪问责职责和宪法赋予监委的监督调查处置职责贯通起来，全面履行，一体贯彻纪检、监察两项职责，是一次更高层次、更高水平的"三转"，也是推动反腐败斗争夺取压倒性胜利的重要保障。

工作任务：科学把握治标与治本，一体推进不敢腐、不能腐、不想腐的有效机制，系统推进反腐败

反腐败工作是一项复杂的系统工程，必须正确处理好治标与治本的关系，既要坚决惩治腐败，着力解决当下面临的实际问题，有效遏制腐败现象蔓延势头，又要加强制度建设，巩固和发展反腐败工作成果，不断提升党的执政能力。

党的十一届三中全会以来，我们党对治标和治本关系的认识有一个不断深化的过程，反腐败工作任务也随认识的深化而不断调整。1978 年至 1992 年，反腐败以"遏制"为主要内容，重点是针对当时群众反映强烈的"三招三转一住"问题，开展了扎实有效的纠风治理工作；针对经济领域的严重犯

罪活动，集中力量严惩走私贩私、违反财经纪律、投机倒把、诈骗等严重犯罪行为，等等。1992 年至 2002 年，党中央提出标本兼治的概念，1993 年中央纪委二次全会提出领导干部廉洁自律、查办违纪违法案件、纠正部门和行业不正之风三项工作格局。党的十五大以后，各级纪检监察机关在坚持三项工作格局的基础上，反腐败斗争逐步从侧重遏制转到标本兼治、加大治本力度的轨道上来。2002 年至 2012 年，针对党的建设和反腐败面临的新形势，全党继续深入推进党风廉政建设和反腐败斗争，确立了标本兼治、综合治理、惩防并举、注重预防的方针，提出建立健全惩治和预防腐败体系的目标。

党的十八大以来，面对依然严峻复杂的反腐败斗争形势，以习近平同志为核心的党中央对全面从严治党作出一系列重大战略部署。习近平总书记指出："深入推进全面从严治党，必须坚持标本兼治"，"要坚持治标不松劲，不断以治标促进治本"。党的十八大以来，反腐败工作不仅坚持"标本兼治"，而且明确了抓治标促治本的路线图，一体推进不敢腐、不能腐、不想腐。通过几年努力，不敢腐的目标初步实现，不能腐的笼子越扎越牢，不想腐的堤坝正在构筑，党内政治生活呈现新的气象。

思想理念：把纪律和监督挺在前面，科学把握"树木"与"森林"关系，不断净化党内政治生态

凡事都有从量变到质变的过程，腐败的发生也是如此。从查处的腐败案件看，权力不论大小，只要不受制约和监督，都可能被滥用。历史反复证明，拒绝监督就容易犯下错误，失去监督的权力必然导致腐败。只有强化监督，自律他律双管齐下，才能使党员干部保持清醒头脑，防止"破纪"走向"破法"。

党的十一届三中全会以来，对权力的制约和监督的实践和探索进入一个重要转型期。在此转型过程中，实现了从以领导干部为对象到以权力为对象，从主要依靠运动到更加注重制度建设，从以惩戒震慑为主到把监督挺在

前面等重要转变。与此相适应，党的纪律检查机关的履职理念也在不断深化。20世纪80年代，各级纪委更加注重和强调惩戒对领导干部的震慑性作用，强调以严厉的惩戒措施保持对腐败分子的高压态势。90年代以来，各级纪检监察机关发挥合署办公优势，进一步加强对权力的制约和监督，以建立结构合理、配置科学、程序严密、制约有效的权力运行机制为目标，加强对权力的监督。

党的十八大以来，随着反腐败斗争的不断深入，以习近平同志为核心的党中央扎实推进全面从严治党，更加强调纪律建设治本之策的作用，要求把纪律挺在前面，注重用党纪来衡量、约束党员干部的行为，用纪律管住全体党员，防止"要么是好同志、要么是阶下囚"。为将把纪律挺在前面具体化，提出了监督执纪"四种形态"，提供了"分类诊疗方案"，贯彻惩前毖后、治病救人，体现了全面从严治党的根本要求。与"把纪律挺在前面"相适应相配套，各级纪委将查办党员领导干部腐败案件由此前的"办案"一律改称为"纪律审查"，违纪违法者先由纪委作出纪律处分，涉嫌犯罪的再移送司法机关处理，做到了纪法分开、纪在法前、纪严于法，提升了党风廉政建设和反腐败工作的综合效能。

党的十九大以后，中央纪委针对长期以来形成的监督职能边缘化、模糊化的问题，强调监督是纪检监察机关的基本职责、第一职责，要求把监督挺在前面，定位向监督聚焦，责任向监督压实，力量向监督倾斜，形成纪律监督、监察监督、派驻监督、巡视监督"四个全覆盖"的权力监督格局，把权力关进制度的笼子里，防止公权力异化、变质、滥用。

自身建设：坚持打铁必须自身硬，严管和厚爱相结合，打造忠诚干净担当的纪检监察干部队伍

纪检监察干部承担着纯洁党的队伍、维护党的肌体健康的重要使命，纪检监察干部能否做到秉公用权，直接关系着全面从严治党的成效。同时，纪检监察机关不是天然的"保险箱"，纪检监察干部面临着腐蚀与反腐蚀的严

峻考验，一旦经受不住考验出了问题，负面影响会成倍放大，给党风廉政建设和反腐败工作带来严重损害。因此，长期以来，各级纪委一直把队伍建设抓得紧而又紧，始终强调对干部严格要求、严格管理，自身建设得到加强。

党的十八大以来，习近平总书记多次对纪委自身建设作出重要指示，要求解决好"谁来监督纪委"的问题。十八届中央纪委认真贯彻落实党中央决策部署，坚持信任不能代替监督，积极推进组织和制度创新，不断强化自我监督。2013 年，率先在纪检监察系统开展会员卡专项清退活动，带头对违反中央八项规定精神问题进行通报曝光；2014 年，设立纪检监察干部监督室，刀刃向内，严防"灯下黑"，处理了一批违纪违法纪检监察干部；2016 年，中央第十轮巡视明确把纪委和纪检组列为巡视对象，接受党内监督和社会监督；2017 年，十八届中央纪委七次全会审议通过《中国共产党纪律检查机关监督执纪工作规则（试行）》；2018 年 11 月，中央政治局审议了《中国共产党纪律检查机关监督执纪工作规则》，使其上升为中央党内法规，由党中央为纪检监察机关定制度、立规矩。一系列有效举措，彰显严格自律的责任担当，回答了"谁来监督纪委"的问题，赢得了党和人民的信任。

随着国家监察体制改革深入推进，纪委监委合署办公，监督范围扩大了、权限丰富了，经受的考验也更加严峻，对纪检监察机关自身建设提出了新的更高要求。在十九届中央纪委二次全会上，习近平总书记指出，纪检机关必须坚守职责定位，强化监督、铁面执纪、严肃问责。执纪者必先守纪，律人者必先律己。各级纪检监察机关要以更高的标准、更严的纪律要求自己，提高自身免疫力。广大纪检监察干部要做到忠诚坚定、担当尽责、遵纪守法、清正廉洁，确保党和人民赋予的权力不被滥用、惩恶扬善的利剑永不蒙尘。落实习近平总书记要求，新一届中央纪委坚持打铁必须自身硬，强调有权必受监督，"行使权力慎之又慎，自我约束严之又严"，用铁的纪律锻造纪检监察队伍。各级纪检监察机关继续把加强自身建设摆在重要位置，建立纪检监察干部打听案情、过问案件、说情干预登记备案制度等内控机制，在受到监督和约束的条件下开展工作成为常态，确保党和人民赋予的权力不被滥用、惩恶扬善的利剑永不蒙尘。

十、改革开放以来党的纪律检查工作成就与经验 *

中央纪委恢复重建 40 年来，共召开了 64 次中央纪委全会，全景式展现了中国共产党纪律检查工作 40 年的恢宏篇章。回首砥砺奋进的 40 年，尤其是党的十八大以来，纪律检查机关围绕党和国家的中心工作，忠诚履职、勇于担当，以改革创新精神深入开展党风廉政建设和反腐败斗争，为保证全党的团结统一、保持党的先进性和纯洁性、护航改革开放和经济社会发展作出了重大贡献。

深入开展党风廉政建设和反腐败斗争，形成科学有效的领导体制和工作机制

始终坚持正确的指导思想。马克思主义中国化最新成果，是党最可贵的政治和精神财富，是全国各族人民团结奋斗的共同思想基础。改革开放以来，中国共产党高举中国特色社会主义伟大旗帜，认真学习和自觉运用发展着的马克思主义指导党风廉政建设和反腐败斗争实践，不断探索符合中国国情的新措施新办法，与时俱进、开拓创新。党的十八大以来，以习近平同志为核心的党中央着眼于全面从严治党，就新时代推进党风廉政建设和反腐败斗争进行了一系列重大理论和实践探索，系统回答了新时代推进党风廉政建设和反腐败斗争的基本立场、目标任务、治理结构和战略

---

* 王希鹏，中国纪检监察学院党建教研部副研究员。

布局等重大问题，并根据新的实践对正风肃纪、党内监督、纪检监察等各方面工作作出理论分析和政策指导，形成了一系列新的重要思想观点。这是新时代推进党风廉政建设和反腐败斗争的基本遵循、行动指南和根本保证。

形成了科学的领导体制。始终坚持和加强党的全面领导，落实管党治党政治责任，这是中国特色反腐倡廉道路的制度优势。1982 年，党的十二大党章明确规定纪委"协助党的委员会整顿党风"。1998 年 11 月，《关于实行党风廉政建设责任制的规定》颁布实施，规定"实行党风廉政建设责任制，要坚持党委统一领导"。2013 年，党的十八届三中全会提出"落实党风廉政建设责任制，党委负主体责任"。十九大党章总纲规定"强化管党治党主体责任和监督责任"。从"领导责任"到"主体责任"，体现了党中央对管党治党规律认识的深化，要求各级党委必须责无旁贷地当好党风廉政建设和反腐败斗争的领导者、执行者和推动者，一级抓一级，层层传导压力，换来海晏河清、朗朗乾坤。

确定每个历史阶段的目标和工作重点。从形势和任务出发，立足当前、着眼长远，确立目标、突出重点，这是中国特色反腐倡廉道路的重要特点。改革开放初期，针对党的组织、党员的党性观念、党的优良传统和作风遭受严重破坏的严峻形势，邓小平同志强调，纪律检查工作"更重要的是维护党规党法，切实把我们的党风搞好"。1980 年 11 月，时任中央纪委书记陈云提出"执政党的党风问题，是有关党的生死存亡的问题"，抓作风建设是当时纪检工作的重中之重。党的十四大提出坚持"反腐败斗争"的重大战略，纪律检查工作提出重点抓"三项工作格局"，即领导干部廉洁自律、查办违纪违法案件、纠正部门和行业不正之风。党的十五大以后，党中央逐步加大治本和预防工作力度。党的十八大以来，党中央提出全面从严治党的战略部署，纪检监察工作从落实中央八项规定精神破题，以零容忍态度惩治腐败，明确了坚决遏制腐败蔓延势头，纠正"四风"的目标任务，着力解决党的领导弱化、党的建设缺失、全面从严治党不力，管党治党宽松软问题，使党的面貌焕然一新。根据新的形势，党的十九大明确了新时代反腐败斗争的目标，通过不懈努力，夺取了反腐败斗争压倒性胜利。

实现了党内监督和国家监察的有机统一。整合反腐败资源力量，实现党内监督和国家监察的有机统一，这是中国特色反腐倡廉道路的治理结构。改革开放以来，反腐败机构设置几经变化，反腐败工作力量不断增强。1979年下半年，最高人民检察院设立经济检察厅，开展对贪污、贿赂、挪用公款等经济犯罪的打击。1987年7月，监察部重建。针对党的纪律检查机关和行政监察机关在监督对象上具有很大的重合性，以及职责不清、办事重复、相互脱节、不够协调等问题。1993年2月，党中央作出中央纪委、监察部合署办公的重大决定，极大地增强了监督合力。但是我国反腐败机构众多，职能分散，难以形成监督合力等问题并未从根本上解决。党的十八大以后，适应全面从严治党新任务新要求，为进一步整合反腐败资源力量，形成集中统一、权威高效的反腐败体制，党中央决定推进国家监察体制改革，探索对所有行使公权力的公职人员监察全覆盖。党的十九大以后，国家监察体制改革试点工作在全国推开，国家、省、市、县四级监察委员会相继组建，同党的纪律检查机关合署办公，实现党内监督和国家监察有机统一。这是推动党和国家治理体系和治理能力现代化的重大举措，是推进反腐败的重大里程碑。

标本兼治，构建长效机制。深化规律性认识，深化标本兼治，构建不敢腐、不能腐、不想腐的有效机制，这是中国特色反腐倡廉道路的工作机制。改革开放以来，党中央多措并举、标本兼治，党的十五大强调，开展反腐败斗争必须"坚持标本兼治，教育是基础，法制是保证，监督是关键"。党的十八大以来，党中央不断推动方法创新，要求把纪律挺在前面，克服"违纪只是小节、违法才去处理"的不正常状况，用纪律管住全体党员。要求运用好监督执纪"四种形态"，抓早抓小、防微杜渐。要求抓住"关键少数"，加强对党的领导机关和党员领导干部特别是主要领导干部的监督。要求以零容忍态度惩治腐败，强化不敢腐的震慑，扎牢不能腐的笼子，增强不想腐的自觉，擘画了我们党夺取反腐败斗争压倒性胜利的战略路径。

完善法规制度体系。建立内容科学、程序严密、配套完备、运行有效的反腐倡廉法规制度体系，这是中国特色反腐倡廉道路的制度保证。1985年10月，邓小平同志在谈到如何解决少数人贪污、腐化和滥用权力的现象问题时指出："我们主要通过两个手段来解决，一个是教育，一个是法律。"党的十八大以来，党中央坚持依规治党和以德治党相统一，提出"坚持纪严于法、纪在法前，实现纪法分开"，这是思想认识的一次飞跃，是管党治党的理念创新。在法规建设方面，党内政治生活制度、党内监督制度、廉洁行为规范制度、违纪行为惩戒制度、纪律检查工作制度不断健全完善。在法律建设方面，作为反腐败国家立法，监察法颁布实施；刑事法律体系完善了惩治腐败犯罪的法律规定；行政法律体系约束规范行政权力的行使；公务员法等明确了公职人员行为准则及惩戒规定……由此，一系列基础性、主干性法规制度基本建立。

切实履行党章赋予的神圣职责，坚决维护党中央权威和集中统一领导，保证全党令行禁止

维护党的集中统一。保证党中央权威，确保党中央政令畅通是纪律检查工作的天然职责。邓小平同志在 1980 年 12 月中央工作会议上就指出，"各级党组织，每个党员，都要按照党章规定，一切行动服从组织的决定，尤其是必须同党中央保持政治上的一致。这一点现在特别重要……党的纪律检查机关要把这一点作为当前的重点"。党的十二大将"检查党的路线、方针、政策和决议的执行情况"作为纪律检查机关的主要任务写入党章。自党的十四大以来，党的历任总书记每年参加中央纪委全会，共 26 次，向全党部署党风廉政建设和反腐败工作。党的十八大以来，习近平总书记强调，"要坚持以党的政治建设为统领，坚决维护党中央权威和集中统一领导"。纪律检查工作要牢固树立"四个意识"，履行监督责任，不折不扣贯彻落实党中央决策部署和习近平总书记重要指示要求，加强党的路线方针政策执行情况监督检查，保证维护习近平总书记核心地位、维护党中央权威和集中统一领导在全党贯彻落实，汇聚起推进中国特色社会主义伟大事业的强大力量。

严肃党内政治生活。改革开放之初，针对党内政治生活不正常、党员党

性观念薄弱的严峻形势,1979年1月召开的中央纪委第一次全会就拟定了《关于党内政治生活的若干准则(草稿)》。党的十八大以来,党中央深刻认识到,党的观念淡漠、组织涣散、纪律松弛,管党治党宽松软,归根结底在于党内政治生活不严肃、不健康。十八届六中全会聚焦党内政治生活、强化党内监督,全面从严治党再部署再出发。纪检监察工作加强对党内政治生活状况、党的路线方针政策执行情况监督检查,净化党内政治生态。十九大党章总结历史和实践经验,鲜明提出纪委"协助党的委员会推进全面从严治党",这就要求纪检机关切实担负"助手"职责,当好党章党规"守护者"、政治生态"护林员",推动全面从严治党向纵深发展。

严明政治纪律和政治规矩。政治纪律是最重要、最根本、最关键的纪律,是维护党的团结统一的根本保证。严明党的纪律,首要的就是严明政治纪律。改革开放40年来,我们党始终高度重视严明党的政治纪律和政治规矩,坚持加强党的政治纪律教育,严肃查处违反政治纪律和政治规矩的问题和行为。党的十八大以来,党中央把严明政治纪律和政治规矩放在更加突出的位置,着力解决无视政治纪律和政治规矩的"七个有之"问题,十八届五年间共立案审查违反政治纪律案件1.5万件,处分1.5万人,其中中管干部112人。党的十九大把党的政治建设纳入党的建设总体布局,这是党的建设的重大创新。

纯洁党的组织和队伍,增强了党的创造力、凝聚力、战斗力

持之以恒严明党纪。纪律是党的生命,党的十二大将"维护党的章程和其他重要的规章制度"作为纪律检查机关的主要任务写入党章。十八大报告在党内重要文献中第一次提出了"党的纪律建设"的概念,纪律建设作为全面从严治党的治本之策摆在更加突出的位置。根据中央纪委历年全会的工作报告统计,改革开放以来,纪律检查机关处理群众来信来访上亿件。1979年至2018年上半年,共给予党纪政纪(政务)处分600多万人,其

中 2018 年上半年处分 24 万人（党纪处分 20.1 万人）；自党的十三大以来至 2018 年上半年，全国纪检监察机关共处分县处级以上干部 21.01 万人，其中 2018 年上半年处分 1 万人。特别是党的十八大以来，党中央始终保持惩治腐败高压态势，2012 年有 8500 万名党员，全国查办案件 15.5 万件次，处分 16.1 万名党员；到 2017 年底，全国党员人数为 8900 多万人，立案 52.7 万件次，处分党员人数 44.3 万人。在党员基数不断增长的背景下，党员受处分率从 1.8‰ 上升到 5‰，深刻体现中央严明党纪、纯洁干部队伍的坚定决心。

锲而不舍抓作风建设。协助党委抓好党风始终是纪律检查工作的重要内容。党的十二大将纪律检查机关"协助党的委员会整顿党风"写入党章。党的十八大以来，党中央从落实中央八项规定精神、纠正"四风"到开展党的群众路线教育实践活动、"三严三实"专题教育、"两学一做"学习教育，党的作风建设从立规、践行推向纵深发展。党的十八大以来，截至 2018 年 10 月 31 日，全国共查处违反中央八项规定精神问题 254808 起，处理党员干部 349552 人，给予党纪政务处分 206428 人。作风建设取得重大成效，探索了成功经验，解决了许多过去认为不可能解决的问题，党风政风和社会风气发生了全面深刻、影响深远、鼓舞人心的变化。

坚定不移惩治腐败。腐败是党执政面临的最大威胁，严重侵蚀党的执政基础。1989 年 6 月，邓小平同志提出"我们一手抓改革开放，一手抓惩治腐败"。1992 年 10 月，党的十四大首次将"反腐败斗争"作为重大战略写入工作报告，将"党坚持不懈地反对腐败"写进党章。1993 年 8 月召开的十四届中央纪委二次全会在党的历史上首次提出"党风廉政建设和反腐败斗争"概念，并作出"反腐败斗争的形势是严峻的"重大判断。中央多次强调，要从党和国家生死存亡的高度，认识反腐败斗争的重大意义。党的十八大以来，以习近平同志为核心的党中央直面依然严峻复杂的反腐败斗争形势，以力挽狂澜的气魄和胆识，以猛药去疴、重典治乱的决心，以刮骨疗毒、壮士断腕的勇气，作出了坚决打赢反腐败这场硬仗的战略决断，"打虎""拍蝇""猎狐"，这是新中国成立以来反腐败力度最大的时期，书写了一个百年大党"自我革命"的崭新篇章。

不断厚植党执政的政治基础，赢得了党心民心

提高人民群众获得感。人民群众最痛恨腐败现象。邓小平同志早就强调，"做几件使人民满意的事情。主要是两个方面，一个是更大胆地改革开放，另一个是抓惩治腐败"。党的十八大以来，纪检监察工作践行以人民为中心的发展思想，人民群众反对什么、痛恨什么，就坚决防范和纠正什么。人民群众痛恨"四风"，我们就揪住"四风"不放；人民群众痛恨腐败，我们就与腐败作坚决斗争；人民群众痛恨"苍蝇"，我们就"老虎""苍蝇"一起打。群众的眼睛是雪亮的，感受是真切的，获得的实惠是实实在在的。从 2012 年到 2017 年，群众对党风廉政建设和反腐败斗争的满意度分别为 75%、81%、88.4%、91.5%、92.9%、93.9%，实现了"六连升"。上行的曲线背后，反映出人民群众对以习近平同志为核心的党中央的信心、信任和信赖，这是以习近平同志为核心的党中央了不起的政治成就。

守护社会公平正义。改革开放以来，纪律检查工作坚守责任担当，维护社会正义。党的十八大以来，党中央"得罪千百人，不负十三亿"，以壮士断腕的勇气打破利益固化的藩篱，触动了一系列深层次的矛盾与问题，调动起广大人民群众的积极性、主动性和创造性。更多财力也用于民生公益，党中央作出了打赢脱贫攻坚战、开展扫黑除恶专项斗争、打好污染防治攻坚战等重大决策，各级纪检监察机关切实履行职责，保障中央决策贯彻实施。

重塑社会价值观。优良的党风政风对社会价值观具有十分重要的引领作用。改革开放之初，邓小平同志就指出："端正党风，是端正社会风气的关键。"党的十八大以来，纪检监察工作引导党员领导干部树立良好道德风尚和家风。十八届中央纪委多次强调，落实中央八项规定精神要弘扬传统文化。十八届中央纪委七次全会将"坚定文化自信，弘扬党的优良作风，推动社会风气好转"写入 2017 年工作部署。中央纪委所属网报刊相继推出《中国传统中的家规》《廉洁文化公开课》《系列重要讲话中的历史文化源流》等专栏。干部戒奢以俭，社会兴起了"光盘行动"，一些高端餐饮纷纷转型平民化。公款节礼被禁，带动节日消费回归理性、社会交往回归正常。清正廉

洁、公平正义等理念逐步成为整个社会发展的价值取向。

维护改革发展稳定大局，为社会主义现代化建设提供坚强保证

为改革开放除淤浚污。1980 年召开的中央纪委二次全会明确提出，"要把党的纪律检查工作的重点……进一步转移到保证党的三中全会以来的路线、方针、政策的贯彻执行，保证实现四化建设上来"。针对改革开放初期一些人坚持的"经济要搞活，纪律得松绑"等错误思想，中央纪委及时进行了批评和纠正。1984 年 10 月，陈云同志指出，"党性原则和党的纪律不存在'松绑'的问题，没有好的党风，改革是搞不好的"。40 年来，纪律检查工作始终是改革开放的坚定拥护者、维护者和捍卫者，保证了改革大船破浪前行。特别是党的十八大以来，我们党坚定不移推进全面从严治党，以顽强意志品质正风肃纪、反腐惩恶，消除了党和国家内部存在的严重隐患，为党和国家事业发展提供了坚强政治保证，促进经济持续健康发展。从 2012 年到 2017 年，中央本级"三公"经费财政拨款支出分别为 74.25 亿元、70.15 亿元、58.8 亿元、53.73 亿元、48.25 亿元、43.6 亿元，实现了"六连降"。

为经济建设保驾护航。1993 年 8 月，十四届中央纪委二次全会指出，"把反腐败寓于经济建设和改革开放之中来进行，起到维护政治稳定，保证和促进经济建设和改革开放顺利进行的作用"。实践充分表明，反腐败工作不仅没有影响改革和建设，而且保证了中国经济 40 年来的持续健康发展。在经济发展新常态下，反腐败推动经济转型升级和持续健康发展的正能量已越来越显著。反腐败净化了经济发展环境，激发了生产力，调整了生产关系，使市场竞争环境更加公正、阳光、透明。一个廉洁的政府和风清气正、规则公平的市场，是最好的投资软环境。美国彭博社的调查亦显示，17 位经济学家认为反腐将在 2020 年使中国 GDP 提高 0.1% 至 0.5%。

为深化改革推波助力。40 年前，改革开放的春雷唤醒了中华大地的蓬勃生机，纪律检查工作犹如一台强劲的引擎，为助推改革提供了持久而澎湃

的动力。党的十八大以来，党中央以加强党的全面领导带动全面深化改革，改革全面发力、多点突破、纵深推进，中国特色社会主义制度更加完善。纪检监察工作为深化改革提供有力保障，用机制创新推动标本兼治，努力从源头上减少腐败问题的发生，推动形成更高层次改革开放新格局，纪检监察工作越来越成为保证改革顺利推进的一把利剑。

十一、改革开放以来党内监督的基本实践
和主要成效 *

我们党作为马克思主义政党，从成立之日起，就十分重视党的纪律和党内监督工作。党在不同历史时期的纲领和路线之所以能够得到有效贯彻，党内监督发挥了重要作用。

改革开放以来的党内监督，是在极其复杂的历史背景和现实条件下展开的。一方面，十年"文化大革命"使党内监督机关受到严重冲击，监督工作遭到全面破坏。粉碎"四人帮"以后，全党开始拨乱反正，整顿党的组织和作风，加强和改善党的领导，扭转党纪党风混乱的局面。另一方面，实行改革开放以后，党所处的社会环境发生了根本性的变化。计划经济体制被打破，新的社会主义市场经济体制又不可能一下子健全和完善，腐败现象和各种不正之风趁机滋生蔓延开来，党的纪律受到挑战，不能不从新的实际情况出发完善党内监督。

党内监督受到高度重视，并把它列入党的
工作重要议事日程

党的十一届三中全会公报明确提出要加强党内监督。十一届五中全会通过的《关于党内政治生活的若干准则》指出，必须采取自下而上和自上而下相结合、党内和党外相结合的方法，加强党组织和群众对党的领导干部和党

---

* 邵景均，中央纪委研究室原副局级纪律检查员、监察专员。

员的监督。十一届六中全会通过的《关于建国以来党的若干历史问题的决议》，把党内监督作为建国以来的十大经验教训之一加以强调。十三届六中全会通过的《中共中央关于加强党同人民群众联系的决定》第一次提出，要制定党内监督条例。十四届四中全会通过的《中共中央关于加强党的建设几个重大问题的决定》强调，党员无论从事何种职业，担负何种领导职务，都要严格遵守党的纪律，自觉接受党组织和群众的监督。党的十六大报告指出，要建立结构合理、配置科学、程序严密、制约有效的权力运行机制，从决策和执行等环节加强对权力的监督，重点加强对领导干部特别是主要领导干部的监督，加强对人财物管理和使用的监督。党的十七大提出，要建立健全决策权、执行权、监督权既相互制约又相互协调的权力结构和运行机制，保证把人民赋予的权力真正用来为人民谋利益。党的十八大以来，党内监督被提到前所未有的高度。习近平总书记在党的十九大报告中指出："增强党自我净化能力，根本靠强化党的自我监督和群众监督。要加强对权力运行的制约和监督，让人民监督权力，让权力在阳光下运行，把权力关进制度的笼子。强化自上而下的组织监督，改进自下而上的民主监督，发挥同级相互监督作用，加强对党员领导干部的日常管理监督。"

加强专责机构建设，从组织上保障党内监督工作落到实处

加强党内监督，"最重要的是要有专门的机构进行铁面无私的监督检查"。党的十一届三中全会选举产生了以陈云同志为第一书记的中央纪律检查委员会。按照中央的要求，地方各级纪委和各部门纪检机关相继建立。纪检机关在全党范围内逐步形成了从中央直到基层的完整系统，做到凡有党组织的地方、单位和部门都有纪检机构或纪检干部。从党的十二大开始，改变了八大党章关于"党的监察委员会由同级党的委员会选举产生"的规定，决定中央纪委和地方各级纪委由党的全国代表大会和地方党的各级代表大会选举产生，并向其报告工作，这就增强了纪检机关监督的权威性。1993年初，根据党中央的指示，党的纪律检查机关和行政监察机关实行合署办公。党的

十八大后，各级纪委实行两个"以上级纪委为主"，即查办腐败案件以上级纪委领导为主，线索处置和案件查办在向同级党委报告的同时，必须向上级纪委报告；各级纪委书记、副书记的提名和考察以上级纪委会同组织部门为主。与此同时，推进党的纪律检查体制改革创新，落实"两个全覆盖"，即全面落实中央纪委向中央一级党和国家机关派驻纪检机构，实行统一名称、统一管理；改进中央和省区市巡视制度，做到对地方、部门、企事业单位全覆盖。2018年，中央和地方纪委与依照宪法、监察法成立的同级监察委员会合署办公。40年来，中央纪委和地方各级纪委忠实履行党章赋予的职责，积极开展工作，党内监督工作逐步走上了健康轨道。

加强党内监督的制度建设，党内监督法规制度
体系基本健全

40年来，党中央和中央纪委把党内监督制度的制定和实施放在突出位置。中央纪律检查委员会于1987年制定了《关于对党员干部加强党内纪律监督的若干规定（试行）》，规定了党内纪律监督的任务、原则、对象、内容和途径等。党的十四大以后，《中国共产党纪律处分条例（试行）》《中国共产党党员领导干部廉洁从政若干准则（试行）》《关于领导干部报告个人重大事项的规定》等一系列有关监督体制、机制、政策的法规制度和措施相继出台。1996年，党中央作出关于加强党内监督五项制度的规定，旨在对高中级领导干部和各级党政机关主要负责人加强监督。1998年底，党中央颁布《关于实行党风廉政建设责任制的规定》，在全党形成了一级抓一级，层层抓落实的监督体制。2003年12月31日，《中国共产党党内监督条例（试行）》颁布实施，这是中国共产党有史以来第一部系统规范党内监督工作的基本法规。它明确规定，党的各级领导机关和领导干部，特别是领导班子主要负责人，是党内监督的重点对象；遵守党章，遵守宪法、法律，廉洁自律和抓党风廉政建设的情况等七项内容，是党内监督的重点内容。党的十八大后，我们党制定或重新修订了《关于新形势下党内政治生活的若干准则》《中国共

产党廉洁自律准则》《中国共产党党内监督条例》《中国共产党纪律处分条例》《中国共产党问责条例》《中国共产党巡视工作条例》等一系列党内法规，在监督原则上更加强调坚持党的领导、强化责任担当，在监督内容上将维护党中央集中统一领导、落实全面从严治党责任等情况摆在更加突出的位置。党的十九大以来，中共中央印发了《中央党内法规制定工作第二个五年规划（2018—2022 年）》，着眼于到建党 100 周年时形成比较完善的党内法规制度体系，对今后 5 年党内法规制度建设进行顶层设计。2018 年 3 月，《中华人民共和国监察法》正式施行；2018 年 8 月，党中央颁布新修订的《中国共产党纪律处分条例》。时至今日，以党章为核心、以党内监督条例为主干、以配套规定和其他监督规范为重要补充的党内监督法规制度体系已经形成。

加大党内监督工作力度，党内监督取得显著成效

加强对党的路线方针政策落实情况的监督检查，严格执行党的政治纪律。党内监督的首要任务是保证党的政治纲领和政治目标顺利实现。各级纪委始终把维护党的政治纪律放在党内监督的首位。深入开展党的政治纪律教育，引导广大党员增强党性观念，始终保持正确的政治方向、政治立场和政治观点，在"举什么旗、走什么路"的问题上毫不动摇。在改革开放的不同历史阶段，坚决反对任何否定党的领导和社会主义制度的言论，抵制各种否定改革开放的错误思想倾向，坚定不移地查处严重违反党的政治纪律的案件，有效地保证全党在指导思想、奋斗目标、大政方针和重要工作部署上始终同党中央保持高度一致。

领导干部教育和廉洁自律工作不断深化。改革开放以来，我们党把思想建设放在重要位置，结合不同时期改革开放的实际，大力开展理想信念和党性党规党纪教育，引导党员干部牢固树立正确的世界观、人生观、价值观，提高廉洁从政和拒腐防变的自觉性。特别是党的十八大以来，以习近平同志为核心的党中央，坚持依规治党和以德治党有机结合，思想建党和制度治党同向发力，既注重解决思想问题、拧紧"总开关"，固本培元，又注重解决

制度问题，上紧制度规矩发条，释放制度蕴含的力量，强化刚性约束。全党开展了群众路线教育实践活动、"三严三实"专题教育、"两学一做"学习教育等，深入学习习近平新时代中国特色社会主义思想，推动全体党员增强政治意识、大局意识、核心意识、看齐意识。

严肃查办违纪违法案件，有效遏制了腐败案件增长的势头。在党中央的领导下，各级纪检监察机关注意研究新形势下党员干部违纪违法的特点和规律，不断探索查办案件的新思路、新方法，加强对查办大案要案的组织协调，提高依纪依法查办重大案件和复杂案件的能力。重点查办了领导干部滥用职权、贪污贿赂、腐化堕落、失职渎职的案件，查办利用人事权、司法权、审批权、行政执法权谋取私利的案件，查办官商勾结、为黑恶势力充当"保护伞"、严重侵害群众利益的案件，对涉嫌犯罪的及时移送司法机关。改革开放以来，全国纪检监察机关总共查办各类违纪违法案件约 400 多万件，给予 600 多万人以党纪政纪（政务）处分，其中一批腐败分子依法受到严惩；通过查办案件，为一批受到诬告错告的党员干部澄清了是非。

下大力气纠正各种不正之风，有效地保护了群众利益。各级纪检监察机关针对不同时期、不同地方和领域的实际情况，针对不同时期的任务和要求，开展一系列集中清理和专项整治，把一些涉及国计民生的问题、直接损害群众利益的问题，纳入监督和治理范围，有力地纯洁了党的组织，维护了纪律的严肃性。2012 年 12 月，中央政治局会议审议通过中央政治局关于改进工作作风、密切联系群众的八项规定。党中央率先垂范、以上率下，从作风建设入手为全面从严治党破题，各级纪检监察机关强化监督执纪问责，狠抓中央八项规定精神落实。党的十八大后，各级纪检监察机关针对作风方面突出问题，集中整治形式主义、官僚主义、享乐主义、奢靡之风，党内正气上升、社会风气持续向好。一些群众反映强烈的突出问题得到有效解决，刹住了许多人认为不可能刹住的歪风。

深化纪检监察体制改革，不断强化对权力行使的监督制约。党的十一届三中全会决定恢复重建党的纪律检查机关，明确根本任务是"维护党规党法，切实搞好党风"。1982 年党的十二大通过的党章，对纪委的职责权限、产生方式、领导体制等作出重大修改，明确职责范围从"检查处理违纪案件和受理党员控告、申诉"扩展到"维护党章党规，协助党委整顿党风，检查党的路线、方针、政策和决议的执行情况"。1986年，党中央决定恢复并确立行政监察体制，设立中华人民共和国监察部。1993年，为适应改革开放新形势下加强党风廉政建设和反腐败斗争的需要，党中央作出关于中央纪委、监察部合署办公的决定，实行一套工作机构、两个机关名称的体制，履行党的纪律检查和行政监察两项职能。党的十六大修改的党章把纪委"协助党的委员会加强党风建设"修改为"协助党的委员会加强党风建设和组织协调反腐败工作"，经常性工作从三项增加到五项。党的十七大把巡视制度写入党章，成立中央巡视工作领导小组，将中央纪委、中央组织部巡视组更名为中央巡视组；推进派驻机构改革，将派驻机构领导体制由中央纪委、监察部和驻在部门双重领导改为中央纪委监察部直接领导。党的十八大以来，以习近平同志为核心的党中央推进党的纪律检查体制改革，作出深化国家监察体制改革的重大决策部署。强化上级纪委对下级纪委的领导，党的纪律检查工作双重领导体制不断完善；推进国家监察体制改革，在开展试点基础上将试点工作在全国推开，十三届全国人大一次会议通过宪法修正案和监察法，组建国家监察委员会，与中央纪委合署办公；坚持内涵发展，推动纪检监察机关调整内设机构，推进巡视和派驻监督全覆盖。特别是党的十九大以来，纪检监察机关把稳中求进作为基本方针，聚焦监督这个基本职责、第一职责，强化监督执纪问责和监督调查处置，深化纪检监察体制改革，实现了纪律监督、监察监督、派驻监督、巡视监督"四个全覆盖"的权力监督格局。

40年来的实践充分说明，党内监督是保持党的先进性和纯洁性，增强党的凝聚力和战斗力的重要手段，是改革开放和社会主义现代化建设的有力保障。对于执政党来说，依靠自身力量预防和纠正错误的机制越健全，发现和解决问题的措施越有力，党的生机和活力就越强。越是改革开放，越是发展社会主义市场经济，越要加强和健全党内监督。

十二、坚持"两个毫不动摇"是改革开放 40 年的宝贵经验 *

党的十九大报告指出："中国特色社会主义进入新时代，我们党一定要有新气象新作为。打铁必须自身硬。党要团结带领人民进行伟大斗争、推进伟大事业、实现伟大梦想，必须毫不动摇坚持和完善党的领导，毫不动摇把党建设得更加坚强有力。"

习近平总书记在庆祝改革开放 40 周年大会上的重要讲话总结了"改革开放 40 年积累的经验"，第一条就是"必须坚持党对一切工作的领导，不断加强和改善党的领导"，强调"在坚持党的领导这个决定党和国家前途命运的重大原则问题上，全党全国必须保持高度的思想自觉、政治自觉、行动自觉，丝毫不能动摇"；第八条就是"必须坚持全面从严治党，不断提高党的创造力、凝聚力、战斗力"。习近平总书记强调："改革开放 40 年的实践启示我们：打铁必须自身硬。办好中国的事情，关键在党，关键在坚持党要管党、全面从严治党。"坚持"两个毫不动摇"，保证了改革开放的正确方向，推动改革开放顺利进行。改革开放的伟大进程，就是坚持"两个毫不动摇"的伟大实践；改革开放的 40 年，就是坚持"两个毫不动摇"的 40 年。坚持"两个毫不动摇"，是改革开放 40 年弥足珍贵的宝贵经验，必须倍加珍惜、长期坚持，在深化改革开放的伟大实践中不断丰富和发展。

---

* 王庭大，中央纪委驻中国科学院纪检组原组长、全国党建研究会常务理事；李森，中国科协组织人事部原部长。

（一）

我们党于 1978 年 12 月召开的十一届三中全会，开启了改革开放的伟大进程。在改革开放之初，邓小平同志就以他马克思主义者的深邃洞察力和预见性，敏锐地提出了"执政党应该是一个什么样的党，执政党的党员应该怎样才合格，党怎样才叫善于领导"的问题，这就从一开始就把加强党的建设和加强党的领导的问题摆上了改革开放头等重要的位置上。这个问题的提出，实际上是告诫全党，改革开放离不开党的坚强领导，要通过加强党的建设，提高执政党的执政能力和领导水平，解决好善于领导的问题，改革开放才能顺利进行健康发展；如果放松党的建设和削弱党的领导或不善于领导，改革开放就会走偏方向。

时隔 3 年后，1981 年召开的党的十一届六中全会通过的《关于建国以来党的若干历史问题的决议》指出："三中全会以来，我们党已经逐步确立了一条适合我国情况的社会主义现代化建设的正确道路。这条道路还将在实践中不断充实和发展，但是它的主要点，已经可以从建国以来正反两方面的经验、特别是'文化大革命'的教训中得到基本的总结。"为此，全会总结出了 10 个"主要点"，其中的重要一点，就是"把党建设成为具有健全的民主集中制的党"。这个"主要点"明确无误地指明，必须加强党的建设，把党建设成为具有健全的民主集中制的党。这样我们党才能坚强有力，在党的领导下改革开放才能沿着正确方向健康发展。

1994 年 9 月召开的党的十四届四中全会通过的《关于加强党的建设几个重大问题的决定》（以下简称《决定》）指出，在新的历史时期，以邓小平同志为核心的第二代中央领导集体，坚持和发展了我们党关于"党的建设是同党的政治路线紧密联系在一起的"这条基本历史经验，集中全党智慧，创立了在中国这样经济文化比较落后的大国建设、巩固和发展社会主义的科学理论，确立了正确的政治路线，同时紧密联系这条政治路线开展党的建设。《决定》特别指出，邓小平同志建设有中国特色社会主义理论包含着内容丰富的党的建设理论，其中首要的就是"关于坚持和改善党的领导，使党成为领导社会主义现代化建设的坚强核心"。

<h1 style="text-align:center">（二）</h1>

改革开放 40 年之所以取得伟大成就，一个重要原因就在于我们党始终坚持了"两个毫不动摇"。40 年来，我们始终坚持加强和改善党的领导，积极应对在长期执政和改革开放条件下党面临的各种风险考验，持续推进党的建设新的伟大工程，保持党的先进性和纯洁性，保持党同人民群众的血肉联系。我们积极探索共产党执政规律、社会主义建设规律、人类社会发展规律，不断开辟马克思主义中国化新境界。我们坚持党要管党、全面从严治党，净化党内政治生态，持之以恒正风肃纪，大力整治形式主义、官僚主义、享乐主义和奢靡之风，以零容忍态度严厉惩治腐败，反腐败斗争取得压倒性胜利。我们党在革命性锻造中坚定走在时代前列，始终是中国人民和中华民族的主心骨。

一是改革开放 40 年，我们党在马克思列宁主义及其中国化的马克思列宁主义——毛泽东思想的基础上，不断实现指导思想的与时俱进，不断巩固和发展了党的建设和党的领导的理论。毛泽东同志指出："领导我们事业的核心力量是中国共产党，指导我们思想的理论基础是马克思列宁主义。"马克思列宁主义作为我们党的根本指导思想，不仅指导着党的建设，也指导着党的领导。党的十一届三中全会以后，以邓小平同志为主要代表的中国共产党人，团结带领全党全国各族人民，深刻总结我国社会主义建设正反两方面经验，借鉴世界社会主义历史经验，创立了邓小平理论。党的十三届四中全会以后，以江泽民同志为主要代表的中国共产党人，团结带领全党全国各族人民，坚持党的基本理论、基本路线，加深了对什么是社会主义、怎样建设社会主义和建设什么样的党、怎样建设党的认识，积累了治党治国新的宝贵经验，形成了"三个代表"重要思想。党的十六大以后，以胡锦涛同志为主要代表的中国共产党人，团结带领全党全国各族人民，坚持以邓小平理论和"三个代表"重要思想为指导，根据新的发展要求，深刻认识和回答了新形势下实现什么样的发展、怎样发展等重大问题,形成了科学发展观。党的十八大以来,以习近平同志为核心的党中央团结带领全党全国各族人民,全面审视国际国内新的形势,通过总结实践、展望未来,深刻回答了新时代坚持和发展什么样的中国特色社会主义、怎样坚持和发展中国特色社会主义这个重大时代课题,形成了习近平新时代中国特色社会主义思想。改革开放的伟大进程催生了党的理论创新,极大地丰富了党的指导思想,党的指导思想的与时俱进,又加强着党的建设和党的领导,从而进一步推动改革开放更好更快地发展和全面深化。

二是我们党始终把加强党的建设和党的领导作为保证改革开放顺利进行、健康发展的重大问题,作出部署、提出要求,并认真抓好落实。党的十二大明确提出,要努力把党建设成为领导社会主义现代化事业的坚强核心。党的十三大提出,要适应伟大变革,把党建设成为勇于改革、充满活力的党,纪律严明、公正廉洁的党,选贤任能、卓有成效地为人民服务的党。党的十四大提出,要坚持用邓小平同志建设有中国特色社会主义的理论武装全党,努力提高党的执政水平和领导水平,使我们党在建设有中国特色社会主义的伟大事业中更好地发挥领导核心作用。党的十五大提出,要把党建设成为用邓小平理论武装起来、全心全意为人民服务、思想上政治上组织上完全巩固、能够经受住各种风险、始终走在时代前列、领导全国人民建设有中国特色社会主义的马克思主义政党。党的十六大提出,全面建设小康社会,加快推进社会主义现代化,必须毫不放松地加强和改善党的领导,全面推进党的建设新的伟大工程。要通过锲而不舍的努力,保证我们党始终是中国工人阶级的先锋队,同时是中国人民和中华民族的先锋队,始终是中国特色社会主义事业的领导核心,始终代表中国先进生产力的发展要求,代表中国先进文化的前进方向,代表中国最广大人民的根本利益。党的十七大提出,要以改革创新精神全面推进党的建设新的伟大工程,使党始终成为立党为公、执政为民,求真务实、改革创新,艰苦奋斗、清正廉洁,富有活力、团结和谐的马克思主义执政党。党的十八大提出,要着眼于破解"不断提高党的领导水平和执政水平、提高拒腐防变和抵御风险能力"的两大历史课题,建设学习型、服务型、创新型的马克思主义执政党。党的十九大提出,要把党建设成为始终走在时代前列、人民衷心拥护、勇于自我革命、经得起各种风浪考验、朝气蓬勃的马克思主义执政党。

三是通过持续开展集中性教育不断加强党的建设和党的领导。改革开放之后，我们党先后开展了多次重大的集中性教育活动，作为加强党的建设和党的领导的重大举措，发挥了很好作用。党的十二大之后，在全党开展整党整风，统一思想，整顿作风，加强纪律，纯洁组织。党的十四届四中全会之后，用三年时间，在全体党员中有计划、有步骤地开展了建设有中国特色社会主义理论和党章的学习活动。党的十四届六中全会后，在县处级以上领导干部中进行为期三年的以"讲学习、讲政治、讲正气"为主要内容的党性党风教育，发扬延安整风运动的精神，自上而下，分期分批，批评和自我批评相结合，使全党同志尤其是领导干部受到一次深刻的党性党风教育。从2000年底开始，用两年多时间在全国县（市）部门、乡镇、村领导班子和基层干部中，有计划、有步骤地开展了"三个代表"重要思想学习教育活动。党的十六大之后，在全党开展了以实践"三个代表"重要思想为主要内容的保持共产党员先进性教育活动。党的十七大之后，在全党开展了深入学习实践科学发展观活动。党的十八大之后，先后集中开展了以"为民、务实、清廉"为主要内容、以"照镜子、正衣冠、洗洗澡、治治病"为主要要求的党的群众路线教育实践活动，以"严以修身、严以用权、严以律己，谋事要实、创业要实、做人要实"为主要内容的"三严三实"专题教育，以"学党章党规、学系列讲话，做合格党员"为主要内容的"两学一做"学习教育等。根据党的十九大的要求，我们党还将以县处级以上领导干部为重点，在全党开展"不忘初心、牢记使命"主题教育。

改革开放40年的实践启示我们：中国共产党领导是中国特色社会主义最本质的特征，是中国特色社会主义制度的最大优势。党政军民学，东西南北中，党是领导一切的。在整个改革开放的过程中，必须始终如一地坚持"两个毫不动摇"，凡是淡化党的建设和削弱党的领导的时候，改革开放的进程就会受挫折。

（三）

继续推进和深化改革开放，必须坚持"两个毫不动摇"，落实新时代党的建设总要求，把党建设得更加坚强有力，把党的建设的成效体现和落实到坚持和加强党的领导上。

按照新时代党的建设总要求，必须以政治建设为统领，全面推进党的政治建设、思想建设、组织建设、作风建设、纪律建设，把制度建设贯穿其中，深入推进反腐败斗争。为此，要不断推进党的建设新的伟大工程，不断增强全党团结统一和创造活力，不断增强全党执政本领，把党建设得更加坚强、更加有力。我们要坚持用时代发展要求审视自己，以强烈忧患意识警醒自己，以改革创新精神加强和完善自己，在应对风险挑战中锻炼提高，在解决党内存在的突出矛盾和问题中净化纯洁，不断提高管党治党水平。要坚定不移推进党的伟大自我革命，清除一切侵蚀党的健康肌体的病毒，使党不断自我净化、自我完善、自我革新、自我提高，不断增强党的政治领导力、思想引领力、群众组织力、社会号召力。

新时代党的建设的出发点就是"坚持和加强党的全面领导，坚持党要管党、全面从严治党"，落脚点就是"把党建设成为始终走在时代前列、人民衷心拥护、勇于自我革命、经得起各种风浪考验、朝气蓬勃的马克思主义执政党"。因此，要坚持"两个毫不动摇"，就必须将党的建设的成效体现和落实到坚持和加强党的领导上。毫不动摇地坚持和加强党的领导，就要增强"四个意识"、坚定"四个自信"，坚决维护习近平总书记核心地位、维护党中央权威和集中统一领导。要把党的领导贯彻和体现到改革发展稳定、内政外交国防、治党治国治军等各个领域。要确保党始终总揽全局、协调各方，不断提高党把方向、谋大局、定政策、促改革的能力和定力。要坚持科学执政、民主执政、依法执政，完善党的领导方式和执政方式，提高党的执政能力和领导水平，不断把新时代改革开放推向前进。

十三、深化纪检监察体制改革
推动全面从严治党向纵深发展[*]

习近平总书记深刻指出，改革开放是当代中国发展进步的活力之源，是我们党和人民大踏步赶上时代前进步伐的重要法宝，是坚持和发展中国特色社会主义的必由之路。党的纪律检查体制改革和国家监察体制改革是全面深化改革的重要内容。在纪念改革开放 40 周年之际，回顾总结纪检监察体制改革的历程和经验，把握新时代纪检监察体制改革的新任务新要求，对于深入贯彻落实习近平新时代中国特色社会主义思想和党的十九大精神，继续深化纪检监察体制改革，坚定不移地推动全面从严治党向纵深发展具有重大意义。

改革开放以来纪检监察体制改革的历史演进

改革开放以来，在党中央的坚强领导下，纪检监察体制根据不同历史时期的形势和任务，不断探索、巩固、深化，不断形成新的理论和实践成果，不断发挥历史性作用。纪检监察体制改革的发展演变，大致可划分为 4 个阶段。

从 1978 年 12 月党的十一届三中全会到 1989 年 6 月党的十三届四中全会。以邓小平同志为核心的党的第二代中央领导集体，探索出在不搞政治运动的条件下端正党风、反对腐蚀的新途径。粉碎"四人帮"后，党中央决定恢复

＊　中央纪委国家监委办公厅。

重建党的纪律检查机关，由同级党委选举产生，并在同级党委的领导下开展工作。1978 年党的十一届三中全会明确纪委的根本任务是"维护党规党法，切实搞好党风"。1980 年 2 月，将地方各级纪委的领导关系，由受同级党委领导改为受同级党委和上级纪委双重领导，以同级党委领导为主。1982 年党的十二大通过的党章，对纪委的职责权限、产生方式、领导体制等作了重大修改，职责范围从"检查处理违纪案件和受理党员控告、申诉"扩展到"维护党章党规，协助党委整顿党风，检查党的路线、方针、政策和决议的执行情况"；产生方式改为"由各级党的代表大会直接选举产生"；领导体制取消了原来"以同级党委领导为主"的限定。1986 年，党中央决定恢复并确立行政监察体制，设立中华人民共和国监察部，作为国务院专司行政监察职能的部门，积极探索更好发挥行政监察职能的方法途径。这一阶段，纪检、监察机关分别重建，两个机关既有分工，又相互协作配合，奠定了改革开放新时期纪检监察体制的基础。

从 1989 年 6 月党的十三届四中全会到 2002 年 11 月党的十六大。以江泽民同志为核心的党的第三代中央领导集体，探索出一条适合我国基本国情的有效开展反腐倡廉工作的路子。1993 年，为适应改革开放新形势下加强党风廉政建设和反腐败斗争的需要，党中央作出关于中央纪委、监察部机关合署办公的决定，实行一套工作机构、两个机关名称的体制。合署后的中央纪委履行党的纪律检查和政府行政监察两项职能，对党中央全面负责。除个别地方外，各省（区、市）纪委和监察机关也都实行了合署办公体制。这次改革，有利于更加集中力量抓好党风廉政建设，发挥党政监督机关的整体效能，避免工作上的交叉和重复，提高工作质量和效率，也为新时代党政机构合署或合并设立积累了经验。

从 2002 年 11 月党的十六大到 2012 年 11 月党的十八大。以胡锦涛同志为总书记的党中央在纪检监察体制改革方面进行新的探索、积累了新的经验。党的十六大修改的党章把纪委"协助党的委员会加强党风建设"修改为"协助党的委员会加强党风建设和组织协调反腐败工作"，经常性工作从三项增加到五项，增加了"对党员领导干部行使权力进行监督"和"保障党员的权利"的内容。党的十七大把"巡视制度"写入党章，2009 年颁布《中国共产党巡视工作条例（试行）》，成立中央巡视工作领导小组，将中央纪委、中央组织部巡视组更名为中央巡视组。推进派驻机构改革，将派驻机构领导体制由中央纪委、监察部和驻在部门双重领导改为中央纪委监察部直接领导。这一时期，党风廉政建设和反腐败斗争深入开展，与之相适应的纪检监察领导体制和工作机制不断完善。

2012年11月党的十八大以来，以习近平同志为核心的党中央将全面从严治党纳入"四个全面"战略布局，推进党的纪律检查体制改革，作出深化国家监察体制改革的重大决策部署并付诸实践。党的十八届三中全会审议通过《中共中央关于全面深化改革若干重大问题的决定》，党中央成立全面深化改革领导小组，下设纪律检查体制改革专项小组；十八届六中全会之后，把国家监察体制改革作为事关全局的重大政治体制改革来推进。推动落实全面从严治党党委主体责任和纪委监督责任，强化上级纪委对下级纪委的领导，党的纪律检查工作双重领导体制不断完善。推进国家监察体制改革，在北京、山西、浙江三省市开展试点，党的十九大后将试点工作在全国推开，十三届全国人大一次会议通过宪法修正案和监察法，组建国家监察委员会，与中央纪委合署办公。强化党内监督，推动巡视巡察工作创新发展，实施派驻机构改革。加强党内法规制度建设，制度的笼子不断扎紧。以国际追逃追赃为突破口，反腐败协调小组职能进一步完善。这一阶段，党对反腐败工作的集中统一领导得到加强，破除了影响反腐败向纵深发展的体制机制障碍，通过不懈努力，夺取了反腐败斗争压倒性胜利，纪检监察体制改革进入全面深化的新时代。

党的十八大以来纪检监察体制改革的重大创新和突破

党的十八大以来，在以习近平同志为核心的党中央坚强领导下，纪检监察体制改革既继承我们党历史上推进改革的宝贵经验，又根据中国特色社会主义进入新时代的新形势新要求大胆创新，不断赋予新的内涵和时代特色，在一些重点领域和关键性问题上取得历史性突破。主要体现在：

在历史方位上，更加适应"四个全面"战略布局，在应对"四大考验""四大危险"中充分发挥作用。坚持问题导向，聚焦解决党的领导弱化、党的建设缺失、全面从严治党不力等突出问题，压实党委（党组）管党治党政治责任，明确纪检监察机关是党内监督、国家监察专责机关的定位。深化国家监察体制改革，加强党对反腐败工作的集中统一领导，确保党中央始终牢牢掌握反腐败斗争的领导权。实行纪委监委合署办公，强化党和国家监督效能和治理效能，实现依规治党与依法治国、党的纪律检查与国家监察有机统一，为党和国家事业发展提供有力保证。

在领导体制上，更加强化上级纪检监察机关对下级纪检监察机关的领导，保证纪委监委监督的相对独立性和权威性。着力推动党的纪律检查工作双重领导体制具体化、程序化、制度化，强化上级纪委对下级纪委的领导。实行"查办腐败案件以上级纪委领导为主，线索处置和案件查办在向同级党委报告的同时必须向上级纪委报告""各级纪委书记、副书记的提名和考察以上级纪委会同组织部门为主"；制定省级纪委书记、副书记，中央纪委派驻纪检组组长、副组长，中管企业纪委书记、副书记三个提名考察办法，保证了纪委监督权的行使，增强了纪委专责监督的效果。

在职责任务上，更加强调聚焦党风廉政建设和反腐败斗争这个中心任务，深化纪检监察机关转职能、转方式、转作风。自觉尊崇党章，持续深化"三转"，不断创新纪检监察工作理念思路、体制机制、方式方法。明确纪委是维护党纪的政治机关，监督执纪问责是政治工作。在工作责任上，从责任不清向履行专责转变；在工作理念上，从"纪""法"不分向纪在法前、纪法贯通转变；在工作对象上，从抓极少数向用纪法管住大多数转变；在工作重点上，从注重查办案件向加强日常监督转变；在工作手段上，从依靠数量扩张向创新组织制度转变；在工作标准上，从以查办大案要案论英雄向运用监督执纪"四种形态"转变。纪检监察机关的定位越来越准确，目标越来越聚焦，工作越来越深入，实现从监督专门机关到监督专责机关的转变。

在监督机制上，更加完善党和国家自我监督，实现党内监督和国家监察全覆盖。实现向中央一级党和国家机关全面派驻纪检监察机构，实行统一名称、统一管理，强化派驻监督"探头"作用。十八届党中央组织开展12轮巡视，在党的历史上首次实现一届任期内巡视全覆盖，巡视利剑作用不断彰显。深化国家监察体制改革，构建起集中统一、权威高效的监察体系，实现对所有行使公权力的公职人员监察全覆盖。修订《中国共产党党内监督条例》等法规制度，加强自上而下的组织监督，发挥同级相互监督作用，强化党委、纪委的监督责任，推动党内监督同民主监督、社会监督、舆论监督结合，完善监督体系，不断扎紧制度笼子。

在责任担当上，更加注重抓住主体责任这个"牛鼻子"，夯实各级党组织管党治党政治责任。将落实主体责任情况纳入巡视重点，要求党委书记听取巡视工作汇报时的讲话不能抽象表态，必须见人见事，对重点问题提出处置要求。将落实主体责任作为派驻监督重点，加强对驻在部门领导班子及其成员的监督。深化国家监察体制改革过程中，强化试点地区党委主体责任，党委书记当好"施工队长"，把党的领导贯穿于改革全过程。制定实施《中国共产党问责条例》，加大问责力度，推动形成全党齐抓共管局面。

在自身建设上，更加强调打铁必须自身硬，建设忠诚干净担当的纪检监察队伍。坚持严管就是厚爱、信任不能代替监督，高度重视纪检监察机关自身建设，执行规定、严格要求都从中央纪委做起。中央纪委设立纪检监察干部监督室，加强日常管理监督，严明审查纪律，开展"一案双查"，下大气力防止"灯下黑"。制定并严格落实监督执纪工作规则，在监察法中专设"对监察机关和监察人员的监督"一章，以实际行动回答"谁来监督纪委监委"问题，回应党内关切和群众期盼。

以习近平新时代中国特色社会主义思想为指导，不断深化纪检监察体制改革

全面深化改革是习近平新时代中国特色社会主义思想的重要内容，是新时代坚持和发展中国特色社会主义的基本方略之一。各级纪检监察机关必须深入学习贯彻习近平新时代中国特色社会主义思想和党的十九大精神，增强"四个意识"、坚定"四个自信"，坚决维护习近平总书记党中央的核心、全

党的核心地位，坚决维护党中央权威和集中统一领导，着眼于健全党和国家监督体系，一体推进党的纪律检查体制、国家监察体制和纪检监察机关机构改革，推动制度优势转化为治理效能，为全面从严治党和反腐败斗争向纵深发展提供有力保证。

承担起"两个维护"政治责任，确保党中央决策部署落到实处。党的领导是中国特色社会主义的最本质特征，是中国特色社会主义制度的最大优势。中央纪委国家监委是党中央领导下的政治机关，在坚决维护习近平总书记党中央的核心、全党的核心地位，坚决维护党中央权威和集中统一领导上，担负着特殊历史使命和重大政治责任。要提高政治站位和政治觉悟，使推进纪检监察体制改革的过程成为落实"四个意识"、践行"两个维护"的过程，确保改革始终在党中央的集中统一领导下扎实有序进行。要认真履行党章党规和宪法法律赋予的职责，通过深化纪检监察体制改革，推动全党全国坚定执行党的政治路线，在政治立场、政治方向、政治原则、政治道路上同以习近平同志为核心的党中央保持高度一致，确保党中央重大决策部署落地见效，为统筹推进"五位一体"总体布局、协调推进"四个全面"战略布局提供坚强政治保证。

坚持和加强党的全面领导，进一步完善党领导反腐败工作的体制机制。坚持和加强党的全面领导，既是全面深化改革的根本目的，也是检验改革成效的根本标准。要强化党委对反腐败工作的领导，发挥中央和省级反腐败协调小组职能，进一步完善党领导反腐败的工作体制、决策机制和实施举措，建立党委定期分析研判本地区政治生态状况、听取重大案件情况报告的制度，加强对本级管理干部严重违纪违法审查调查处置的决策把关。落实党章赋予有干部管理权限的党组相应纪律处分权限的要求，督促各级党组肩负起主体责任。同时，要着力在推动纪检工作双重领导体制具体化、程序化、制度化上下功夫，强化上级纪委对下级纪委的领导，切实担负起协助党委推进全面从严治党的政治责任。

健全党和国家监督体系，探索党长期执政条件下强化自我监督的有效途径。我们党全面领导、长期执政，实现自我净化是很大的挑战，迫切要求探索一条党长期执政条件下强化自我监督的有效路径。要坚持党的纪律检查体制改革、国家监察体制改革和纪检监察机关机构改革一体推进，实现纪律监督、监察监督、派驻监督、巡视监督协调衔接，构建党统一指挥、全面覆盖、权威高效的监督体系。要把党内监督同国家机关监督、民主监督、司法监督、群众监督、舆论监督贯通起来，形成监督合力，不断增强党自我净化、自我完善、自我革新、自我提高的能力，确保党永葆先进性和纯洁性，确保党和国家长治久安。

坚持以人民为中心谋划和推进改革，不断增强人民群众获得感。民心是最大的政治，人民对美好生活的向往就是我们的奋斗目标。要坚持改革为了人民，聚焦全面从严治党、党风廉政建设和反腐败斗争，严肃党内政治生活，净化党内政治生态。要坚持改革依靠人民，发扬党的群众路线，畅通群众监督渠道，注重发挥新媒体、新技术监督作用，形成无处不在的监督网。要坚持改革让人民受益，推动全面从严治党向基层延伸，围绕打赢脱贫攻坚战加强基层党风廉政建设，坚决查处侵害群众利益的腐败问题，让人民群众有更多的获得感。

把制度优势转化为治理效能，实现纪检监察体制改革高质量发展。坚持稳中求进基本工作方针，推动纪检监察体制改革高质量发展，是全面从严治党向纵深发展的必然要求。要牢牢把握纪委监委合署办公这个关键，进一步深化转职能、转方式、转作风。要从履行纪检监察两项职责出发，完善监督执纪问责制度体系和监督调查处置制度体系，健全统一决策、一体运行、相互制约的工作机制。要聚焦监督这个基本职责、第一职责，守住政治监督根本定位，深化运用"四种形态"，增强监督的震慑效应和刚性约束。要实现纪法贯通、法法衔接，确保执纪审查与依法调查顺畅对接，形成监察机关与审判机关、检察机关、执法部门互相配合、互相制约的体制机制，彰显中国特色监督制度的治理效能。

推进纪检监察机关自身改革，建设让党放心、人民信赖的纪检监察铁军。随着纪检监察体制改革深入推进，纪检监察机关监督范围扩大了、手段丰富了，社会关注度更高，责任更大。要坚持优化协同高效，推进纪检监察机关内设机构改革，使机构设置与职能配置相统一，充分发挥治理效能。要强化内部监督，实行监督检查和审查调查职能分离、部门分设，健全内控机制，形成运转顺畅高效、相互监督制约的体制机制。要坚持刀刃向内，对反映纪检监察干部的问题线索认真核查，对执纪违纪的坚决查处、对失职失责的严肃问责，做到在行使权力上慎之又慎，在自我约束上严之又严，确保党和人民赋予的权力不被滥用、惩恶扬善的利剑永不蒙尘。

链　接

改革开放以来纪律检查工作领导体制的有关规定

一、1982 年，党的十二大通过的党章规定：

党的中央纪律检查委员会在党的中央委员会领导下进行工作。党的地方各级纪律检查委员会在同级党的委员会和上级纪律检查委员会的双重领导下进行工作。

党的中央和地方各级纪律检查委员会每届任期和同级党的委员会相同。党的中央纪律检查委员会全体会议，选举常务委员会和书记、副书记，并报党的中央委员会批准。党的地方各级纪律检查委员会全体会议，选举常务委员会和书记、副书记，并由同级党的委员会通过，报上级党的委员会批准。

二、2013 年，党的十八届三中全会通过的《中共中央关于全面深化改革若干重大问题的决定》第 36 条强调：

加强反腐败体制机制创新和制度保障。加强党对党风廉政建设和反腐败工作统一领导。改革党的纪律检查体制，健全反腐败领导体制和工作机制，改革和完善各级反腐败协调小组职能。

推动党的纪律检查工作双重领导体制具体化、程序化、制度化，强化上级纪委对下级纪委的领导。查办腐败案件以上级纪委领导为主，线索处置和案件查办在向同级党委报告的同时必须向上级纪委报告。各级纪委书记、副书记的提名和考察以上级纪委会同组织部门为主。

三、2017 年，党的十九大通过的党章规定：

党的中央纪律检查委员会在党的中央委员会领导下进行工作。党的地方各级纪律检查委员会和基层纪律检查委员会在同级党的委员会和上级纪律检查委员会双重领导下进行工作。上级党的纪律检查委员会加强对下级纪律检查委员会的领导。

党的各级纪律检查委员会每届任期和同级党的委员会相同。

党的中央纪律检查委员会全体会议，选举常务委员会和书记、副书记，并报党的中央委员会批准。党的地方各级纪律检查委员会全体会议，选举常务委员会和书记、副书记，并由同级党的委员会通过，报上级党的委员会批准。

十四、持续加强反腐倡廉法规制度建设 为坚定不移全面从严治党提供坚强保障*

习近平总书记多次强调，要善于用法治思维和法治方式反对腐败，加强反腐败国家立法，加强反腐倡廉党内法规制度建设，让法律制度刚性运行。反腐倡廉法规制度是中国特色社会主义法治体系的重要组成部分，是推动全面从严治党向纵深发展的重要制度保障。改革开放40年来，在党中央坚强领导下，反腐倡廉法规制度建设取得显著成效，保障和规范纪检监察机关履行监督执纪问责和监督调查处置双重职责方面的基础性、主干性法规制度逐步健全完善，对坚定不移全面从严治党、形成并巩固发展反腐败斗争压倒性态势发挥了重要作用。

党中央历来高度重视反腐倡廉法规制度建设

改革开放后，针对改革开放过程中出现的一些消极腐败现象，邓小平同志指出，"廉政建设要作为大事来抓。还是要靠法制，搞法制靠得住些"，明确提出廉政建设要靠法制的思想。党的十三届四中全会以后，针对建立社会主义市场经济体制过程中腐败现象在一些领域滋生蔓延的态势，江泽民同志强调，反腐败要"坚持标本兼治，教育是基础，法制是保证，监督是关键，通过深化改革，不断铲除腐败现象滋生蔓延的土壤"，"反腐倡廉工作要逐步实现制度化、法制化"。党的十六大以后，面对反腐败斗争形势的新特点、

---

* 中央纪委国家监委法规室。

新变化，胡锦涛同志指出，"必须继续在完善制度上下功夫，推进反腐倡廉工作的制度化、法制化，发挥法规制度的规范和保障作用"。

党的十八大以来，面对依然严峻复杂的反腐败斗争形势，习近平总书记鲜明指出，"铲除不良作风和腐败现象滋生蔓延的土壤，根本上要靠法规制度"，"只有建好制度、立好规矩，把法规制度建设贯穿到反腐倡廉各个领域、落实到制约和监督权力各个方面，发挥法规制度的激励约束作用，才能筑起遏制腐败现象滋生蔓延的'堤坝'"。强调必须坚持思想建党和制度治党相结合，坚持依规治党和以德治党相统一，全方位扎紧制度笼子；强调必须坚持依法治国与制度治党、依规治党统筹推进、一体建设；强调加强党内法规制度执行力建设，坚决维护制度的严肃性和权威性，防止"破窗效应"和"稻草人"现象。习近平总书记的重要论述，为加强反腐倡廉法规制度建设指明了方向。反腐倡廉法规制度建设工作坚持以习近平新时代中国特色社会主义思想为指导，坚决贯彻落实习近平总书记指示要求，并及时落实到反腐倡廉法规制度中，成为一体遵循的行为规范。

改革开放以来，反腐倡廉法规制度建设取得丰硕成果

法规制度是治党治国之重器。改革开放以来，特别是党的十八大以来，在党中央的正确领导下，纪检监察机关持续推动形成内容科学、程序严密、配套完备、运行有效的反腐倡廉法规制度体系。

加强和规范党内政治生活。办好中国的事情，关键在党，关键在党要管党、全面从严治党。党要管党必须从党内政治生活管起，从严治党必须从党内政治生活严起。改革开放之初，我们深刻总结历史经验特别是"文革"的教训，制定了《关于党内政治生活的若干准则》，为拨乱反正、恢复和健全党内政治生活、推进党的建设发挥了重要作用。2016年，按照习近平总书记"既要坚持过去行之有效的制度和规定，也要结合新的时代特点与时俱进，拿出新的办法和规定"的要求，在总结党的建设新成果新经验基础上，针对新情况新问题，制定了《关于新形势下党内政治生活的若干准则》，为推进

党的建设新的伟大工程、深化全面从严治党提供了重要制度支撑。

不断强化监督，把监督作为第一职责。我们党全面领导、长期执政，面临的最大挑战是对权力的监督。习近平总书记深刻指出，"对我们党来说，外部监督是必要的，但从根本上讲，还在于强化自身监督"。改革开放以来，我们积极健全党内监督体系，制定修订《中国共产党党内监督条例》，围绕责任设计制度，围绕制度构建体系，为强化党内监督提供了根本遵循，实现党内监督全覆盖；发挥巡视监督利剑作用和派驻监督"探头"作用，制定并两次修订《中国共产党巡视工作条例》，制定加强派驻机构建设的意见，实现巡视、派驻全覆盖。为强化监察职能，相继制定《中华人民共和国行政监察条例》、制定并修改《中华人民共和国行政监察法》；党的十八大以来，深化国家监察体制改革，制定《中华人民共和国监察法》，实现国家监察全覆盖。此外，还制定修订了《关于领导干部报告个人有关事项的规定》《关于县以上党和国家机关党员领导干部民主生活会的若干规定》等监督制度，进一步完善了监督制度体系。

严格行为规范。我们手中的权力是党和人民赋予的。立党为公、执政为民，必然要求广大党员清正廉洁、严格自律。《中国共产党党员领导干部廉洁从政若干准则》于1997年试行、2010年修订，对促进领导干部廉洁自律发挥了重要作用。党的十八大后，按照习近平总书记"化繁为简、突出重点、针对时弊"的要求，将其修订为《中国共产党廉洁自律准则》，坚持正面倡导、面向全体党员，成为向全体党员发出的崇高道德宣示和对全国人民的庄严承诺。同时，制定修订《国有企业领导人员廉洁从业若干规定》和《农村基层干部廉洁履行职责若干规定（试行）》，进一步丰富完善了相关行为规范。

强化对违纪违法行为的惩戒。没有规矩不成其为政党，更不成其为马克思主义政党。习近平总书记多次强调，"全面从严治党，重在加强纪律建设。我们现在要强调的是扎紧党规党纪的笼子，把党的纪律刻印在全体党员特别是党员领导干部的心上"。我们制定并三次修订《中国共产党纪律处分条例》，深入总结监督执纪中的新经验新做法，进一步拧紧党纪螺栓、扎紧制度篱笆，着力提高纪律建设的政治性、时代性、针对性；制定《中国共产党问责条例》，突出强调有权必有责、有责要担当，释放有责必问、问责必严的强烈政治信号。同时，先后制定了《行政机关公务员处分条例》《事业单位工作人员处分暂行规定》《公职人员政务处分暂行规定》等系列规定，《政务处分法》也正在抓紧制定中。

不断规范反腐败领导体制和工作机制。改革和完善体制机制是推动党风廉政建设和反腐败工作向纵深发展的一条重要经验，是做好反腐倡廉工作的必然要求。改革开放以来，制定并修订《关于实行党风廉政建设责任制的规定》，对各级领导班子和领导干部在党风廉政建设方面应负的责任作出了制度性安排；制定《关于纪委协助党委组织协调反腐败工作的规定（试行）》，对纪委协助党委组织协调的主要任务、程序、保障等作出具体规定。

规范工作程序，强化内部监督。纪律检查机关是党内监督专责机关。习近平总书记强调，"监督别人的人首先要监管好自己，执纪者要做遵守纪律的标杆"。我们先后制定《党的纪律检查机关案件审理工作条例》《中国共产党纪律检查机关控告申诉工作条例》《中国共产党纪律检查机关案件检查工作条例》等，规范了相关工作程序；制定《中国共产党纪律检查机关监督执纪工作规则（试行）》，强化纪律检查机关的自我监督。

有效保障党员权利。党员是党的肌体细胞，必须尊重党员主体地位，保障全体党员平等享有党章规定的党员权利。我们制定并修订《中国共产党党员权利保障条例》，明确了党员享有的权利及相关保障措施，对于进一步发挥党员的积极性、主动性、创造性，提高党的创造力、凝聚力和战斗力，发挥了重要作用。

加强反腐败国际合作。在全球化背景下，腐败犯罪越来越呈现出跨国（境）趋势，反腐败国际合作势在必行。我国于2003年签署了《联合国反腐败公约》，2006年向联合国秘书长递交了批准书和政府声明，正式成为缔约国，在研究实施公约过程中，积极推动反腐倡廉相关法律法规的制定修订。党的十八大以来，习近平总书记强调"要深化反腐败国际合作，坚持追逃防逃两手抓"。党中央把反腐败追逃追赃提升到国家政治和外交层面，纳入反腐败工作总体部署。倡导构建国际反腐败新秩序，积极参与制定相关规则，推动联合国、二十国集团、亚太经合组织、上海合作组织、金砖国家等建立反腐败合作机制，主导制定《北京反腐败宣言》和《二十国集团反腐败追逃追赃高级原则》，为全球反腐败治理贡献中国智慧、提供中国方案。

改革开放40年来，反腐倡廉地方、部门制度建设也取得了积极成效。各地区、各部门为贯彻执行党中央、中央纪委国家监委关于党风廉政建设和反腐败工作的要求，结合实际制定了一系列实施办法；根据本地区、本部门实际需要，制定了大量法规制度；不少地区和部门还受中央纪委国家监委委托，做了大量法规起草调研论证和法规试点工作。这些不仅对本地区、本部门党风廉政建设和反腐败工作发挥了重要制度保障作用，还对形成上下衔接、严密科学的反腐倡廉法规制度体系起到了积极的推动作用，增强了反腐倡廉法规制度的系统性、协同性、整体性。

改革开放以来，反腐倡廉法规制度建设积累了宝贵经验

改革开放以来，特别是党的十八大以来，在党中央的坚强领导下，各级纪检监察机关稳步推进反腐倡廉法规制度建设，积累了宝贵经验。

必须坚持正确的指导思想，牢牢把准政治机关的定位。纪检监察机关是我们党重要的政治机关，把握正确方向是第一位的要求。在方向性问题上，纪检监察机关始终保持清醒和定力，在推进反腐倡廉法规制度建设方面，坚决把学习贯彻习近平新时代中国特色社会主义思想作为头等大事和首要任务，把习近平总书记依法治国和制度治党、依规治党重要思想和相关要求贯彻落实到反腐倡廉法规制度建设全过程各方面，确保法规制度制定始终处于马克思主义科学理论的指引之下、切实体现党的意志主张。新修订的《中国共产党纪律处分条例》，进一步严明政治纪律和政治规矩，把坚决维护习近平总书记党中央的核心、全党的核心地位，坚决维护党中央权威和集中统一领导作为出发点和落脚点。制定《中华人民共和国监察法》，强调贯彻落实党中央关于深化国家监察体制改革决策部署，坚持和加强党对反腐败工作的领导，构建集中统一、权威高效的国家监察体系，强化党和国家的自我监督，以实际行动回答"窑洞之问"。

以党章和宪法为根本遵循。党章规定了党的理想信念宗旨、组织行为规

则和铁的纪律约束，是全党必须遵循的根本行为规范。宪法是国家的根本法，是治国安邦的总章程，是党和人民意志的集中体现。我们制定修订反腐倡廉法规制度，都是先从梳理党章和宪法相关要求做起，将党章和宪法中的基本要求细化、具体化。修订《中国共产党党内监督条例》，便是从梳理党章关于"监督"的规定着手，将党章强化党内监督的理念和精神落实在条例条文中；监察法的制定，是将宪法所确立的监察制度进一步具体化，是我们党依宪执政、依宪治国的生动实践和鲜明写照。

坚决贯彻体现管党治党重大理论创新成果。改革开放以来，特别是党的十八大以来，党中央对管党治党作出系统理论分析和政策指导，在理论上不断拓展新视野、作出新概括，取得许多重大理论创新成果。强调把政治建设摆在首位，牢固树立"四个意识"，坚定"四个自信"，做到"两个维护"；强调紧盯"关键少数"与管住"绝大多数"相结合，做到纪法分开、纪在法前、纪严于法；强调领导就包含着教育、管理和监督，有权必有责、有责要担当；强调完善党和国家自我监督体系，聚焦监督第一职责，形成纪律监督、监察监督、派驻监督、巡视监督"四个全覆盖"的权力监督格局；深化发展惩前毖后、治病救人的一贯方针，创造性提出监督执纪"四种形态"，等等。我们在这些重大创新理论指引下，与时俱进制定修订系列法规制度，推动实践深化发展。

坚持依规治党与以德治党相统一。全面从严治党，既要靠理想信念的引领，也要靠党规党纪的保障。必须坚持以德为先、确立高标准毫不动摇，守住纪律底线一寸不让，自律与他律相结合，既发挥道德感召力，又强化纪律约束力。2015年同步修订《中国共产党廉洁自律准则》和《中国共产党纪律处分条例》，准则坚持正面倡导，集中展现共产党人的高尚道德追求；条例坚持党纪严于国法、纪在法前、纪法分开，开列负面清单，划出了党组织和党员不可触碰的底线。

以依规治党推进依法治国。党内法规是管党治党的重要依据，也是建设社会主义法治国家的有力保障。我国公务员队伍中党员比例超过80%，县处级以上领导干部中党员比例超过95%。依规治党是实现依法治国的前提和政治保障，必须通过依规治党带动和推进依法治国。比如，原来的行政监察针对的只是狭义政府，而不是广义政府，范围过窄，在实现党内监督全覆盖的基础上，制定监察法，实现党内监督和国家监察相统一。

坚持问题导向，解决实际问题。实事求是思想路线，就是从实际出发，解决实际问题。针对现阶段党风廉政建设和反腐败工作存在的突出问题，不断增强法规制度的针对性和实效性。《中国共产党巡视工作条例》针对巡视职能发散、重点不突出的问题，聚焦发现问题、形成震慑，发挥利剑作用。《中国共产党纪律检查机关监督执纪工作规则（试行）》针对可能发生问题的关键点、风险点，规范了基本程序和纪律，构建自我监督体系。

实践探索在前、总结提炼在后。法规制度要做到务实管用、适应全面从严治党新形势新任务的要求，必须不断从实践中汲取营养，将实践中行之有效的做法、措施总结提炼为制度，把党的建设中的成功经验，特别是党的十八大以来管党治党、反腐败斗争的新实践，转化为制度成果。十八大后两次修订《中国共产党巡视工作条例》《中国共产党纪律处分条例》，都是基于对实践经验的科学总结，体现了法规制度的与时俱进。

坚持抓"关键少数"和管"绝大多数"相统一。提高党风廉政建设和反腐败斗争实效，必须坚持唯物辩证法，既讲"两点论"，又讲"重点论"，在兼顾一般的同时紧紧抓住主要矛盾和矛盾的主要方面，以重点突破带动整体推进，在整体推进中破解重点难题。领导干部是党的执政骨干，只有抓住"关键少数"特别是高级干部和各级主要领导干部，全面从严治党才有震慑力和说服力；广大党员是党员干部的主体，管住这个"绝大多数"，全面从严治党才能保持良好氛围和环境。贯彻落实中央八项规定精神从"关键少数"开始，引领和带动全面从严治党向基层延伸，以严的标准、严的措施约束党员、干部，管住了"绝大多数"。

高度重视法规制度执行。制度的生命力在于执行。纪检监察机关始终高度重视法规制度执行力建设。在法规制定环节，便紧紧围绕立得住、行得通、管得住，强调必要性和可行性有机结合，确保法规制度于法周延、于事有效。法规颁布实施以后，更是以眼里不揉沙子的认真劲，以踏石留印、抓铁有痕的决心，一级抓一级，层层抓落实。通过强有力的监督检查和追责问责，推动主体责任落实，确保法规制度能够落地生根，真正成为带电的高压线，成为党组织和党员的刚性约束。

改革开放 40 多年来，取得的成就已经载入史册，新的更加艰巨繁重的任务正摆在我们面前。反腐倡廉法规制度建设是坚定不移全面从严治党、夺取反腐败斗争压倒性胜利的重要制度保障。必须以习近平新时代中国特色社会主义思想为指导，以永远在路上的恒心和韧劲，一刻不停歇地推进反腐倡廉法规制度建设，推动全面从严治党、党风廉政建设和反腐败斗争不断取得新成效，为我们党在新的历史起点上把改革开放不断推向深入，为决胜全面建成小康社会、夺取新时代中国特色社会主义伟大胜利营造风清气正、海晏河清的良好环境。

十五、正风肃纪永不停步　党风建设成效显著[*]

1978 年党的十一届三中全会开启改革开放新篇章，恢复重建党的纪律检查机关，党的作风建设也翻开新的一页。40 年来，我们党着眼于世情、国情、党情的深刻变革，着眼于党的建设新的伟大工程，着眼于全面从严治党新的实践，始终认识清醒、态度坚决、与时俱进、正风肃纪，推动党风建设在坚持中深化、在深化中发展，不断取得新成效、开创新局面。

坚持把党的作风建设作为生死攸关的重大政治问题，及时作出新部署、提出新要求

党的作风是党的形象，体现党的性质和宗旨，关系人心向背，关系执政基础，关系党的生死存亡。改革开放给党的肌体注入新的生机活力，同时使党面临着许多严峻挑战和考验。开放的大门打开，伴随着新鲜空气，苍蝇、蚊子也一起进来。一些意志薄弱的党员干部被腐蚀，党内不正之风滋生，腐败现象来势很猛。以邓小平同志为核心的党的第二代中央领导集体敏锐地看到这一严峻形势，明确指出执政党的党风问题是有关党的生死存亡的问题，如果失去警觉，党和国家确实有会不会"改变面貌"的问题。提出要一手抓改革开放，一手抓惩治腐败，探索在不搞政治运动的条件下

＊　宋大军，中央纪委国家监委党风政风监督室原正局级纪检监察专员兼副主任。

端正党风、反对腐败的新途径；强调为促进社会风气好转，首先必须抓好党风。对党的作风进行全面整顿，推动全党动手抓党风。党的十三届四中全会后，以江泽民同志为核心的党的第三代中央领导集体，针对社会主义市场经济条件下消极腐败现象的新特点，明确提出治国必先治党，治党务必从严；越是改革开放，越是发展社会主义市场经济，越要大力加强和改进党的作风建设。强调要把提高拒腐防变和抵御风险能力作为党必须解决好的两大历史性课题，完成现代化建设必须要有好的作风；确立领导干部廉洁自律、查办违纪违法案件、纠正部门和行业不正之风的反腐败三项工作格局。在全国县以上党政领导班子和领导干部中集中开展"三讲"教育活动。党的十六大之后，以胡锦涛同志为总书记的党中央，针对我国经济社会发生的深刻变化，明确提出必须加强党的作风建设特别是领导干部作风建设，坚决惩治和有效预防腐败是我们党执政能力的重要体现和重要标志。强调在惩治腐败的同时，更加注重治本，更加注重预防，更加注重制度建设；领导干部要牢记"两个务必"，坚持权为民所用、情为民所系、利为民所谋。开展保持共产党员先进性教育活动和学习实践科学发展观活动。党的十八大以来，以习近平同志为核心的党中央以强烈的历史担当和顽强的意志品质，直面党内存在的种种问题和弊端，强调党的作风是党的形象，是观察党群干群关系、人心向背的晴雨表。党的执政地位和领导地位并不是自然而然就能长期保持下去的，不管党、不抓党就有可能出问题甚至出大问题，结果不只是党的事业不能成功，还有亡党亡国的危险。从制定和执行中央八项规定破题，把加强作风建设作为党要管党、全面从严治党的战略举措，以踏石留印、抓铁有痕的决心和韧劲，驰而不息地正风肃纪，开展党的群众路线教育实践活动、"三严三实"专题教育、"两学一做"学习教育，集中整饬党风，严厉惩治腐败，着力净化党内政治生态，党风政风为之一新，党心民心为之一振。改革开放40多年来，我们党始终把作风建设摆在十分重要的位置，坚持党的优良传统和作风不丢、政治本色不变，赢得了人民群众的拥护和支持，密切了党同人民群众的血肉联系，进一步巩固了我们党执政的政治基础和群众基础。

坚持以严的要求、严的措施、严的纪律正风肃纪，
始终保持党的先进性和纯洁性

改革开放 40 多年来，我们党对作风方面问题从不回避、不放松、不手软，及时研究新情况、发现新问题、制定新举措。纪律检查机关认真履行党章赋予职责，针对不同时期的任务和要求，开展一系列集中清理和专项整治，有力地纯洁了党的组织，维护了纪律的严肃性。

围绕党的中心工作整治不正之风。改革开放初期，随着党的中心工作转移到经济建设上来，经济领域不正之风日趋严重，党中央及时作出部署，把纠正经济领域中的不正之风列入端正党风的重点工作之一，在全国范围内开展了一场严厉打击经济领域中严重犯罪活动的斗争，保证了对外开放、对内搞活经济政策的正确贯彻落实。20 世纪 80 年代初，开展了为期三年的整党工作，重点纠正利用职权工作条件谋取私利的歪风和对党对人民不负责任的官僚主义作风，促进了各级领导机关工作作风转变。90 年代初，以邓小平同志南方谈话和党的十四大为标志，我国改革开放进入新的阶段，党风建设的重点又放在整治妨碍经济发展的突出问题上，为改革发展稳定大局保驾护航，促进经济持续快速健康发展。党的十八大后，以党的执政能力和先进性纯洁性建设为主线，针对作风方面突出问题，坚持严字当头，真管真严、敢管敢严、长管长严，集中整治形式主义、官僚主义、享乐主义、奢靡之风，党内正气上升、社会风气向好，开启了新时代作风建设新篇章。党的十九大以来，深入贯彻落实习近平新时代中国特色社会主义思想，把坚决维护习近平总书记党中央的核心、全党的核心地位，坚决维护党中央权威和集中统一领导，作为新时代党领导人民进行具有许多新的历史特点的伟大斗争的战略选择，作为最根本的政治纪律和政治规矩，聚焦"七个有之"，严查违规逾矩行为。中央纪委办公厅专门印发《关于贯彻落实习近平总书记重要指示精神 集中整治形式主义、官僚主义的工作意见》，重点治理在贯彻落实党的路线方针政策、中央重大决策部署，联系群众、服务群众，履职尽责、服务经济社会发展，学风会风文风及检查调研等四个方面 12 类问题，保持高压

态势，持续刹风整纪，进一步凝聚全党全军全国各族人民的共同意志。可以说，整个改革开放过程中，始终把维护党的集中统一、坚持民主集中制等作为党风建设的重大问题，严肃查处反对四项基本原则、搞资产阶级自由化、有令不行、有禁不止，拒不执行中央决策等行为，维护了中央权威，保证了政令畅通。

围绕维护群众利益整治突出问题。20 世纪 80 年代初，在大力倡导"三大作风"的同时，坚决纠正在招生、招工、提干、出国、农村户口转为城镇户口、建房分房中以权谋私和用公款请客送礼、挥霍浪费等不正之风，对发现的问题进行了严肃查纠。1984 年 12 月，针对群众反映强烈的经商办企业等不正之风，党中央、国务院向全党全国发出《关于严禁党政机关和党政干部经商、办企业的决定》，在全国范围内对党政机关和党政干部经商办企业问题进行集中清理检查，基本刹住了这股歪风。1989 年，从党和国家利益出发，党中央、国务院作出《关于近期做几件群众关心的事的决定》，在惩治腐败和带头廉洁奉公、艰苦奋斗方面做好七件事，深得民心：进一步清理整顿公司、坚决制止高干子女经商、取消对领导同志少量食品的"特供"、严格按规定配车、严格禁止请客送礼、严格控制领导干部出国、严肃认真地查处贪污受贿等犯罪案件。从 80 年代开始，中央就把禁止用公款大吃大喝作为一项重要纪律，先后下发多个文件进行规范和治理。从 2000 年开始，又连续十多年在中央纪委全会上作出部署，对违规收送礼金问题进行专项整治。党的十八大后，针对惠农资金难落实、扶贫政策打折扣等群众意见较大的问题，加大监督执纪问责力度，集中开展群众身边不正之风和腐败问题专项整治。党的十九大又作出新的部署，集中开展扶贫领域腐败和作风问题专项治理、污染防治和环保问责、民生领域相关工作、扫黑除恶专项斗争等重要专项工作。这些问题的有效解决，很好地维护了群众利益，收到了良好的政治、经济和社会效果。

围绕领导干部廉洁自律开展专项清理。领导干部廉洁自律是加强党风建设的关键。改革开放以来，我们党在抓作风建设上始终突出领导干部这个重点，坚持自律与他律相结合，思想建党和制度治党相统一，运用多种形式，解决廉洁自律方面突出问题，先后对领导干部投资入股、住房上以权谋私、放任纵容配偶子女和身边工作人员利用其职权或职务影响谋取非法利益、用公款为个人购买商业保险、跑官要官等违反组织人事纪律、为本人或他人谋取不正当利益、违规配备和使用公务用车、违规修建办公楼、公款出国旅游、借婚丧嫁娶收钱敛财等问题进行专项清理。尤其是党的十八大后，以密切党同人民群众血肉联系为根本，中央政治局以上率下，层层传导，促进了领导干部廉洁自律，发挥了带头和引领作用，形成了凝心聚力、团结奋进的巨大力量。

坚持与时俱进立规明矩，不断巩固深化拓展党风建设工作成果

改革开放 40 年，我们党始终把健全完善党内法规制度摆在突出位置，在党风建设中边实践、边总结、边丰富、边发展。党的十一届五中全会，在认真总结我们党历史上处理党内关系和整顿党风经验教训的基础上，针对体现时代特征的党的建设的任务和要求，向全党颁布了《关于党内政治生活的若干准则》。党的十二届二中全会，讨论通过《中共中央关于整党的决定》，明确了整党的方针、任务、政策和方法。党的十三届六中全会，审议通过《中共中央关于加强党同人民群众联系的决定》，向全党郑重提出从七个方面坚持不懈地努力密切党同人民群众联系。党的十四届四中全会，讨论通过《中共中央关于加强党的建设几个重大问题的决定》，号召全党要进一步发扬艰苦奋斗的优良传统，密切党同人民群众的联系。党的十五届六中全会，审议通过《中共中央关于加强和改进党的作风建设的决定》，集中解决党的思想作风、学风、工作作风、领导作风和干部生活作风方面的突出问题，提出"八个坚持、八个反对"：坚持解放思想、实事求是，反对因循守旧、不思进取；坚持理论联系实际，反对照抄照搬、本本主义；坚持密切联系群众，反对形式主义、官僚主义；坚持民主集中制原则，反对独断专行、软弱涣散；坚持党的纪律，反对自由主义；坚持清正廉洁，反对以权谋私；坚持艰苦奋斗，反对享乐主义；坚持任人唯贤，反对用人上的不正之风。党的十六届四

中全会，审议通过《中共中央关于加强党的执政能力建设的决定》，要求全党必须坚持立党为公、执政为民，始终保持党同人民群众的血肉联系。党的十七届四中全会，审议通过了《中共中央关于加强和改进新形势下党的建设若干重大问题的决定》，明确要求坚持以执政能力建设和先进性建设为主线，保证党始终走在时代前列；坚持立党为公、执政为民，保持党同人民群众的血肉联系。党的十八大以来，以习近平同志为核心的党中央把作风建设作为全面从严治党的突破口，制定《十八届中央政治局关于改进工作作风、密切联系群众的八项规定》并带头执行，推动党风政风持续改善。党的十八届六中全会，审议通过《关于新形势下党内政治生活的若干准则》《中国共产党党内监督条例》，对集中整饬党风、严厉惩治腐败、净化党内政治生态提出更加严格的要求。党的十九大后不久，习近平总书记就主持召开中央政治局第一次会议审议通过新修订的《中共中央政治局贯彻落实中央八项规定的实施细则》，为加强中央政治局自身建设再立"规矩"，向全党全社会释放出坚定不移全面从严治党、持之以恒正风肃纪的强烈信号。同时，党中央还结合新的情况和问题，及时制定出台了一系列反对特殊化，反对奢侈浪费，反对请客送礼、收受钱物，反对生活腐化以及领导干部廉洁自律等规章制度，其中，党的十八大以来到党的十九大，修订颁布的党内法规制度达90多部。这些法规制度，都是党风建设实践的科学总结，对加强党风建设、纠正不正之风提供了纪律支持和制度保证。

改革开放的40年，党的作风建设始终深入推进，一刻没有放松。40年党风建设的实践再次证明，持之以恒加强党的作风建设，是我们党适应新任务新要求，提高执政能力和水平的必然要求；是党要管党、全面从严治党，保持先进性和纯洁性的必然要求；是发挥我们党的政治优势，密切党同人民群众血肉联系的必然要求。尽管不同时期任务不同、要求不同，但始终是我们党面临的一项十分重大而紧迫的任务。

40年党风建设实践充分印证了党中央关于作风建设永远在路上的科学判断，作风建设只有进行时，没有完成时。正如习近平总书记多次强调的，作风问题具有顽固性和反复性，不可能一蹴而就，也不可能一劳永逸。这是作风建设的规律所在，需要我们有更加清醒的思想自觉和行动自觉。

党的十九大报告指出："经过长期努力，中国特色社会主义进入了新时代，这是我国发展新的历史方位。"新时代呼唤新作风。我们必须把握新时代作风建设的新任务新要求，在抓常抓细抓长上下功夫，驰而不息地纠正"四风"，始终保持党同人民群众的血肉联系，始终做到不忘初心、牢记使命，为决胜全面建成小康社会、夺取新时代中国特色社会主义伟大胜利、实现中华民族伟大复兴的中国梦继续奋斗！

特约编辑：肖云祥　王　霞　张树军

责任编辑：鲁　静　刘松弢

美术编辑：姚　菲

责任校对：吴容华

图书在版编目（CIP）数据

全面从严治党职责与实践探索．理论卷／中央纪委
国家监委新闻传播中心主编．—北京：人民出版社，2020.8
ISBN 978－7－01－022079－6

I.①全…　II.①中…　III.①中国共产党－党的建设－研究　IV.①D26

中国版本图书馆 CIP 数据核字（2020）第 070628 号

全面从严治党职责与实践探索·理论卷

QUANMIAN CONGYAN ZHIDANG ZHIZE YU SHIJIAN TANSUO LILUNJUAN

中央纪委国家监委新闻传播中心　主编

人民出版社 出版发行

（100706　北京市东城区隆福寺街 99 号）

中煤（北京）印务有限公司印刷　新华书店经销

2020 年 8 月第 1 版　2020 年 8 月北京第 1 次印刷

开本：710 毫米 ×1000 毫米 1/16　印张：18.5

字数：281 千字

ISBN 978－7－01－022079－6　定价：45.00 元

邮购地址 100706　北京市东城区隆福寺街 99 号

人民东方图书销售中心　电话（010）65250042　65289539